農本

第【肆】辑

農本

第『肆』辑
农村金融与组织制度

主　　编　◎ 王曙光

执行主编　◎ 李冰冰

中国发展出版社
CHINA DEVELOPMENT PRESS

图书在版编目（CIP）数据

农本：农村金融与组织制度/王曙光主编．—北京：中国发展出版社，2015.8

ISBN 978-7-5177-0355-6

Ⅰ.①农… Ⅱ.①王… Ⅲ.①农村金融—研究—中国 Ⅳ.①F832.35

中国版本图书馆 CIP 数据核字（2015）第 153953 号

书　　　名：农本：农村金融与组织制度
著作责任者：王曙光
出 版 发 行：中国发展出版社
　　　　　　（北京市西城区百万庄大街 16 号 8 层　100037）
标 准 书 号：ISBN 978-7-5177-0355-6
经 销 者：各地新华书店
印 刷 者：北京市密东印刷有限公司
开　　　本：700mm×1000mm　1/16
印　　　张：17
字　　　数：288 千字
版　　　次：2015 年 8 月第 1 版
印　　　次：2015 年 8 月第 1 次印刷
定　　　价：30.00 元

联 系 电 话：（010）68990630　68990692
购 书 热 线：（010）68990682　68990686
网 络 订 购：http://zgfzcbs.tmall.com//
网 购 电 话：（010）88333349　68990639
本 社 网 址：http://www.develpress.com.cn
电 子 邮 件：bianjibu16@vip.sohu.com

农村金融深化与乡村治理变革

　　中国农村金融近十年的迅猛发展深刻改变了金融体系的格局，为农村发展转型注入了强大动力。然而，农村金融深化也面临着巨大的困难和挑战。只有从更开阔的视野和更广远的维度去理解农村金融深化的历史进程，才能更深刻地理解农村金融深化的路径选择、路径依赖和未来趋势。也就是说，我们必须跳出农村金融，才能更清楚地洞察农村金融问题，解决农村金融问题。也许认识到以下三点是极为重要的。

　　我们必须把农村金融视为整个中国工业化进程和赶超战略的一个有机组成部分。在中国工业化的初期和迅猛推进期，农村金融的唯一使命便是为中国迅速而大规模的工业化提供庞大的金融剩余。因此在新中国成立之后一直到 21 世纪初期，在长达半个世纪的历史进程中，农村金融体系一直担当着为中国的工业化提供资金支持的角色，也正因为如此，农村才出现了长达半个世纪的资金净流出。尽管关注农村发展、提高农业绩效、提升农民福利一直是新中国的内在目标与基本国策之一，但是在这个迅猛但又极度依赖内部积累的工业化进程之中，农村贡献金融剩余和其他剩余就成为一种历史使命和历史宿命，因为工业化和赶超是新中国的"大仁政"。这个历史进程所赋予的农村金融的历史使命，是不以人的主观意志为转移的，新中国前五十年历史中诸多的纠结、摇摆、反复、权衡，都难以改变这一历史宿命。然而当历史前进到 21 世纪，当中国进入工业化后期的历史阶段，农村金融的角色才发生了历史性的颠覆。在工业化后期，与效率相比，公平更得到关注；与工业化速度相比，民生和幸福更值得关注；与国家积累相比，区域平衡和城乡一体更值得关注。也就是说，在工业化后期，国家的整体目标函数发生了深刻的变迁，农村发展、农民福祉、农村反贫困更成为国家首先关注的目标，而且越是到工业化后期乃至于后工业化时期，这种目标函数的逆转和颠覆就越是明显。工业反哺农业，城市反哺农村，资金向农村回流，诸多要素和政策开始倾斜于农村，这些现象的出现，不取决于某个决策者的同情和善心，而是决定于我们所处的历史阶段。与这个历史大背景相比，任何个人都是渺小的。所以我们才看到，在近十年来，农村金融变革的速度和深度远远超过以往半个世纪，农村金融深化和发展真正进入了黄金时代。在工业化后期，如果不从国家战略的高度解决好农村金融问题，就难以解决城乡一体化问题，就难以解决农村发展和农民福利问题，就难以解决农村反贫困问题，就难以解决区域不平衡问题，就难以解决中国的社会公平公正和谐问题，从而也就难以解决中国未来可持续发展的动力问题。

我们必须把农村金融深化进程视为中国整个金融自由化、金融民主化和金融普惠化进程的一个有机组成部分。农村金融深化与制度变革，是中国整个金融体系市场化变革的一个缩影，它受制于整个金融自由化进程，尤其受制于利率自由化、金融市场竞争主体多元化、金融管制放松的历史进程。当前，金融民主化和金融普惠化浪潮汹涌澎湃，这个浪潮被互联网信息技术和金融制度变革两股力量所裹挟，正在对中国金融体系进行革命性的重塑。在这个历史进程中，金融体系的内部结构逐步完善，逐步由不完全竞争转化为较为完全的竞争，逐步由不自由的定价转化为较为自由的定价，逐步由政府管制色彩强烈的运营模式转化为市场化的运营模式，逐步由准政府的内部治理结构转化为现代法人治理结构，农村金融当然也经受了这个革命性的洗礼。金融自由化既带来了变革，也带来了风险，带来了更为严酷的竞争。而金融普惠化和金融民主化则把金融资源的配置权更加倾斜于基层，倾斜于弱势群体，倾斜于社会大众，而农民是最大的受益者。金融民主化和金融普惠化既是金融自由化进程中金融体系竞争加剧导致金融服务下沉的必然后果，也是金融体系的技术创新和制度创新的结果。

我们必须把农村金融视为整个农村发展和乡村治理变革的一个有机组成部分。说到底，农村金融所涉及的是资源配置问题，而农村资源配置的模式和机制受制于整个农村的经济社会发展与政治治理变革的历史进程。一个经济发展滞后、社会结构涣散混乱、内部政治治理效率低下、基层组织疲软无力的农村，是很难为农村金融发展和农村金融机构可持续经营提供有效保障的。农村金融的迅猛发展，与当前农村经济社会发展和政治治理以及道德文化之间，已经形成了一种清晰的张力，乡村治理的涣散和乡村文化的凋敝使得农村失去了传统农村的内在凝聚力，失去了诚信文化的伦理基础，失去了熟人社会的自我调节和自我约束机制。所以，如果不从整个乡村治理和农村发展的角度去看待农村金融，如果不努力为农村金融营造一个宏观的经济社会和道德文化环境，仅仅陷在农村金融中谈农村金融，是难以从根本上解决农村金融问题的。

无可置疑地，中国农村金融正迎来一个黄金时代，一个战略机遇期。未来的农村金融体系必然是一个多元主体共同参与、多层次市场共同构建、多元产权结构和治理结构共同支撑的体系。当前，农信社体系的市场化改革正在深化之中，农行和邮储银行对农村发展的支持正在加大力度和拓宽深度，农发行和国开行作为政策性金融和开发性金融正在以更加积极的心态介入到农村和农业转型之中，民间资本和供销社体系早已在农村金融领域放手布局——所有这些都表明，农村金融体系迎来了一个前所未有的蓬勃发展时期。但农村金融在利率市场化和存款保险制度等金融变革频繁激荡的时刻，也迎来了一个危机频发期，对此，所有农村金融机构必须有极其清醒的认识并作出及时的战略因应。

第四辑《农本》不仅探讨了供销社参与农村金融发展、农村金融改革与创新、农信社危机应对等热点问题，而且从更广阔的视野探讨了农村经营机制的转型、农民合作组织发展、乡村治理和组织制度的再造以及农村产权制度变革等深层次问题，为我们整体上理解农村经济社会变迁提供了更为宏大的观察维度。

王曙光

2015 年 5 月 23 日于北大经院

目 录
CONTENTS

第一篇　合作金融

第二篇　农村信贷

第三篇 农民合作

第四篇 农村制度与发展

农

第一篇
合作金融

新型农村合作金融的里程碑

——关于深化供销合作社综合改革决定的解读

合作金融是农村金融体系的基础，发展农村合作金融，是解决农民融资难问题的重要途径，是合作经济组织增强服务功能、提升服务实力的现实需要。合作金融与政策金融、商业金融一起，是农村金融体系的三驾马车。

新中国成立以来，我们在合作金融的建设上进行过多种尝试。贯穿其中的一条主线，是以农村信用合作为代表的合作金融建设。自 20 世纪 50 年代以来，我们首先有一个组织化的进程，全国范围内推动了生产合作、购销合作、信用合作这三大合作化运动。改革开放后，又经历了一个去组织化的过程，三大合作要么停止运行（以人民公社为代表的生产合作），要么步入低谷（以供销社为代表的购销合作），要么走向变异（以农信社为代表的信用合作）。自2003 年农信社下放地方负责，走向商业化改革方向以来，新型合作金融的主体就处在不确定状态。2007 年放宽农村金融市场准入后，依托农民合作社、供销合作社的新型农村信用合作被寄予厚望。如今出台《中共中央 国务院关于深化供销合作社综合改革的决定》（以下简称《决定》），推动供销合作社发展多种类型的合作金融，对于新型农村金融体系的建设具有里程碑式的意义。

一、新"三农"的三大关系

习近平指出，"只有工人阶级和作为工人阶级先锋队的中国共产党，才是代表先进生产力和生产关系的力量。"伴随中国工业化、城镇化进程的深入，生产力得到极大释放，需要生产关系随之调整。换句话说，蛋糕（生产力发展带来的）越做越大，切分蛋糕（生产关系变革）变得越来越重要。生产关系不能适应生产力的发展需求，产生了生产力与生产关系之间的矛盾，究其本质，是社会总利益与各个群体的利益目的之间的矛盾。当前中国社会的最基本矛盾，在生产力方面已得到极大缓解，但在生产关系的调整上，迫切需要深化改革。

农村生产关系的变革，是广大农民在生产过程中的所有制形式、社会地位及相互关系的变革，突出表现为新"三农"的三大关系。

一是农民与农民的关系。以家庭承包经营为基础，统分结合的双层经营体制的建立过程中，出现了明显的"统"得不足、"分"得过度的问题。至今，双层经营只有分户经营这一层了。在分户经营基础上，无论是单家独户的原子化生产与交换，还是农村市场化进程中的相互竞争，都无法构建和谐的农民与农民关系。农民需要生产、购销、消费、信用等方面再组织化，走向互助联合的综合合作，才能重构农村新型社会关系。

二是农民与市场的关系。中国两亿多农户的家庭经营，一直面临着小生产和大市场的矛盾。是单枪匹马闯市场，还是联合互助去交易？应该说，分户经营曾经极大地释放了农村生产力，但伴随着市场化的深入，单家独户干不了、干不好、干起来不划算的事情日渐增多，必须重构农业生产关系。我们近些年寄希望于种养大户、家庭农场、农民合作社、龙头企业等新型农业经营主体，来担当起重构农业生产关系的重任。但这远远不够。毕竟，以家庭经营为基础，是世界范围内，也是中国几千年农业历史的基本事实，无法改变。必须在家庭经营的基础上推动互助合作等"统"的工作，才能解决"分"带来的单个农民闯市场带来的交易地位不对等问题。

三是农民与政府的关系。两亿多分散农户，对应两千多个县级、四万多个乡镇政府的治理，也存在巨额的交易成本过高难题。政府在县、乡、村三级治理上，既有干预之手，也有帮助之手，但这都需要具体可行的抓手。如果政府推动资本下乡、部门下乡，可能进一步促使农民分化和原子化，加重农民对市场的依赖关系，这种干预会出现政府失灵。如果政府推动城乡要素的平等交换，致力于农村再组织化，引导专业合作走向综合合作，就会发挥帮助之手的作用。

三大关系的改造，决定了"三农"问题的基本走向，改造方向就是再组织化。《决定》供销社深化改革的部署，推动了以综合合作为导向的、顶层设计与基层探索的双向互动。

二、走向综合合作的重要尝试

关于深化供销合作社综合改革的决定，应该说是政府伸出帮助之手的重要尝试。《决定》提出了三个"迫切"和一个方向："农业生产经营方式深刻变化，适度规模经营稳步发展，迫切要求发展覆盖全程、综合配套、便捷高效的农业社会化服务；农民生活需求加快升级，迫切要求提供多层次、多样化、便利实惠的生活服务。新形势下加强农业、服务农民，迫切需要打造中国特色为农服务的综合性组织。"在东亚地区以小农经济为主要经济基础的社会里，无一不是以乡村两级综合性合作组织作为生产关系载体的。我们经过30多年的去组织化后，重归再组织化的道路上，是对历史经验、国际经验和现实问题的尊重和回应。

《决定》也对供销合作社的特殊身份和地位做了准确的描述："长期以来，供销合作社扎根农村、贴近农民，组织体系比较完整，经营网络比较健全，服务功能比较完备，完全有条件成为党和政府抓得住、用得上的为农服务骨干力量，要充分用好这支力量。"作为中国最大的合作经济组织，自1954年以来，供销社已经形成国家、省、市、县、乡五级组织体系，有联合社、成员社、基层社。县和县以下已有2.5万家基层社，当前供销社经营触角和服务领域已经覆盖了80%以上的乡镇和接近60%的行政村，是一个组织体系、经营网络、服务功能最为健全的贴近"三农"的服务组织，有改造为综合性合作组织的基础条件。但是，《决定》也指出了相应的问题："目前供销合作社与农民合作关系不够紧密，综合服务实力不强，层级联系比较松散，体制没有完全理顺，必须通过深化综合改革，进一步激发内生动力和发展活力，在发展现代农业、促进农民致富、繁荣城乡经济中更好发挥独特优势，担当起更大责任。"考虑到体制机制改革困难，也需要一个日程表。按现有的安排，到2020年，要把供销合作社系统打造成为与农民联结更紧密、为农服务功能更完备、市场化运行更高效的合作经济组织体系，成为服务农民生产生活的生力军和综合平台，成为党和政府密切联系农民群众的桥梁纽带，切实在农业现代化建设中更好地发挥作用。

实际上，引导农户走向综合合作也是在落实《宪法》的基本要求。《宪法》第八条关于集体经济的部分，有如下规定："农村集体经济组织实行家庭承包经营为基础、统分结合的双层经营体制。农村中的生产、供销、信用、消费等各种形式的合作经济，是社会主义劳动群众集体所有制经济。"《决定》提出，经济实力较强的基层社要扩大服务领域，积极发展生产合作、供销合作、消费合作、信用合作，加快办成以农民为主体的综合性合作社。这落实了宪法的综合合作要求，也有利于解决我们五行八作多种经营的综合小农与只有专业合作的不匹配矛盾。《决定》还提出打造城乡社区综合服务平台，让供销社发挥提供包括文体娱乐、养老幼教等在内的多样化服务，发展生态养生、休闲观光、乡村旅游等新兴服务业功能。可以说，此次供销社的深化改革，是引导走向综合合作的重要尝试。

三、农村金融自主权的再次下放

1992 年，邓小平同志在上海对金融的地位做出了阐述："金融很重要，是现代经济的核心。金融搞好了，一着棋活，全盘皆活。"转到农村的语境，农村金融很重要，是农村发展现代经济的核心。但长期以来，农村经济机体如同缺乏心脏一般，没有金融自主权。金融掌握在谁的手中，就为谁服务。由于缺乏金融自主权，一系列面向农村的金融安排，就常常扮演着将农村资金汲取出来的抽水机角色，使得农村经济常常处在失血状态。

在农村金融制度上，我们长期以来寄希望于农信社能恢复合作制。这从 1984 和 1996 年两次农村金融改革的安排中可以看出。1984 年国务院 105 号文要求，农信社要恢复"三性"，即组织上的群众性、管理上的民主性、经营上的灵活性。明确界定其为合作金融组织性质，不能作为农业银行的基层机构，将农信社从政社合一的体制下解放了出来。1996 年《国务院关于农村金融体制改革的决定》（国发〔1996〕33 号文）也明确提出，农村金融体制改革的指导思想是"建立和完善以合作金融为基础，商业性金融、政策性金融分工协作的农村金融体系"。将农村信用社从农行独立出来，向合作制方向发展。并在信用联社基础上，有步骤地组建农村合作银行。

但在农信社走向官办，进而又走向商业化之后，深化改革的目光就从农信社转移到供销社了。基层社作为供销合作社在县以下直接面向农民的综合性经营服务组织，被定位为供销合作社服务"三农"的主要载体。要按照强化合作、农民参与、为农服务的要求，逐步改造为以农民社员为主体的合作社。

主体性的获得为农民从供销社改革中得到金融自主权提供了制度前提。33号文提出了供销社获得的七种形式的基层金融探索权利：资金互助合作、互助合作保险、中小型银行、融资租赁公司、小额贷款公司、融资性担保公司、与地方财政共同出资设立的担保公司。

在农村资金互助合作上，有明确的四项要求：社员制、封闭性、不对外吸储放贷、不支付固定回报，另有一个隐含的要求"社区性"。通过这五项要求的满足，以资金互助合作为主要体现形式的合作金融自主权，就回归到农民手中。金融自主权回到农民手中，为合作金融制度真正建立起来、综合合作真正能够开展、金融真正实现为农服务提供了可能性。我们乐见一个农村合作金融新时代的到来。

◙ 作者简介
　　中国人民大学农业与农村发展学院。

农民合作社发展信用合作状况初探

⊙ 苑　鹏　彭莹莹

本文对农民合作社开展信用合作的主要创新模式进行了简介和评价，并利用作者对 128 家农民专业合作社的问卷调查数据，对合作社开展信用合作的现状特点做了初步的分析，指出资金互助更适于兼业小农，对于专业农户而言，依托龙头企业的农产品供应链融资将前景广阔。而农民合作社既可以扮演农户融资服务的直接提供者，也可以扮演融资服务的中介。

小规模农户融资难，是世界性难题。不少国家由此在工业化初期走上了信用合作之路，在国家法律、政府资金的支持下，立足农户自己的力量，解决融资难问题。国际合作社联盟 ICA（2000）的初步统计显示，信用合作已经成为合作组织体系的重要支柱，合作银行、信用合作社占全球各类合作社的 18%，份额最高；比位列第二的农业合作社高出 1 个百分点。

我国信用合作也有上百年历史，并在早期的合作运动中占有重要地位。新中国成立后，通过农民入股成立的农村信用合作社曾是农村合作经济的三大组成部门之一。但是人民公社化运动后，信用合作体系被集体化、国有化，演变成为国家金融机构的基层组织。以后虽经多次改革，仍走向了商业化。信用合作体系建设在农村始终是空白的。

自十七届三中全会提出放宽农村金融准入政策，加快建立商业性金融、合作性金融、政策性金融相结合的新型农村金融体系，允许有条件的农民专业合作社开展信用合作以来，农村信用合作出现了全面的转机，各类资金互助社和农民专业合作社、信用合作应运而生，形态各异。本文将根据实地调研、二手资料和问卷调查等对此进行简要梳理，并对其特点、共性问题等进行初步的探析。

一、农民合作社开展信用合作的主要类型

1. 依托农民合作社发展生产合作与信用合作"1+1"模式：安徽省凤阳县的实践

2007年以来，凤阳县鼓励和引导有条件的农民生产合作社开展信用合作。2008年6月，县委、县政府出台文件，启动试点工作，推出生产合作与资金互助合作相结合的"1+1"模式。到2012年的最新统计表明，全县有57家农民专业合作社实行了生产合作与资金合作两社合一的"1+1"模式。共有入股成员1865户，入股资金规模达到1921.1万元。凤阳县资金互助社与信用社的合作模式主要有两种：一是互助社作为代理人。信用社通过互助社向农户贷款，信用社不直接面对农户，从而解决信用社的客户信息不对称问题，降低金融风险并减少操作成本。二是由互助社作为服务中介，建立贷款农户的征信评估。具体操作是，由互助社帮助社员将股本金作为担保金存入信用社，信用社据此确定互助社的信贷额度。

2009年，为更好地发挥资金互助社的作用，县政府引导成立了资金互助社联合会。会员以农民资金互助社为主，同时吸纳县内的有关涉农企业、金融机构及担保公司。资金互助合作社联合会的主要职能是发挥中介、服务平台，以及外部监督、行业自律作用。具体包括，第一，与金融部门协调，为资金互助合作社授信、贷款；第二，与政府有关部门协调，为资金互助合作社争取政策性扶持资金；第三，与本地龙头企业协调，为农户获得信贷提供便利；第四，推进订单农业，扩大凤阳特色农产品品牌的社会效应。

据凤阳县农民资金互助合作社联合会的统计，到2010年底，金融机构已对县30家农民资金互助合作社，授信总额达2326.5万元，实际使用2172万元。2010年，全县金融机构通过资金互助社向社员和资金互助社贷款3087万元，无一例呆、坏账，还贷率100%（陈进，2012）。

但是总的看，建立在小、弱、散的农户经营基础上的凤阳资金互助社，在解决农户融资难问题上，仍然是生产急救、作用有限。以2010年为例，平均每个入股社员融资规模仅为1.66万元。并且，资金互助社也普遍存在规模小、实力弱、经营管理水平低的问题。据凤阳县经管站的初步统计，66%的合作社

社员规模在 100 人以下；80% 的资金互助合作社股本金不超过 10 万元（张金荣，2012）；农户以小农为主，无品牌、小规模、以自产自销为主。合作社管理层文化水平低，缺乏必备的经营管理知识，特别是缺乏财务金融专业人员，财务管理不规范。

2. 地方自办试点发展农民专业合作社资金互助：北京通州区的实践

《农民专业合作社法》颁布后，通州的合作社发展进入快速发展轨道。截至 2011 年底，通州区农民专业合作社 231 家，成员 1.4 万户，带动农户 1.8 万余户，占从事农业农户的 49.2%。

为缓解合作社融资难问题，2008 年区经管站提出引导社员开展资金互助，并成为北京市农村资金互助的试点单位。全区选择 30 家部分合作社作为试点。到 2012 年 10 月底，试点合作社中正常运行的有 23 家，占 77%；其余 7 家停止活动。加入资金互助服务的社员共计 791 户，筹集互助金本金 973.23 万元。政府累计投入扶持资金 118.06 万元，其中补贴社员存款利息 46.6 万元，支持本金 68.7 万元，其余用作购置管理设备。

资金互助社的基本做法是，互助资金来源限定在本社社员的自愿入资，筹集对象封闭，不吸收非社员资金；此外，有少量的政策性投入，政府通过补贴利息、补贴风险储备金等方式支持合作社扩大互助金规模。互助资金的占用费用是存款利率略高于同期银行存款利率，借款利率不低于同期银行存款利率；互助资金的使用采取担保制度。担保人数不限，但担保额度需高于借款额度；互助资金的投放充分考虑公平性，社员借款期限和频次按照生产周期决定，不可连续借款，至少要间隔一个生产周期；借款额度双限制：包括个人互助资金倍数，及单笔借款最高额。互助金的现金管理一律在本地金融机构开设专门账户，资金互助社管理人员提取现金，需要经过三个人。

资金互助试点取得的成效突出表现在两个方面。一是帮助小规模农户社员解决了流动资金短缺问题，降低经营成本；二是提升了合作社的凝聚力。通过解决社员的生产性燃眉之急，合作社得到更多社员的认可，获得更好的口碑。2011 年，通州区互助资金总额达到 900 万元。试点中发现的核心问题是资金互助的客户群体瞄准。合作社反映，资金互助只适于小规模兼业农户，而不能是专业化、规模化农户。对于专业农户为主的合作社，开展资金互助不过是杯水车薪。

3. 自办试点发展农民资金互助合作社：江苏盐城的实践

盐城自 2006 年针对本地出现的农民资金互助社，启动了农民资金互助合作组织试点；2007 年，市委、市政府出台了《关于开展农民资金互助合作组织试点的指导意见》。截至 2012 年 6 月底，全市发展农民资金互助合作社 137家，入社社员 17 万户，吸纳互助金 23 亿元，平均每社 1679 万元，每户社员投入互助金 1.35 万元。江苏省人大对盐城 57 家试点农民资金互助合作社的调查显示，向高效规模农业投放互助金累计 1.39 亿元，占投放总额的比重达到59.6%；用于支持农民投资创业的互助金达 0.53 亿元，占投放总额的 22.7%。盐城农民资金互助合作社最大的特点是农民自行募资设立，而不是农民专业合作社成员内部融资。资金互助合作社以乡镇为经营范围，在乡镇一级的普及程度较高。资金投放方式不仅生产贷款，而且用于农户的生活借款。在生产性资金互助借款中，也开展了合作社之间的资金互助，以及依托龙头企业开展融资服务。

课题组在东台调研中了解到，资金互助社成规模地发展起来后，对于当地农村金融市场也产生了冲击，突出表现在农村资金被几大商业银行抽水机吸到城市的现象和民间高利贷现象有所遏制；并促进了本地金融机构的创新步伐，如盐城市农行在全省率先启动金穗惠农卡和农户小额贷款业务，将其作为延伸金融服务链条的突破口。暴露的不规范问题突出，资金互助社的"山寨版银行"特征明显。一是变相吸收公众存款，存款者都被视为合作社成员；二是变相提高存款利率，明显高于农信社存款；三是资金投放追求利润，非农化倾向明显，并且存在投放对象集中问题。在组织运行中，大股东控制决策，合作社原则得不到落实；缺乏专业懂金融的管理人员，账务不规范。随着灌南事件的出现，监管问题再次提出。由于缺乏懂金融的人员，导致外部监管成为软肋，带来较大的潜在金融风险。

4. 新型融资方式：农产品供应链金融

目前，农业领域的供应链金融模式主要是以大型龙头企业品牌主导模式，其核心是将一个完整的农产品供应链纳入信用评价对象，通过供应链各节点参与主体形成的互联交易充当"抵押担保"，尤其是利用供应链核心企业的信用条件，对供应链中信用等级较低的农户进行信用增级，消除供应链内部各参与主体信用分割的状况，提升一个农产品供应链的整体融资能力，也帮助银行开发拓展金融业务（周晓强，2012）。

早在21世纪初，一些地方农民专业合作社就与当地信用社合作，开展供应链融资活动。如陕西宝鸡、四川南充，主要是在畜牧行业。在全国影响力大且规模大的农业供应链融资是龙江银行大庆分行，原大庆市商业银行。受到中粮集团打造"全产业链"理念的启发，大庆商行2006年开始探索农业供应链金融，2008年，大庆商行在肇东县五里明镇成功探索出了著名的"五里明模式"（刘西川、程恩江，2012），形成"农户+合作社+公司+银行+科研单位+政府"六个利益相关体多节点合作、制约的运行新模式。

具体运作形式是，农户土地入股合作社，由合作社负责统一经营，农户得到土地租金和土地分红；合作社与公司签订购粮合同，公司为合作社的银行贷款做连带保证责任；合作社与银行签订协议贷款，公司负责从合作社提供的粮款中扣除贷款，给银行还贷，保证贷款在供应链上封闭运行；银行与大学签订协议，后者负责对合作社提供生产全过程的技术支持。镇政府成立现代农业开发公司，负责对合作社进行发展规划、生产经营、人事安排、外部关系协调等方面的服务与外部监督。这种运行模式，体现了中国特色，促进了各方资源的优化配置，产生了合作的协同效应。到2011年，合作社集中的土地从开始的1万余亩，提高到7万亩，亩均增产600斤，亩均纯收入增加300元；中粮培育了自己的优质玉米原料基地，年均稳定供粮达到5万吨；全镇产业结构调整加快，全镇9000余名劳动力，三分之一参与到合作社的相关经营活动中，三分之一流入城镇，三分之一转向畜牧业；科研单位有了自己稳固的试验基地。银行不仅解决了针对小客户信息不对称、操作成本高、经营风险大等问题，扩大了客户群体，信贷产品收益率达到8%以上，并且带动了银行间接受益的增加。如储蓄业务、卡类业务。目前，龙江银行在总结成功经验、进行农业供应链商业模式复制的同时，针对不同产业、不同农户以及不同经营业务，已经探索出多种供应链融资模式。

二、关于农民专业合作社开展信用情况的问卷分析

2012年底，课题组利用农业部农村干部管理学院合作社年度总结会议之际，向到会的合作社理事长培训发放调研问卷145份，收回有效问卷128份，占样本总量的88%。合作社分布情况是，东部地区40家，占57%；主要集中

在河北省、山东省；中部地区 19 家，占 27%，主要是河南省、山西省；西部地区 11 家，占 16%，主要在内蒙古。

调查样本中，共 70 家合作社开展信用合作，占样本总量的 55%。在开展信用的农民专业合作社中，有 59% 以上成立满 3 年以上，80% 以上成立满 2 年，满 1 年或不足 1 年的农民专业合作社开展信用合作社的比例也达到 20%（表 1）。成员规模在 150 人以上的合作社有 46 家，占 66%；100 人以上的合作社 64 家，占 82%；成员数量低于百人的合作社只有 6 家，不足 10%（表 1）。

表 1　　　　　　　　开展信用合作社的农民专业合作社基本情况

	成立时间			社员规模			
	1 年以内	满 2 年	满 3 年以上	低于 50 人	50~99 人	100~149 人	150 人及以上
合作社数量（家）	14	15	41	3	3	18	46
占开展信用合作农民专业合作社的比例（%）	20	21	59	4	4	16	66

从产业分布看，从事信用合作的农民专业合作社中，94% 涉足种植业（表 2）。此外，有少量的农民专业合作社同时从事林业、畜牧业、服务业、乡村旅游业等。并且，合作社的经营实力普遍相对较强，有 77% 的合作社有自己的注册商标（表 3）；66% 的合作社产品获得无公害或有机或绿色产品认证；67% 的合作社开展了订单生产。但只有 47% 的合作社获得了银行贷款。因此，合作社发展到一定经营水平后，资金短缺是开展信用的农民专业合作社的一个普通动因。

表 2　　　　　　　　　　合作社产业分布

	种植业	林业	畜牧业	渔业	服务业	乡村旅游
合作社数量（家）	66	10	9	4	9	7
占开展信用合作农民专业合作社的比例（%）	94	14	13	6	13	10

表 3　　　　　　　　　　合作社经营情况

	有自己的注册商标	产品获得无公害或有机或绿色产品认证	开展订单生产	在银行获得贷款
数量（家）	54	46	47	33
占比（%）	77	66	67	47

从合作社信用合作的内容看，以资金互助为主，占样本合作社的71%（表4）；其次是产品的赊销与赊购，占40%；另外，还有26%的合作社开展了银行贷款担保服务。反映出目前信用合作的内容仍然以资金服务为主，同时开展货币信用和商品信用服务的合作社比例还很小。

表4　　　　　　　　　　　信用合作的内容

	资金互助	赊销或赊购商品	银行贷款担保
合作社数量（家）	50	28	18
占开展信用合作农民专业合作社的比例（%）	71	40	26

在开展资金互助业务的50家样本合作社中，社员互助金规模平均为272万元（表5）。社员互助金总额在100万元以下的合作社28家，占56%；其中有5家合作社不足10万元，占10%；在500万元以内的44家，占78%；超过500万元以上有6家，占12%。如果考虑到66%的合作社社员规模超过150人以上，55%的合作社社员互助金规模在100万元以内，可以粗略判断多数合作社的社员平均互助金规模在万元以内。这里也不排除个别人以资金互助社的名义创建自己的私人金融机构。

表5　　　　　　　　　　社员缴纳的互助金规模

	平均规模（万元）	最小规模（万元）	最大规模（万元）	其中10万元及以下	10万～100万元	101万～500万元	500万元以上
合作社（家）	272	5	4000	5	23	16	6
占比（%）	—	—	—	10	46	32	12

从开展资金互助的合作社发放的贷款情况看，贷款规模与互助金规模基本一致，说明资金互助社的贷款几乎是完全依赖社员内部融资。从合作社对社员的借款情况看，60%的最大单笔借款在5万元以内，其中1万元以下的占12%；而单笔借款大于5万的为40%（表6）。

表6　　　　　　　　　　2012 资金互助发放规模

	10万以内	11万～99万元	100万～499万元	大于500万元	社员单笔最大借款规模			最长借款期不超过		
					1万元及以下	5万元以下	大于5万元	6个月	6～12个月	1年以上
合作社（家）	4	24	15	7	6	24	20	20	28	2
占比（%）	8	48	30	14	12	48	40	40	56	4

从 2012 年开展资金互助的合作社发放借款情况来看，在借款使用用途上，100% 的合作社都是生产性借款，只有 1 家合作社同时开展了生活借贷；从借款期限看，以短期为主，6 个月以内的占 40%，1 年以内的合计占 96%（表 6），超过一年的只有 4%。并且 66% 的合作社需要担保。从借款利率看，与本地信用社同期贷款利率水平持平的占 16%，略低的占 46%，合计 62%（表 7）；另外略高于信用社贷款利率的占 38%。反映出资金互助社以小额、生产性、短期、服务性的借款为主。

表 7   2012 年本年获得互助金款的社员情况

	借款用途		与本地信用社同期贷款利率相比			是否需要担保	
	生产	生活消费	略高	持平	略低	是	否
合作社（家）	50	1	19	8	23	33	17
占比（%）	100	2	38	16	46	66	34

从借款的覆盖面看，社员借款户低于 20 户的占 22%，低于 50 户的合作社合计占 40%；而超过 100 户的合作社有 36%（表 8），说明资金互助社的贷款对象相对集中。

表 8   2012 年本年获得互助金款的社员数量

	20 户以下	21~50 户	50~99 户	100 户以上
合作社数量	11	9	12	18
占比（%）	22	18	24	36

几年前，有学者（戎承法、楼栋，2011）曾对全国九省 68 家开展资金互助业务的农民专业合作社做了调查，相关分析显示，成员总数越大的合作社开展资金互助的效果越好，而且开展社际资金互助的合作社更能满足成员的资金需求。本课题的调研从利率水平看，与九省的调研结果相类似，即合作社借款利率大多低于同期金融机构利率，这在各地的调研中也得到了反映。并且，存款利率普遍高于同期金融机构基准利率，反映出合作社开展信用合作的主流是为了解决社员的融资困难，而不是为了牟利。而本课题对 128 家样本合作社做的多元相关分析也显示，合作社资金互助规模与注册资金和合作社的订单生产有一定相关性，再次说明开展资金互助与合作社的经营实力相联系。

三、初步结论

农民专业合作社有了一定经营基础后，成员对资金的需求度提升。在当地商业金融机构、贸易融资均无法满足成员需求的环境下，合作社有着较强的自我开展信用合作的需求。开展信用合作是我国农民专业合作社未来发展必然要拓展的、内生的一个重要功能。

目前，我国农民专业合作社开展的信用合作有两种基本形式，一是货币信用，以资金互助为代表；二是商品信用，包括合作社内部的农资、农产品赊销赊购，以及农产品供应链融资为主。在现阶段，农民专业合作社的信用合作以货币信用为主要形式，但农民专业合作社为服务平台、参与农产品供应链融资的商品信用前景广阔。

那些在农民专业合作社基础上发展起来的资金互助，基本坚持了三个基本原则，一是合作金融服务社员，围绕入社成员的生产需求开展服务；二是服务产业，坚持将为社员的服务与社员的生产经营结合在一起，坚持产业导向；三是社区基础与产业导向紧密结合，即合作社的服务对象以本社区的农户社员为基础，而服务的内容围绕社员在合作社中经营的产业。从而体现了合作金融与商业金融的本质区别并有效发挥合作金融的制度优势。但是由于合作社资金供应规模小、成员资金规模需求大，加之合作社不规范、管理水平低，建立在单个、分散的合作社基础上的资金互助，普遍存在不能有效满足社员扩大再生产需要，停留在解决生产燃眉之急的水平，并且合作社提取准备金、坏账风险金、生产风险金等制度不健全，或有制度不落实，存在潜在的经营风险。

目前，农民专业合作社开展的资金互助为社员成员提供生产经营中的小额、短期、急需的借款需求，它适宜于传统、贫困的兼业农户（何广文，2007、2012）。这些农户具有生产与消费的综合体、生产资金与生活资金不区分、厌恶风险等特征。在向小农户提供借款中，它有效地发挥了传统社区熟人社会的信息充分、贴近客户、融资成本低、期限灵活的优势，并利用社区成员在地缘、血缘、亲缘纽带的长期重复博弈中建立起的成员道德行为规范，来保证了贷款的可信度和低违约率，从而克服了小农普遍存在的无信用记录、无抵押性财产以及农业保险缺失、管理成本高等令正规金融机构望而却步的制度性缺陷。

在开展资金互助试点的地区，农经部门介入了服务指导，但是因为人力、财力均有限，当农民专业合作社的资金互助扩大后，均存在力不从心的问题，如果不从合作金融体系建设上有所突破，农民专业合作社开展的资金互助就无法发展起来；政府服务也无法有效发挥作用，实现"规模经济"；如果没有与金融机构的合作，融入到农村金融体系的建设中，也存在潜在的风险控制问题，并且也没有很大的发展空间。

个别地区农民专业合作社开展资金互助出现的高息揽储、跨社区界限、大额度贷款坏账等问题，都有两个共同的特点。一是成立初衷是开展私人金融业务。他们是社会商业资本借了农民专业合作社的外壳，与农民专业合作社先有生产经营合作，再拓展合作金融功能的发展路径相反，他们是先有金融服务，而无任何成员生产经营合作之实。组织发展起来后，开始面向专业农户或当地的合作社寻求生产经营合作，以便降低经营风险、实现组织合法化；二是出现的大额度呆账、坏账基本是投向非农产业的社会客户，而不是内部成员。

对于参与到现代农业产业化经营的专业化、规模化农户，合作社内部的资金互助无法满足其需要，它的功能更体现在培养农民信用。因为这些农户的生产经营从家庭生存性转向了市场营利性，贷款需求也从小额变为了大额。为解决专业农户的需求，供应链融资是一个有效的途径，也是一个方向，供应链融资能够充分利用龙头企业的商业信用，实现资金在产业链内的封闭运行，绕开农户在商业银行融资过于分散、操作和监督成本高、缺乏抵押物的问题，同时也能够克服资金互助借款规模小、无法满足农户生产需求的问题。同时帮助金融机构开发新的客户、开辟新的业务，实现一举多得。

因此，农民专业合作社开展信用合作，只要时时刻刻紧紧地瞄准其服务主体——生产经营农户不同层面的需求变化，就会创新出不同的合作模式。合作社既可以扮演直接的融资服务提供者，开展成员内部资金互助；也可以扮演融资服务的中介，做银行的代理人，为农户提供担保服务，或从银行批发贷款，向农户"零售"，为农户直接放款；同时也可以做龙头企业的代理，开展供应链融资。

◘ 作者简介

中国社会科学院农村发展研究所；北京联合大学生化学院。

【参考文献】

[1] 陈进. 应积极发展农民资金信用合作组织——对安徽凤阳县"生产＋资金"专业合作社的调查. 农村工作通讯，2012（2）

[2] 范迪军. 农村新型互助金融制度创新与绩效考察. 国家行政学院学报，2011-10-25

[3] 刘西川，程恩江. 农业产业链融资：案例考察与博弈分析. 金融发展评论，2012（3）

[4] 何广文. 合作社农村金融服务参与模式及其创新. 中国合作经济，2012（10）

[5] 何广文. 农村资金互助合作机制及其绩效阐释. 金融理论与实践，2007（4）

[6] 戎承法，楼栋. 专业合作基础上发展资金互助的效果及其影响因素分析——基于九省68家开展资金互助业务的农民专业合作社的调查. 农业经济问题，2011（10）

[7] 元军红，徐丙奇. 盐城农民资金互助合作发展调查. 江苏农村经济，2012（3）

[8] 张金荣. 凤阳县农民专业合作社发展情况. 凤阳县农民资金互助合作社联合会网站

[9] 周晓强. 以供应链金融助推农业产业化发展. 中国金融，2012（15）

供销社综合改革
与
中国合作金融发展

◉ 王曙光　王　蔚

一、我国供销社体制改革历程的简要回顾

新中国成立以来，供销社体制进行了多次改革，其中主要分为以下几个阶段。

1. 建国初期和"一五计划"时期（1949～1957年）：迅猛发展

这一时期是我国供销合作社发展的黄金时期，供销社对于新中国成立初期的经济恢复和社会主义建设起到了重要作用，成为新中国建立的生产合作、信用合作和供销合作"三位一体"的合作体系中不可分割的组成部分。

1949年10月，政务院建立中央合作事业管理局，对于全国范围内的合作事业进行管理，11月，中央合作事业管理局正式成立，这是我国供销社体制的滥觞。1950年7月，在中央合作事业管理局的领导下，中华全国合作社联合总社成立，对于全国的生产、消费、信用、渔业和手工业等合作社进行统一领导和管理。1954年7月，中华全国合作社联合总社更名为现在的中华全国供销合作总社，并且建立了中央、省（直辖市、自治区）、县、基层四级合作社。至此，我国覆盖社会经济各个领域的、从中央到地方的供销社体制正式建立。直到1957年，各级各领域供销合作社在全国范围内得到迅速发展①。

---

① 中国供销合作网。

与此同时，在供销合作社体制的框架下，全国农副产品流通市场建立，促进了这些商品的生产和销售，满足了农民的生产和生活需要，对 1949~1952 年国民经济的恢复和物价的稳定以及 1953 年开始的"一五计划"发挥了重要作用，也联结了城市与乡村、政府与农民，对于城市和农村社会秩序的稳定与和谐也产生了重要影响。

2. 大跃进至改革开放前（1958~1978 年）：两分两合

在这个阶段，供销合作社经历了曲折发展时期，与国营商业两次合并两次分开。1958 年"大跃进"运动开始后，为了提高全民所有的社会主义经济在整个经济中所占的比重，县及县以上的供销合作社与国营商业合并，基层的供销社划归为人民公社管理，使得原本已蓬勃发展的、全国统一的农产品生产和流通市场被分割，也使得农民必须依靠人民公社的集体或是凭票通过国营商业购买所需的生产和生活资料。而人民公社"大锅饭"的绝对平均主义增加了道德风险，导致农产品生产效率低下、农产品短缺等问题的出现，给农村商业带来巨大的打击，严重影响了供销合作社的发展。这是供销社与国营商业的第一次合并。

1959~1961 年"三年困难"的发生使得中央对于严峻的经济形势有了较为充分的认识，提出"调整、巩固、充实、提高"的八字方针来管理经济、增强农村的自主权和农业的生产力。1962 年 5 月 4 日，中共中央、国务院发出《关于供销合作社几个问题的通知》，决定中央恢复全国供销合作总社，与商业部分开办公，组织机构上也恢复到 1957 年以前的状况即分为中央、省、县及基层社四级，实行统一领导和计划，分级管理与核算，各负盈亏。同年 9 月，党中央在《关于商业工作问题的决定》明确指出了"合作社商业是社会主义集体所有制经济，是国营商业的有力助手"[①]，确定了合作社的集体经济性质也属于社会主义经济的范畴，明确了其作为国营商业之补充地位，从思想和政策层面放开了对于供销合作社与国营商业的合并管理。这是供销社与国营商业的第一次分开。

然而随着 1966 年"文化大革命"的开始，供销社体制又一次遭受冲击。集体所有的供销合作社被认为是对社会主义公有制的破坏，而供销合作社建立

---

① 新华网，2005 年 1 月 25 日。

起来的全国范围内的商品流通市场被认为是"资本主义的尾巴"，遭受严厉打击。全国范围内的农产品流通市场关闭，县及县以上集体所有的供销社再次与国营商业合并，基层的供销社又一次归为人民公社管理并与作为基层行政单位的生产大队融合。建国初期形成的国营商业和全国供销社两套系统并行的局面基本变成了仅靠国营商业一条渠道的情形。这种局面一直持续到改革开放前期。这是第二次供销合作社与国营商业合并。

直到 1978 年十一届三中全会决定改革开放的道路、确立农村家庭联产承包责任制，供销合作社才又一次与国营商业分离，全国农产品生产和供给能力才有所提高，农产品市场才恢复流通。

3. 改革开放前期（1978～1992 年）：探索变革

此时期是供销社合作恢复和发展的阶段。从 1982～1986 年，中共中央、国务院连续发布五个"一号文件"，要求不断扩大供销合作社的自主权、增强为农村和农民服务的功能、加强国际交流和合作。

在扩大自主权方面，1979 年下半年，中央开始扩大基层供销合作社自主权的试点工作。同时，在 1982 年的机构改革中，虽然全国供销合作总社第三次与商业部合并，但保留了全国供销合作总社的名号以及省以下供销合作社的独立组织系统，设立了中华全国供销合作总社理事会，并且开始了恢复"三性"即"组织上的群众性、管理上的民主性、经营上的灵活性"的体制改革。

在增强服务功能方面，1983 年初，中共中央首先在《当前农村经济政策的若干问题》中明确基层供销合作社应恢复合作商业性质，为供销社农产品全国统一市场体系的建立奠定基础。接着，1984 年 1 月，中共中央发布《关于 1984 年农村工作的通知》，提出各级供销合作社要实行独立核算，自负盈亏，实现"五突破"即在农民入股、经营服务范围、劳动制度、按劳分配、价格管理这五个方面进行突破，并将供销社与国营商业合并的"官办"性质转变为由农民自主管理和经营的"民办"性质。

4. 市场经济改革时期（1992 年至今）：市场化与规范化

这一时期的显著特征是供销合作社体制改革与市场经济体制改革相融合。进入 90 年代，我国经济的改革目标逐渐明确，中共十四大提出了建立社会主义市场经济的改革方向，十五大又提出要建立公有制为主体、多种所有制经济共同发展的基本经济制度。我国供销合作社改革也随之分为如下几个步骤：一是行政性质不断减弱；二是通过引入竞争和价格机制不断提高市场化程度、促进农业产业化进程；三是在农业市场化的道路上加强法制建设，通过立法来保障供销合作社的发展，避免再度出现大跃进至改革开放初期的混乱局面。

对于行政性质的减弱，中共中央和国务院多次在会议和报告中提出供销合作社由农民合作、为农民服务的改革目标。1994 年 4 月 10 日，中共中央、国务院《关于 1994 年农业和农村工作的意见》中指出："抓紧组建全国供销合作总社，从政府行政序列中分离出来，使之真正成为农民群众的合作经济组织。"

这样，供销合作社服务农民的性质便不断得到彰显，也方便了其进行市场化改革。1998 年，国务院先后下发了在化肥和棉花领域进行流通体制改革的决定，取消国家的指令性计划、主要依靠市场形成收购价格和销售价格，并且强化市场准入、要求经过资质认定的企业才可以收购和加工。2002 年，全国供销合作总社党组提出"四项改造"的改革思路，进一步深入到基层，促进企业产权多元化，改造农业生产和经营方式，以推动农业产业化进程。2006 年开展了"新网工程"建设。

供销社市场化的进程还离不开法律的保障。2007 年 7 月 1 日，《中华人民共和国农民专业合作社法》施行，对于供销合作社的目标、成员、组织机构、财务管理、成立解散和法律责任等都以法律形式做出了明确的规定。通过法律建设，保障了供销社体制基本稳定，维护了供销社正常运作的市场秩序。

二、供销社体系与我国农村金融发展

1. 供销社参与农村金融发展的现状

自 2005 年 7 月 15 日全国供销合作总社与国家开发银行签署开发性金融合作协议以来，我国供销合作社改革进一步深入农村合作金融领域。

供销社作为我国最大的合作经济组织，建立了国家、省、市、县、乡的五级管理体制，其服务范围已经覆盖了国内 80% 以上的乡镇和行政村，形成了完善的服务网络。供销社利用其自身的资源充足、网络通达、组织全面、人才素质高、有完整的流通链条、在合作和专业化分工方面有丰富经验等优势，未来完全有可能成为发展农村金融的重要力量之一。

供销合作社发展农村金融业务得到国家政策的大力支持。在 2013 年 10 月发布的《国务院研究深化供销合作社改革发展有关问题的会议纪要》中，要求供销合作社开展改革的试点工作，积极支持金融机构依托供销合作社基层网点延伸服务，满足农民对基础金融服务的需求。2014 年，中共中央、国务院印发《关于全面深化农村改革加快推进农业现代化的若干意见》（中发〔2014〕1 号），提出发展新型农业合作金融组织的要求。2014 年中华全国供销合作总社《关于开展供销合作社综合改革试点申报工作的通知》（供销合字〔2014〕1 号）也提出，把"以合作金融业务为重点，建立符合农村实际的新型合作金融服务体系"作为供销合作社综合改革试点的一项重要内容。

2015 年 4 月 2 日，《中共中央国务院关于深化供销合作社综合改革的决定》，对于供销合作社参与农村金融发展提出了更为明确的要求："有条件的供销合作社要按照社员制、封闭性原则，在不对外吸储放贷、不支付固定回报的前提下，发展农村资金互助合作。有条件的供销合作社可依法设立农村互助合作保险组织，开展互助保险业务。允许符合条件的供销合作社企业依照法定程序开展发起设立中小型银行试点，增强为农服务能力"①。这些积极的国家政策，都促进了供销合作社开展农村金融活动，使得我国农村金融如雨后春笋般蓬勃发展。

十几年来，供销合作社系统凭借网络体系优势，已经在参与农村金融服务方面进行了大量有益的探索。截至 2015 年初，供销社在我国 15 个省份开展了资金互助和信用担保等金融活动，参与建立了合作社银行、资金互助组织、小额贷款公司等各类信贷机构共 341 家，还参与组建了 20 家村镇银行。这些探索为供销社进一步深入发展农村合作金融奠定了人才和机制基础。

2. 供销社参与农村金融发展的主客观条件及问题

当前供销社参与农村金融发展已经具备了主客观两方面的条件。从客观条件来说，目前我国农村金融尽管发展很快，但是还远远不能满足农村发展和农业转型的需求，尤其是大量新型农村经营主体（如合作社、龙头企业、家庭农场和种养殖大户）的金融需求旺盛，而当前的农村金融体系尚难以对这些新型主体的金融需求做出有效的响应。供销社参与农村金融服务正当其时，恰

---

① 中国政府网，2015 年 4 月 2 日。

好弥补了农村金融的这个空白和缺陷。同时，从中央决策者的角度来说，也已经充分意识到农村金融发展的问题，近几年出台的一系列"一号文件"和政府文件，都鼓励包括供销社在内的各类主体积极参与农村金融改革，积极组建各类农村金融机构（包括资金互助组织、担保和融资租赁机构、合作银行等），客观上为供销社参与农村金融发展营造了良好的宏观政策环境。从主观条件来说，供销社近年来在体制改革和经营模式变革方面有很大的进展，尤其是近年来借助电子商务网络，其基层网点优势逐步发挥，其在农村金融方面的诸多探索为供销社进一步开展农村合作金融试点奠定了基础。

但是供销社能否大规模开展农村合作金融试点还存在着一些值得关注的问题。供销社未来要仿照韩国和我国台湾地区的模式探索"三位一体"的农村合作体系，就要建立自上而下的农村合作金融监管体系，这个体系的建立需要供销社体系拥有极强的组织能力和内部协调性，而目前供销社体系是否有能力建立这样一个纵向的有效率的监督体系，还有很大的疑问。近十几年来的市场化改革和产权多元化改革，一方面使供销社的经营机制进一步灵活和高效，但是同时也使供销社体系更加松散和缺乏凝聚力，供销社各个层级之间的组织联系、产权纽带、治理关系不够紧密，这为建立统一高效的监管体系和组织体系设置了很大的障碍，需要花长时间理顺和完善。

三、我国新型农村合作金融发展的现状和挑战

近年来，农业和农村发展为我国农村金融改革与发展提供了良好的历史机遇，也催生了各类新型农村金融机构。我国农民资金互助组织应中国农村发展而生，也因政府之大力鼓励与提倡而盛，全国各地均出现了各种类型、规模不一的农民资金互助组织（或称农民合作金融组织、农民信用合作组织）。这些基于农民内部信用合作而诞生的合作金融组织，在一定程度上满足了当地农民强烈的资金需求，缓解了农民和小微企业的资金困境，为当地农村经济的发展起到了重要作用，已经成长为我国普惠金融体系中不可忽视的重要力量。

1. 我国新型农村合作金融的五种主要形态

我国现阶段新型的农民合作金融形态逐步多元化，其主要形态包括五种：第一种是农民合作社内部的信用合作，这些农民信用合作组织由于有合作社的

生产合作等作为基础，发展势头比较良好，也得到各地政府的扶持。第二种是由供销社发起的合作金融组织，这类农民信用合作数量也很可观，供销社体系对这些新型农民合作金融组织持积极支持态度。第三种是2007年以来在银监会框架底下形成的农民资金互助组织，这类资金互助组织有些拿到了银监会的牌照，但数量不多，大量农民资金互助组织并没有得到银监会的合法性认可。第四种是社区性的合作金融组织，比如在全国各地广泛存在的农村社区合作基金和社区发展基金，一般由政府扶贫资金启动，但也吸引了大量农民的资金加入，这几年得到迅猛发展。第五种是基于网络的新型合作金融形态，诸如P2P这样的互联网金融形式，其本质具有合作金融的性质，这种新型的互联网金融形态的合作金融发展潜力巨大。

2014年，中央"一号文件"指出："发展新型农村合作金融组织。在管理民主、运行规范、带动力强的农民合作社和供销合作社基础上，培育发展农村合作金融，不断丰富农村地区金融机构类型。坚持社员制、封闭性原则，在不对外吸储放贷、不支付固定回报的前提下，推动社区性农村资金互助组织发展。完善地方农村金融管理体制，明确地方政府对新型农村合作金融监管职责，鼓励地方建立风险补偿基金，有效防范金融风险。适时制定农村合作金融发展管理办法。"从以上中央"一号文件"所释放的信息来看，第一种和第二种形态是目前中央鼓励发展的主要形态。目前银监会框架下的农民资金互助出现多元化，地方农民资金互助组织的发展在某些区域出现失序状况，风险逐步显现。有些地区的民间金融机构打着农民资金互助的旗号，吸引巨额社会资本，吸收了大量农民资金，运行极为不规范，造成若干区域出现局部的金融危机，值得重视。地方农民资金互助组织之所以迅猛增长，其最深层原因在于在中国银行业准入门槛较高、存在严格金融抑制的前提下，资金互助是民间资本成本较低的出口之一，但其极强烈的逐利动机往往使得农民资金互助扭曲变形。另外，农民资金互助组织的监管效率较低，监管成本高，因此银监会框架目前处于基本停滞状态。

2. 当前新型农村合作金融发展的风险

从我国农民资金互助组织（农民信用合作）发展的整体态势来看，目前各地农民资金互助发展迅猛，大部分农民资金互助组织在合作社内部开展信用合作，因此在满足合作社内部成员资金需求的同时，也较好地缓解了信息不称等问题，信贷风险得到了较好的控制。其运作的规范性也在不断提升，从而奠定了可持续发展的牢固基础。但是不可否认，也有若干农民资金互助组织存在盲目追求发展速度，从而忽视发展质量的问题，其风险控制机制尚不完善，内部治理机制尚不规范，更有甚者，个别农民资金互助组织从事当前国家金融经济法规所不允许的业务，对我国金融秩序和金融安全造成了不容忽视的负面影响，也在一定程度上影响了我国农民资金互助组织的总体声誉。

当前，我国农民信用合作面临着诸多挑战。第一，社会资本的逐利动机强烈，扭曲其合作金融的初衷和宗旨，使得资金互助不是为农民服务，而是为投机资本服务；第二，有些合作社治理结构不规范，影响到信用合作的效率和决策的稳健性；第三，有些合作社基本以信用合作为唯一业务，其信用合作的产业基础不牢固；第四，风险防范机制和内部流程不完善不规范，隐含着大量操作风险；第五，农民对金融业务不熟悉，导致操作风险；第六，农民信用合作经营者的道德风险随着合作金融规模扩大而增大；第七，某些地区地方政府存在过度介入行为，影响了农民信用合作的信贷质量。

四、供销社综合改革对于农村合作金融发展的意义

1. 供销社综合改革对于农村合作金融发展的意义

供销社参与新型合作金融发展，对于我国农村金融发展、农业经济转型和农村经济增长意义重大。第一，供销社参与新型合作金融发展使得农村金融体系更加多元化，有利于资金需求者在更大的范围内选择金融机构来满足其金融需求，有利于农村金融增加供给，对克服农村信贷难问题起到一定的缓解作用。第二，供销社参与新型合作金融发展使得农村金融体系的市场竞争进一步充分化，而日渐加剧的市场竞争能够使农村金融供给的效率得到极大提升，使各类农村金融在竞争压力下进一步提高金融服务质量，促进金融产品的创新和升级。第三，供销社参与新型合作金融发展可以进一步动员农村资金，激活农村资金，把农村资金留在农村，对农村资金的净流出起到阻滞作用，从而提升农村居民的信贷可及性。第四，供销社参与新型合作金融发展能够促进合作金融体系的整合与融合，对其进一步规范发展有重要意义。当前我国新型合作金融政出多门，发展迅猛但比较混乱，监管主体众多，监管效率比较低，同时新

型合作金融机构之间的合作和整合比较差，其整体合力和规范性有待提升。供销社作为一个超脱于政府和基层社的一个组织，有足够的组织能力和协调能力来整合基层合作金融组织，从而使其整体性和规范性得到总体提升，结束各自为政的局面。未来不排除由供销社来整合合作社内部的信用合作、农民资金互助组织以及供销社发起的合作金融组织等不同类型组织的可能性。第五，供销社参与新型合作金融发展还可以使供销社职能逐步得到完善和提升，使供销社在农资供销和农产品流通之外开拓金融服务领域，真正形成供销合作、生产合作、信用合作三位一体的农村经营体系，使农村合作的层级进一步提升，使农村各种资源配置的效率进一步提升。

2. 供销社参与新型合作金融发展的优势

第一，网点和渠道优势。供销社经过几十年的发展，形成了遍布全国的农产品和农资供销以及农村经营的庞大网络。其中省（区、市）供销合作社（以下简称省社）32 个，省辖市（地、盟、州）供销合作社 335 个，县（区、市、旗）供销合作社 2403 个。截至 2014 年底，供销社全系统有基层社 24950 个，基层社经营网点 32.5 万个，其中，日用消费品网点 15.9 万个，农业生产资料网点 10.9 万个，农副产品收购网点 2.1 万个。这些网点和渠道是供销社发展农村合作金融的最大资本，也是强有力的保障。

第二，信息优势。庞大的网点和组织机构使供销社具备了信息优势。客观来说，这些网点和基层组织为供销社提供了庞大的数据库，在当下电子商务兴起、信息技术发达的背景下，供销社完全可以利用手中的大数据，进行结构性的金融需求分析，从而更好地把握客户的情况，有针对性地开发金融产品。

第三，客户优势。与庞大的组织和网点相联系的是广大的客户资源，尤其是供销社所掌握的庞大的农民客户资源。截至 2014 年底，供销社全系统组织农民兴办各类专业合作社 114326 个，比上年增加 10825 个；入社农户 1238.1 万户。各类专业合作社中，农产品类 99435 个，农业生产资料类 5113 个，其他类 9778 个。通过有机、绿色、无公害等认证的专业合作社 26590 个。拥有产品注册商标的专业合作社 12753 个，占全部专业合作社的 11.2%。全系统共建立村级综合服务站 33.7 万个，比上年增加 4 万个，其中，与村委会共建 6.5 万个。建立庄稼医院 51845 个，比上年增加 3919 个。建立商品基地 37197 个，比上年增加 3199 个，其中，种植业 27141 个，养殖业 9316 个。联结农户

1996.1 万户，比上年增加 54 万户。供销社与农民以及各类农村经营主体都有密切的关系，供销社熟悉农民的经营情况和收入情况，这不仅为合作金融机构开发金融产品提供了基础，还为贷款质量提供了保障。

第四，农村供销体系的人员优势。供销社是个庞大的系统，现在共有职工361.3 万人，其中，实际从业人员 214.3 万人，离开本单位仍保留劳动关系的人员 39.6 万人，离退休人员 107.3 万人。实际从业人员中，本年新增就业人员 9.6 万人。这些人员与基层农村、基层农产品交易者有着密切的关系，具有"熟人优势"，这为供销社举办合作金融打下了较好的组织和人力基础。即使是退休人员，也有可能在合作金融发展中扮演重要角色。

第五，企业管理和企业辐射优势。供销社经过多年的改革，其旗下形成了一大批龙头企业集团，这些企业包括集体企业 18504 个，有限责任公司 1394个，股份有限公司 756 个，股份合作公司 1845 个，农民合作社 1320 个，其他1131 个。早在 2011 年，中国供销集团以 960 多亿元的营业收入名列中国企业500 强第 83 位，在中国服务业 500 强企业排名中名列第 31 位，这是供销合作社系统企业首次入选中国百强企业。供销社下属的企业多涉及农资和农产品供销领域，与农民的利益关系密切，完全可能成为未来农村合作金融中最为积极的参与者，他们可以参股或发起合作金融机构，由于其有丰富而规范的企业管理经验与模式，因此对于农村合作金融的发展以及内部治理会起到很好的促进作用。

第六，农村产业链的相互促进和耦合的优势。供销社的主要业务涉及农业生产资料、农村日用消费品、农副产品和再生资源等领域，它广泛联结农民、专业合作社、农业和农资龙头企业以及各类农村小微企业，拥有比较丰富而完备的产业链，可以产生上下游产业之间的自然的耦合和促进关系，这为开展农村合作金融提供了方便的条件。产业链金融所具备的抵押、担保优势以及金融服务效果的倍增优势，会极大地提升金融服务和信贷质量，并激发和创造新的金融服务与金融需求主体。

3. 供销社参与新型合作金融发展的挑战和隐忧

当然，供销社参与新型农村合作金融也存在着一些客观的挑战和隐忧。这些挑战主要来自于以下几个方面：第一，供销社体系中的人员一般是从事农产品和农资供销的，其金融从业的经验相对缺乏，这种人力资本的不足会极大地影响合作金融的开展，影响到合作金融经营的规范性，从而影响合作金融机构的效率和质量。第二，虽然供销社体系已经参与了部分合作金融机构的运营，有了一定的经验，但是其完善的风险监管体系和自律体系尚未建立，这方面的工作可谓任重道远。第三，尽管供销社组织建立了诸多专业合作社，但是供销社与很多合作社的经营和业务联系并不紧密、合作社内部的治理结构并不规范，甚至很多是空壳合作社，这为供销社开展农民合作社内部的信用合作形成了很大的挑战，存在着信用合作质量下降的隐忧。第四，不可否认，供销社这些年在大规模的综合改革之后，其逐利色彩逐步强烈而为农服务的职能有所弱化，而过高的逐利性与合作金融的宗旨并不吻合，这会对合作金融事业的正常开展形成一定的负面影响。

五、供销社参与农村合作金融发展的路径选择与展望

供销社参与农村合作金融发展大致有以下几种路径选择。

1. 中介代理型

供销社参与农村合作金融发展的最方便也是最节省成本的路径选择是银社合作，即与农信社、农村合作银行、农村商业银行乃至于其他股份制商业银行和国有商业银行合作，作为这些机构的代理机构，对接农村中的各类资金需求者。这样就可以实现供销社与这些银行的强强联合，优势互补，形成共赢的委托—代理关系。农信社和其他金融机构的优势是经营和管理优势以及资金优势，然而它们大多在县和县以下（尤其是村镇一级），没有完善的网点配置，而供销社有完备的全国性的乡村网点，并且拥有大量的覆盖各个产业层级的客户资源，可以有效开展供应链金融，正好弥补农信社和其他银行的不足。作为中介，供销社体系不必承担过多的金融风险，其支持农村金融发展的组织成本、资金成本、人力成本都很低，是目前最便捷的路径选择。

2. 合作参与型

参股各类已经存在的农村金融组织，如村镇银行、小额贷款机构、担保公司、融资租赁公司等。由于是参股，因而供销社没有必要为此建立全国网络，而可以在参股的各金融机构之间建立松散型的合作关系，机构间各自独立，内部以股权为纽带，以规范化的内部治理保障金融机构的运营。这种路径选择的

成本也很低，风险相对较小。

3. 领衔发起型

供销社可以作为发起方和控股方领衔发起各类农村金融组织，如农村资金互助组织、村镇银行等，由于是发起方和控股方，因此可以考虑建立比较紧密的网络关系，甚至可以建立全国性的监督体系和自律体系，来统一管理监督发起的各类金融机构。

4. 统筹整合型

统筹整合基于合作社内部的合作金融组织，在条件具备的情况下可以建立全国性的合作社银行，并建立完善的层级关系和监督体系。这是一个大一统的模式，必须构建一个"全国—省—市县—基层"的四级合作社银行监督和自律体系。这个路径选择的成本最高，对供销社的顶层设计能力、组织能力、人才储备、资金动员能力、与基层社的紧密关联度等都提出了极高的要求。这是远景，是最终目标，既要积极筹备和争取，又要循序渐进，切忌盲目跃进，急于求成，而要谨慎筹划，稳健推进。

供销社积极参与农村金融发展，对于推动建立中国特色的农村合作金融体系、构建"三位一体"的农村合作经济体系具有重要意义，同时对于供销社经营体系的多元化转型也有重要意义。目前，中国农村合作金融发展进入了一个黄金时代，供销社能够在这样一个时机参与其中并发挥主导作用，是极有前瞻性眼光的，也是契合于我国农村发展大势的。但是还要清醒地认识到，我国新型农村合作金融体系也进入了一个危机高发期，其风险控制体系和监管体系还没有完全定型，供销社此时参与其中面临着极大的不确定性，更何况供销社自身的管理体制和产权制度还存在若干深层次的问题亟待解决。因此，供销社参与农村合作金融发展必须分阶段进行，把近期目标和远景目标分开，有步骤地加以实施，同时积极做好监督管理体制、自律体系、人力资源、运行机制等方面的准备工作，未雨绸缪，为全面构建自上而下的统一的合作社银行体系奠定基础。

■ **作者简介**
　　北京大学经济学院。

農本

第二篇
农村信贷

论孟加拉乡村银行（GB）目标瞄准穷人

的两个经济学意义 ⊙徐鲜梅

——兼评中国小额信贷目标"不瞄准"的根源

本文在动态、多维及性别视角下，基于长期的实践经验和调研发现，以生产经营条件与劳动者能力之结合方式、契合程度和配置效率为参照系（Reference），以关系方式、交易规则、关联程度与亲疏状态的"人本经济"准则为基准点（Benchmark），对孟加拉乡村银行（Grameen Bank，GB）目标瞄准穷人的制度内涵的再认识、再理解，揭示其"工具性信贷"与"小额度贷款"背后所蕴藏的思想元素及经济学意义。同时，以实践者及见证人的身份，分析和探索中国小额信贷目标"不瞄准"的原因及根源，并提出相应的对策建议。

一、文献评述

"贫困与发展"一直是全球共同关注的主题。20世纪70年代，正当世界各国努力为本国穷人摆脱贫困寻找出路及办法，并将重点放在如何救助穷人、依据什么样的救济标准以及补贴多少之际，孟加拉吉大港大学经济系教授穆罕默德·尤努斯（Muhammad Yunus）博士及追随者却在致力于探索和尝试穷人进入金融服务网络的路径及方式，并创建了适宜穷人客观实际、自主创业和互助发展的信贷金融制度体系——乡村银行（Grameen Bank，GB）模式。

GB 模式的成功，引起了相关组织和人士的关注，并纷纷起而效之[1]，"自从'Grameen Bank'在孟加拉创造了一个扶贫神话以来，小额信贷扶贫就像一个幽灵在全球游荡，所有的国际组织和非营利社都为之动容、摩拳擦掌和跃跃欲试，各式各样模式的小额信贷扶贫探索性试验在全球展开"[2]。同时，也引起学界的热情涌动，其成果多如繁星，且不乏真知灼见。但是，这些研究文献多数却是"局外人"说"外行话"及移花接木的产物，甚至是学界和政府对小金融业市场资源"肢解、分割和瓜分"的结果。其缺陷在于：陷入"谁所有、谁经营"的思维窠臼，纠缠于"小额信贷"的抽象概念[3]，局限在"扶贫救济"的视角下看待和思考 GB 模式的价值和影响，"看不见"或无视 GB 信贷方法和贷款方式"背后"隐含着的经验思想和价值体系，甚至忽视了 GB 作为一种特殊信贷方式所具有的货币价值职能和市场配置功能，如"在认识上和实践中，往往容易将小额信贷视为一种边缘的、小规模的、游击队式或不入流的扶贫或非正规金融活动"[4]。

但是，进一步考察和梳理相关研究文献，不难发现，其中一些调研成果及结论，不仅经受住了时间和实践的"双重"考验，且颇有指导及现实意义。这些研究成果的主要特点就是以孟加拉 GB 模式理论及特点为基点，试图将 GB 目标瞄准穷人的客观条件与中国小额信贷目标偏离贫困人口的事实结合起来，进行考量及比较研究，并提出谨慎的对策建议。

如刘西川、黄祖辉教授等调查发现（2007），"孟加拉乡村银行模式的小额信贷的瞄准目标已从贫困地区的低收入户、中等偏下收入户移向中等偏上收入户，甚至高收入户。目标上移现象反映出小额信贷的直接扶贫功能已经有所弱化。目标上移既有农户方面的原因，也有小额信贷机构方面的原因。已有信

---

[1] 自 1994 年 9 月起，孟加拉乡村银行的经验在中国得以仿效和推广，其中，最早且较有代表性的应当是中国社会科学院农村发展研究所的 FPC 项目（Funding the Poor Cooperative，FPC），而规模最大的应当是政府金融部门（如中国农业银行、农村信用合作社）开发和生产的小额信贷产品。

[2] 何道峰："理想的冲突——来自中国农户自立能力建设支持性服务社小额信贷扶贫探索的思考"，引自杜晓山等：《中国小额信贷十年》，社会科学文献出版社 2005 年版。

[3] 在小额信贷研究文献中，稍加留意就不难发现，研究者往往会用相应的篇幅阐明"小额信贷含义"，按照"谁所有、谁经营"的逻辑思维框架展开研究，如"福利性小额信贷"与"商业性小额信贷"，"公益性小额信贷"与"商业性小额信贷"，"福利性小额信贷"与"制度性小额信贷"，"正规小额信贷"与"非正规小额信贷"，"官方小额信贷"与"民间小额信贷"等的分类及定义，其中，"福利主义小额信贷"与"制度主义小额信贷"比较典型，且颇有影响。

[4] 杜晓山："一个经济学学者的追求"，引自王曙光：《草根金融》，中国发展出版社 2008 年版。

贷扶贫政策难以取得预期效果的原因之一就是忽视了农户信贷需求的变化。建议中国的信贷扶贫战略应做出相应的调整，贫困地区的劳动力转移和农户福利水平的提高将是未来关注的焦点①"。

再如程恩江、AbdullahiD. Ahmed 等国际小额信贷专家研究发现（2008），"在中国贫困地区试验的孟加拉乡村银行模式的小额信贷项目不能自动地瞄准贫困地区的贫困人口，许多贫困农户将自身排除在小额信贷市场之外。但是它们（小额信贷试点）仍然对中国的扶贫做出了积极的贡献。为了提高小额信贷项目对贫困人群的覆盖率，需要减少对贫困人口的其他约束，依照贫困人群的需要定制小额贷款产品等方式来提高贫困农户对小额贷款的需求，如小额信贷产品的设计原则应从为了筛掉富裕人群而采取的间接瞄准机制改为在控制小额信贷项目和机构的信用风险的前提下，使客户的借贷成本最小化②"。

再如北京大学王曙光教授认为（2008），"小额信贷在我国还是一个新生事物，但同时又是一个具有很大发展潜力的领域，它对我国农村经济发展与农民生活境况改善的重要意义是不言而喻的。对于小额信贷发展而言，完善的法律框架、有力的政府扶持、宽松的社会舆论环境、私人资本市场的稳健性和自律以及小额信贷需求者（尤其是农民）自身信用意识和市场观念的培育等，都是不可或缺的制度条件③"。

此外，不少学者及官员从中国小额信贷实践之"结果性及影响力"层面进行实证分析及描述，并对 GB 模式目标瞄准穷人之贷款制度予以高度认同和赞誉，也给予中国小额信贷扶贫效果相应的肯定和表扬。

如中国扶贫基金会执行副会长何道峰指出："小额信贷扶贫的出现在既不'缺位'又不'越位'的发展框架下发挥着应有的作用④"。"小额信贷对传统信贷的创新达到了颠覆的程度⑤"。中国人民银行原副行长吴晓灵女士指出（2009），"哈尔滨银行的小额信贷业务发展中树立了'普惠金融，和谐共富'

---

① 刘西川、黄祖辉、程恩江："小额信贷的目标上移：现象描述与理论解释——基于三省（区）小额信贷项目区的农户调查"，《中国农村经济》，2007 年第 8 期。

② 程恩江等："信贷需求：小额信贷覆盖率的决定因素之一——来自中国北方四县调查的数据"，《经济学》（季刊），2008 年第 7 卷第 4 期。

③ 王曙光等：《农村金融学》，北京大学出版社 2008 年版。

④ 何道峰："理想的冲突——来自中国农户自立能力建设支持性服务社小额信贷扶贫探索的思考"，引自杜晓山等：《中国小额信贷十年》，社会科学文献出版社 2005 年版。

⑤ 何道峰主编：《中国小额信贷在中国》之《艰难前行的公益小额信贷》（总序），中国财政经济出版社 2013 年版。

的理念，这与我国'构建社会主义和谐社会'是一脉相承的。我相信五年后、十年后哈尔滨银行的小额信贷客户量会呈现几何级数增长，一家中国的小额信贷银行的业务将遍布全国并走向世界①。"

再如北京师范大学教授胡必亮博士认为，"小额信贷事业的发展一方面某种程度地释放了长久以来被抑制的金融需求，减少了信贷市场对弱势群体的排斥，提高了社会总体福利水平；另一方面让货币持有者看到了新的利润空间。②"中国社会科学院农发所原党委书记杜晓山研究员分析发现，"孟加拉乡村银行的最大特点和最创新之处不是开办了一般的公益性制度主义小额信贷组织和其金融产品、服务方式及各项机制的创新，而是从理论和实践上创建了一个全新的社会企业。③"中国社会科学院农发所小额信贷研究室主任孙同全博士调研结论表明，"小额信贷在我国扶贫资金利用模式创新、农村金融组织创新、产品创新、机制创新等方面都发挥了重要的试验和示范作用。④"

二、两个深远的经济学意义

黑格尔指出："真理对所有人、各种不同教养的人都一样。可是，对真理的科学认识是意识到真理的一种特殊方式，寻求这种认识的工作并非所有的人。⑤"对于孟加拉乡村银行目标瞄准穷人，在学界，早已达成共识。但是关于目标瞄准穷人的制度内涵及意义，颇有争议，可谓是众说纷纭、莫衷一是。

笔者根据20多年的实践经验及调研发现，GB目标瞄准穷人包含着丰富的、合规律的制度内涵；GB经验模式和超验思想的实质在于"蕴藏"在其"工具性信贷方式"与"小额度贷款产品"背后的两个深远的经济学意义：即穷人的新经济关系体系，产权制（股份化）、平等式及长期性的"信贷（Credit）经济共存体"制度系统与现代小生产新发展方式——金融经济资源市场配置、信贷资金条件与经营者能力直接结合和劳动价值与市场能力长期均衡；GB诠释、演绎和丰富了小金融业的制度定义、新发展含义和穷人权力意义。

---

① 吴晓灵：《小额信贷蓝海战略——哈尔滨银行的战略转型》（序言），中国金融出版社2009年版。
② 冯兴元等：《钱会》（序），经济科学出版社2012年版。
③④ 孙同全等：《社会企业道路——中国公益性小额信贷组织转制问题初探》，社会科学文献出版社2013年版。
⑤ 黑格尔：《逻辑学（哲学全书·第一部分）》，人民出版社2002年版（中译本）。

1. 第一个经济学意义：穷人的新经济关系体系

一般来说，关系是指人与人之间所具有的某种性质的联系①。由于人与人之间的交往关系，客观上存在人与人之间的交集（机会）、交换（产品）、交易（商品）和交流（思想）等方式，从而形成了名目繁多的共同体（Communities）、联合体及网络（Networks）。如起源于日本 17 世纪初的"村庄共同体"（村落共同体或乡村共同体），德国社会学家马克斯·韦伯（Wax Weber）关于中国村庄地方自治性及防御能力的"联合体"，西方形式主义代表施坚雅（G. William Skinner）基于中国成都实地调查所提出的"市场共同体"，还有中国小农研究代表杜赞奇基于村庄与外界联系方式所提出的"权力文化网络"（Culture Networks of Power）等。

关于人与人之间的关系，中国文化历来讲究的是"礼尚往来"，但在现实经济社会里，重点讲求的却是"门当户对"，况且，在"门不当、户不对"以及拥有财富价值"不对等"人群中是鲜有交往机会的，即便有产品交换和商品交易，也是上等人（强势者）得益，下等人（弱势者）吃亏，"穷人结交富人、往往要赔本"（张爱玲语）。此外，瑞典经济学家林德（Linder，1961）的"重叠需求理论"②、亚当·斯密（Adam Smmith，1776）在《国富论》里提出来的钻石与水的"价值悖论"③ 及赫克歇尔和伯蒂尔·俄林的"要素禀赋差异观点"④，一定程度上正是"穷人与富人交往的经济学解释"⑤。

笔者认为，"以民为本"的核心价值和思想并非是简单的服务意识和公益方式——向底层民众"伸出援手"及"施予救济"，而重要的是与底层群体的

---

① 胡必亮：《关系共同体》，人民出版社 2005 年版。

② 瑞典经济学家林德（Linder）认为国际贸易遵循以下规律及流程：一国人均收入水平提高——对工业制成品尤其是奢侈品的需求增加（恩格尔定律）——带动本国工业制成品生产增加，结果使产量的增加超过了需求的增长，从而有能力出口——对于这类产品，只有收入水平相近的国家才会有较多的需求，因而出口对象国是收入水平相近、需求相似的国家，这样就使得两国间贸易量增大。

③ 亚当·斯密在《国富论》里提出了钻石与水的悖论，也称作价值悖论。钻石对于人类维持生存没有任何价值，然而其市场价值非常高。相反，水是人类生存的必需品，其市场价值却非常低，因水的数量非常大，且几乎随处可见；而钻石是蕴藏在地表底下，且必须开采才能发现。

④ 赫克歇尔和伯蒂尔·俄林认为，当国际贸易使参加贸易的国家在商品的市场价格、生产商品的生产要素的价格相等的情况下，以及在生产要素价格均等的前提下，两国生产同一产品的技术水平相等（或生产同一产品的技术密集度相同）的情况下，国际贸易决定于各国生产要素的禀赋，各国的生产结构表现为，每个国家专门生产密集使用本国比较丰裕生产要素的商品。

⑤ 李倩："读张爱玲的《雨伞下》之后感"，新浪博客，2007 年。

"关系方式、交往规则、关联程度和亲疏状态"，尤其是蕴含心灵深处的思想、态度和行为。"受人以鱼不如授人以渔"，其本质思想仍旧是"另一种"施舍；所谓的"亲民爱民"也可能是一种表演方式和装饰品；那些遵循"区域→行业→企业→项目→大户"的流程的公益性援助（资金）项目也可能是一种"美丽的谎言"，其实质就是敛财掠财心理和不愿与低端客户发生关系的现实反映。"慈善捐助尽管初衷很好，（但）这实际上仍旧是一种居高临下俯视穷人的'鸟瞰式视角'（in a bird's eyeview），而不是一种深入民间、深入穷苦人群、切身体会穷人悲惨境遇的'蚯蚓式视角'（in a worm's eyeview）。①"

鉴此，GB 目标瞄准穷人之信贷制度，与其说是一种特殊的金融制度，毋宁说是穷人与社会交往的新经济关系体系。GB 目标瞄准穷人的制度设计及实践，打破了穷人与富人之间的藩篱，为贫困人口打开了一道现代金融业的大门，使农村妇女真正拥有了贷款资金的使用权、经营权和发展权，并在穷人与富人、女性与男性、借款人与放款人、市场供给方与需求方、上层管理者与下层经营者，以及内部组织与外部机构等之间，寻找和发现其内在联系性和规律性的实质内容，创造性地搭建了交易和交流平台，构建了穷人新型经济关系体系——产权制（股份化）、平等式及长期性的"信贷（Credit）经济共存体"制度系统，创立了全新的穷人与社会交往的关系网络——包括平等权准则、信用价值观、市场化法则、股份产权制、互动凝聚力等。GB 目标瞄准穷人，实质正是"穷人经济发展"的关系方式、认识程度和处理态度，亦是"人本至善理念"的"真实演绎"。

事实上，在 GB 目标瞄准穷人的制度框架下，以及在新的经济关系体系中，穷人的社会地位和作用发生了根本性的变化。

从抵押拜物教下的牺牲品到拥有信贷交易自主权的贡献者。穆罕默德·尤努斯严厉谴责传统金融机构以抵押物作为信贷资格和条件的观念和做法，并指出，倘若有创造力的人这一高级动物不能设计和创造出无需抵押担保的金融业，那简直就是对人类智慧的玷污。② "无抵押、无担保"之贷款机制将放款人与借款人有机联系起来并建立一种长期信用合作关系，无疑打破了借款人与银行机构之间的神秘感和陌生感，缩短了二者之间的距离。事实表明，乡村银

---

① 王曙光：《草根金融》，中国发展出版社 2008 年版。
② 穆罕默德·尤努斯等：《乡村银行的经验与反思》，社会科学文献出版社 1996 年版。

行只把钱贷给孟加拉最穷的人——无地、无资产的人①，其中，94%的是贫困妇女②。

从传统银行拒之门外的无产者到乡村银行服务上门的创业者。"银行既要向缺少现金的借款人放贷，又要求借款人必须有充足的现金来偿还贷款，即'银行是这样一个地方，如果你能够证明你并不缺钱，它就会借钱给你'。银行所承担的信贷风险，应当与借款人何时有钱还贷相关，与是否有钱还贷无关。③""我们（乡村银行）观察传统银行如何行事，然后反其道而行之。④"传统银行主张的是"借款人到银行来"，乡村银行强调的是"银行必须到借款人中去"，"如果在办公室见到乡村银行的职员，这就是对乡村银行原则的践踏⑤"。

从"一脚踢"救济方式下的对象变成了穷人金融机构长期互助发展框架下的主人。孟加拉乡村银行（GB）不仅是把钱借给穷人，而且这家银行由有借贷业务的穷人所拥有，"他们（穷人借款人）每个人只要购买价值3美元的股份也就可以成为银行的股东⑥，GB贷款资本金中的75%是来源于穷人借款人的储蓄资金，"13名董事会成员中有9名为穷人借款人⑦"。乡村银行所宣扬的现实意义在于获得贷款是人的一项基本权利，穷人值得信赖、可以信贷，而且，"可以用商业惯例借钱给他们，既不必专门利人也不需要不考虑自己的利益⑧"。"倘若交易不是公平的，依然是对人权的某种否定。救济对穷人可能会产生一系列毁灭性的影响，抹杀穷人创造生活的能力和尊严。⑨"事实证明，穷人借款人不仅能够按期偿还贷款本金，而且能够承担相应贷款的银行利率债务。其实，人一旦被推上福利或公共援助的路上，他就很难改变自身的处境和状况了⑩。

2. 第二个经济学意义：现代小生产新发展方式

生产资料与劳动者（能力）直接结合是小生产发展的充要条件，而小生

---

① 穆罕默德·尤努斯等：《乡村银行的经验与反思》，社会科学文献出版社1996年版
② 穆罕默德·尤努斯等：《穆罕默德·尤诺斯自传》，贵州人民出版社2000年版。
③ 韦文（James Weaver）：《信贷分析与公司贷款》，外文出版社2010年版。
④⑤ 穆罕默德·尤努斯等：《穆罕默德·尤诺斯自传》，贵州人民出版社2000年版。
⑥ 穆罕默德·尤努斯等：《乡村银行的经验与反思》，社会科学文献出版社1996年版。
⑦⑧⑨ 穆罕默德·尤努斯等：《穆罕默德·尤诺斯自传》，贵州人民出版社2000年版。
⑩ 穆罕默德·尤努斯等：《乡村银行的经验与反思》，社会科学文献出版社1996年版。

产的发展是大市场发育发展的客观基础。马克思精辟地指出："劳动者对他的
生产资料的私有权是小生产的基础，而小生产又是发展社会生产和劳动者本人
的自由个性的必要条件。……只有在劳动者是自己使用的劳动条件的自由私有
者，它才得到充分发展，才显示出它的全部力量，才能获得适当的典型的形
式。①"马克思进一步指出，农民是从事农业生产的"独立劳动者"，而要成为
独立劳动者，就必须"占有自己的生产资料，即他实现自己的劳动和生产自
己的生活资料所必需的物质劳动条件②"。

　　显然，由于马克思关于"生产资料与劳动者结合理论"涉及所有制问题，
长期以来，争议颇大，其主要分歧及焦点即是"谁所有、谁经营"以及"直
接占有"或"间接占有"之体制问题。

　　实践证明，马克思关于小生产发展（方式）理论之核心价值及现实意义
应当在于生产资料与生产者的结合方式、契合程度和配置效率。鉴此，孟加拉
乡村银行目标瞄准穷人以及放款到人（贫困人口及妇女），是一种生产资料与
生产者的有效结合和高度切合的最佳方式，也是现代小生产充分发展的新路
径。GB 目标瞄准穷人，紧紧围绕穷人改善生活与穷人发展经济的主旨目的，
根植入平等权、社会性别及创业理念，运用信贷技术、科学管理和市场配置等
手段，进行构建和实践，设计和开发出了适宜穷人实际的信贷制度和贷款产
品，创建了穷人金融经济制度，实现了金融经济资源与创业者能力的直接结
合。GB 目标瞄准穷人的思想和实践，不仅丰富和发展了马克思关于小生产发
展的理论，且示范和展示了众多不发展国家或地区可借鉴的小生产发展并进入
大市场的战略及模式。

　　中外经济发展事实表明，"市场"的"深义"便是不同财产所有者的存在
及其价格竞争机制的建制，买卖双方按照物品的稀缺及需求性公开交易，以及
经济资源要素的高效配置及利用。GB 模式创始人穆罕默德·尤努斯指出，市
场资源配置不是取"马的速度、雄狮的威严、老虎的勇猛、鹿子的优雅和孔
雀的美丽"形成一只理论上的超级动物和现实中的视频动物③，而是在客观实
际条件下，遵循事物运行规律，按照资源要素属性和市场特性，进行合理组
合。尤努斯对世界银行的"公开宣言"——"我们（乡村银行）不需要来自

---

①②　马克思：《资本论》(3 卷)，人民出版社 1975 年版；许经勇：《中国农村经济制度变迁六十
年》，厦门大学出版社 2009 年版。

③　穆罕默德·尤努斯等：《穆罕默德·尤诺斯自传》，贵州人民出版社 2000 年版。

世界银行的任何资金，我们正在商业市场（上）出售债券和募集资金①"——即是佐证，充分表明了乡村银行需要的是在金融行业系统中公平竞争的交易市场，而不是无信念而屈服权力的救济场所。

尤努斯博士将"经济发展"定义为：成千上万的微不足道的人们在现实中追求微小的梦想过程中所创造的财产增加和财富增长奇迹。他认为，发展意味着相关社会或国家的最底层的一半人口的经济生活状况发生了积极的变化，其简单的测度标准即是这百分之五十人口的人均衣服套数或食物摄取量，并且应当用"单位资本与50%底层人民生活的改善程度"作为判断和度量"经济发展"的主要指标②。而且，"人们越来越认识到了贫困的减缓毋需翘首以待宏观政策的变化、经济的迅速增长及其周围发生许多变化后才能看到的事情，甚至完全可以以一个人或一家一户的方式着手解决③"。因此，"如果向穷人贷款能够成为国家的常规和具体实际行动，一旦穷人能够拥有可支配的资金，他们就随之可以掌控自身的命运了④"。

尤努斯博士进一步指出，劳动权毋庸置疑是一项重要的人权，而获得劳动机会的途径有两种：受雇就业和自我创业。因此，由信贷支持的自我就业要比受雇就业更能改善穷人的财富基础、更有潜力。况且，雇佣就业并不是促进贫困减缓的较好渠道，甚至不是一件喜事，且受雇就业很可能意味着一生就是为了一日二餐而劳动或不得不在城市里肮脏的贫民窟中度日。然而，自我创业就可能是另一番前景了，它或许能够为当事人创造出一种适宜的生活条件，生活得更自在和有尊严。事实自辩（Facts will speak for the selves）：创造自我就业机会势必能让成千上万的小手工业劳动者从事上百种经济创收活动，当很小很小的事情出现上百万次，就能成就大事，打下坚实的经济基础⑤。因此，应当公平地与穷人合作、交易、发生经济往来，这才是对穷人的发展能力和经济贡献的"尊重"，也是市场经济发展之道。GB的高利息率所反映的不仅仅是发展经济学概念，而且蕴含着更深的社会学意义——穷人也要尊严，深受"不公平"之害的穷人更需要一种"公平交易"的市场环境。

此外，尤努斯认为，一方面，穷人妇女与贫困男性相比，所面临、承受的贫困问题和困难程度要"多"且"深"，她们不得不承受来自家庭和社会的双

---

①② 穆罕默德·尤努斯等：《穆罕默德·尤诺斯自传》，贵州人民出版社2000年版。

③ 大卫·吉朋斯：《乡村银行读本》（序），社会科学文献出版社1996年版（中译本）。

④⑤ 穆罕默德·尤努斯等：《乡村银行的经验与反思》，社会科学文献出版社1996年版。

重压力——家庭贫困与社会偏见。另一方面，穷人妇女抗争生存条件的艰难经历、容忍态度和韧性精神是普通男子无法比拟的——这是反贫困和经济发展必备的基础和力量。可见，在孟加拉这样"保守"的国度，"乡村银行穷人妇女信贷"并非普通意义的"小额信贷活动"，而是"撕下"穷人女性脸上"面纱"，"识破"妇女受歧视和不平等待遇"真相"的一项行动，甚至是"一场社会革命"，触及到几千年的传统观念、教会组织利益、家庭角色问题和男性的尊严，甚至引发出乎意料的社会问题①。

考察发现，乡村银行创建和实践了与传统金融组织相反的信贷方式及贷款传递制度。"一次性偿还贷款"被尤努斯视为是"贷款人为难借款人"的故意行为②。"我们观察传统银行如何行事，但我们却反其道而行之。③"传统银行服务于富人和私有企业，而乡村银行服务对象是穷人和社会企业；传统银行用财产抵押，乡村银行用信用和信任替代担保；传统银行发放大额度贷款资金，乡村银行发放小额度启动资金；传统银行采取一次性偿还方式，乡村银行实施分期偿还制度；传统银行关注的是"什么时间偿还贷款——还款数额"，乡村银行关心的是"什么时候有钱及其用什么样的钱偿还贷款——还款路径"；传统银行重视的是经济指标，乡村银行重视的是社会责任。

三、中国小额信贷目标"不瞄准"根源与对策

自 20 世纪 90 年代以来，"在中国，政府动用不少于 50 亿元人民币的资金进行了前所未有的大规模政府推广（小额信贷）模式的试验④"。中国小额信贷作为金融产品得到了较大程度的开发和利用；小额信贷作为一种重要的扶贫手段已在中国广大贫困地区得到充分实践，且产生重要影响；小额信贷作为微型金融行业的重要环节亦获得相应的丰富和发展，甚至发展到机构、资本和监管与之不相适应的境况或不相对称的状态⑤。可以说，在"集体服从国家、个人服从集体"的利益分配制度框架下，贷款资金到户不能不说是中国金融史

---

①②③ 穆罕默德·尤努斯等：《穆罕默德·尤诺斯自传》，贵州人民出版社 2000 年版。

④ 何道峰："理想的冲突——来自中国农户自立能力建设支持性服务社小额信贷扶贫探索的思考"，引自杜晓山等：《中国小额信贷十年》，社会科学文献出版社 2005 年版。

⑤ 开发小额信贷产品的机构广大和多元，有金融机构，有非金融机构，有非政府组织，也有政府职能部门，有项目组织，也有培训机构，有投资的，也有技术服务的，有盈利的，也有公益性的。

上的一个突破。"贷款到户"不是一般意义上的改变贷款对象及部分解决农民获贷难的问题，而是直接关系到社会主义制度本质及其厚德思想的问题——即如何对待农民、农业和农村发展的态度问题，以及采取何种路径推进现代农业发展及福利农民的问题。

然而，中国小额信贷作为一种金融业，其建设和发展举步维艰，且结果差强人意，与小额金融业政策预期目标渐行渐远。有关学者将其原因及根源归结为"目标瞄不准"。但从实践者的角度来看，与其说是"瞄不准"，毋宁说是"不瞄准"。

1. 目标"不瞄准"原因及根源

实践证明，"合理借鉴"是现代经济整体化发展趋势的客观要求，但借鉴什么以及如何借鉴则是一个严肃而科学的问题。在小额信贷扶贫实践中，应当科学借鉴那些揭示社会现实的、本质的、规律性的东西（如最基本的原理和方法），吸取合理内核及精髓，最终使我国贫困人口受益[①]。中国小额信贷是一项政策性和实践性极强的扶贫制度工具，是一种特殊的金融信贷活动，也是一种现代经济发展的重要货币资金载体。中国小额信贷扶贫事业之所以举步维艰，根源在于整体金融制度环境，尤其是对待农民（借款人）生冷硬推的态度、信任缺失的制度安排、自上而下的监管机制和信贷随意的权力任性。

农民"能等"，官办"能拖"。20世纪90年代末期，中国小额信贷需求人数剧增的一个重要事实，即是已获国家低息贷款的无数农户，因"等不得、等不及"政府金融贷款资金到位——等到获得贷款资金时，"黄花菜都凉"了（用钱的时季、时机已经过了），故而转向小额信贷机构提出贷款申请。

贫困人口"好要"，救济者"乐施"。GB贷款传递制度：小额、分期、高息、储蓄、持续、公开、专门（化）；而中国小额信贷反其道而行之，即大额度、一次性、低利率、倒补贴、不公开、兼职化。此外，在实际操作中，往往缺乏必要的技术指导和培训，突出表现在"村民学不了，官员懒得学"。

上级放下钱走人，下级给钱后快走。在中国，尤其是小额信贷扶贫领域，矛盾无处没有，悖论无处藏身。如一方面，贷款机构将与穷人的交易视为高成

---

① 徐鲜梅："中国小额信贷问题发展报告"，《经济理论与经济管理》，1999年第4期。

本、低效益的无盈利行为；另一方面，穷人也"无视"金融机构的贷款活动，将之视为陌生的、与己无关的事物。而且，双方的交易方式往往是"一次性"、"一刀切"或"一脚踢"。

多数锦上添花，鲜有雪中送炭。中国小额信贷普遍存在"贷富不贷穷"、"贷大不贷小"的现象。程恩江博士等调查发现，"小额信贷项目在当前的运营模式下自动瞄准的是比较富裕的农户和那些经常有现金收入，从而可以满足按期还款要求的有非农投资的农户"。何道峰副会长公开指证（2012），中国小额信贷公司的单笔平均贷款规模高达60万元。

2. 目标瞄准农民及准确识别资格的对策建议

何道峰副会长（2013）对小额信贷扶贫到户的内涵及意义曾作出精彩的比喻：科学的发展依赖于分类的严格，只有如此才能促进新的发明和发现，"家禽"概念的意义就在于其有别于"家畜"，切莫因为"小猪"和"小小牛"存在饲料需要就将它们视为"家禽"。只有那些其贷款对象瞄准农户的小额信贷才能被称为真正意义上的小额信贷，应当排除中小企业贷款[1]。

然而，本文所提出的中国小额信贷目标瞄准的不是农户，也不是贫困人口，更不是中小企业及项目，而是"农民"。其道理十分浅显，农民是中国新农村建设的主人，农民是中国现代农业的经营主体，农民是中国农户家庭收入的主要贡献者；小金融业与大金融业的一个重要差异应当是贷款对象的差别，前者目标瞄准的应当是人——生产经营者；后者目标可以瞄准项目。此外，中国小额信贷业经验无可争辩地证明，小金融业，倘若目标瞄准机构（如企业），不仅会面临目标偏离的损失，而且势必冒着贷款偿还率低和贷款资本金渗漏的风险。

中国小额信贷目标能够瞄准农民，其关键在于潜在借款人的资格识别，重点在于准确认识和把握以下"四组概念"的联系和区别。

①目标瞄准农民与向农户家庭提供贷款。农户即农民家庭，是"由血缘关系组合而成的一种社会组织形式[2]"；而农民个体是有责任、义务和权益的

---

① 何道峰："总序"，《中国小额信贷在中国》之《艰难前行的公益小额信贷》，中国财政经济出版社2013年版。

② 胡豹："农业结构调整中农户决策行为研究"，浙江大学博士学位论文，2004年。

自然人或法人。小额信贷目标应当瞄准农民是由其性质和目的所决定的①。实践证明，贷款给农户家庭与贷款给农户家庭成员（生产经营者），是两个不完全相同的概念。前者，意味着生产性贷款资金可以改作"其他用途"，甚至直接用于生活消费，从而可能引发家庭债务矛盾；后者，不仅意味着生产经营条件与劳动者直接结合，体现出经营者在家庭中的地位和作用，而且一定程度应当能够确保生产性贷款资金直接用于创收活动以及按期偿还贷款。

②农民金融普惠与穷人资金救济。贫困是一个动态的、历史的、认识性的范畴及标准，而农民却是一个相对永恒的身份概念，包括权利、价值观和生活目的。调研发现，"金融普惠"往往被误用为"金融救济"，易陷入扶贫救济陷阱。小额信贷目标瞄准贫困农民并不意味着应当给贫困人口提供资金救济。其实，"普惠"与"救济"，"贷款"与"补贴"的差别是显而易见的。农民金融普惠应当特指在村庄从事生产经营活动的一切身体健康的农民，不论性别、年龄、民族、文化程度，均拥有获得小额、有偿、持续性贷款或存款的权利；而不应该包括向贫困人口发放单纯困难救助资金的内容。换言之，普惠的基本内涵应当是给所有需要金融服务的人提供金融服务，包括存款、贷款、汇兑、保险等；而不应该有给贫困人口或穷人无偿提供资金的意思，更不应该包含可以救济穷人的思想。"贷款"与"救济"，尽管对象可能相同，但却是两个具有实质差异的概念。尤努斯指出，倘若贷款缺乏严格的监督管理，实质是也是救济；以救济为名的贷款，不仅不能有助于穷人，而且势必将毁灭穷人。

③提供经营项目贷款与直接贷款到从业者。贷款给生产性经营项目，应当是贷款给生产性经营项目者，而不是项目。实践表明，小额贷款资金直接贷款给生产经营项目与贷款给项目生产经营者，是两个不尽相同的概念，甚至其结果迥然各异。前者，可能是贷款资金的集中、垄断和独占，并使成千上万的生产经营者丧失贷款及创收机会；后者，可能正是生产性经营条件与劳动者能力直接结合的路径及体现，结果可能是成千上万的经营者在努力追逐微小创收机会并改善家庭生活条件中为社会添砖加瓦。事实上，由于生产发展资金的短缺与要素市场配置的缺位，农村普遍出现"巧妇难为无米之炊"的"荒凉"景象，大批青壮年农民劳动力"四处逃窜"寻求发展机会，甚至有些不惜铤而

---

① 徐鲜梅："论小额信贷扶贫对象主体问题"，《浙江学刊》，1997 年第 6 期。

走险。

④有效组织贷款成员与直接向组织提供贷款。"没有组织就没有发展"，这是小额信贷业的经验，也是其获贷资格的基本条件。也就是应当将分散的贷款成员有效组织起来，形成合作、互助的发展资源和力量。换言之，成千上万的借款人，如果没有组织起来，仍然是分离的个体，甚至是如同"一盘散沙"，难以形成发展的内在力量。调研发现，在中国小额信贷实际操作中，往往用"现成"的合作社、企业等经济组织代替"有效组织"的责任及功能，并将贷款资金直接瞄准现成的企业，其例子俯拾皆是。

四、结束语

GB 目标瞄准穷人的实践之突出贡献即是蕴藏在"信贷方式"、"贷款额度"和"偿还期限"背后的——"新发展含义的诠释"、"穷人信贷权力的呐喊"、"性别平等意识的唤醒"、"人本至善理念的演绎"、"抵押品拜物教的批判"和"新金融制度的创建"等行动过程中，创立了新的穷人经济关系体系和现代小生产者新发展制度。GB 目标瞄准穷人的现实意义，是发展的、动态性的和多维度的概念，它不仅与考量视角相关，而且与时代特征、制度特性和核心价值观密切关联。在"市场起决定性作用"的制度框架下，中国小额信贷业发展目标应当是：根植于农村内生惠农金融业的"一粒种子"，培育农村新型金融组织的"一种酵母"，连接政策性金融与商业性金融的"一根纽带"，搭建现代银行与当代农民联系的"一座桥梁"，唤醒企业家社会责任意识和行为的"一股力量"。

在此，引用中国社会科学院农发所原党委书记杜晓山研究员的希望和北京师范大学胡必亮教授的判断作为结束语："机构'转型'并不必然需要淘汰公益性或非政府组织小额信贷机构。实际上，它们能够继续作为信贷提供者在为那些被正规金融机构忽视的客户提供服务方面发挥重要作用，尤其是那些特别偏远或贫穷地区的客户[①]。""我们非常乐观地预测，中国的小额信贷发展对于孵化或构建与中国市场经济发展更加适应的金融体制与制度将做出历史性的重

---

① 杜晓山：《社会企业道路——中国公益性小额信贷组织转制问题初探》（序），社会科学文献出版社 2013 年版。

要贡献，当然也更加有助于帮助穷人跳出贫困陷阱，更加激励人们的创业激情，更加有助于促进民营经济的发展，有利于矫正整个国家的资金供给和需求在总量和结构上存在的比较严重的失衡状况，有利于促进中国经济的可持续发展。①"

■ 作者简介

中国社会科学院农村发展研究所。

---

① 冯兴元等：《钱会》（序），经济科学出版社 2012 年版。

中国农村资金净流出的机理、规模与趋势：1978~2012

◎周　振　伍振军　孔祥智

本文分析了改革开放35年来，中国城乡之间资金流动的机制、规模以及发展趋势。研究表明：第一，1978～2012年内，通过财政、金融机构以及通过工农产品价格剪刀差的方式，农村地区向城市地区大约净流入资金26.66万亿元（以2012年价格计算）。第二，在1994年以前，农村资金外流呈现出加速发展的趋势；至20世纪90年代末期起，农村资金净外流速度放缓，但整体规模依旧庞大。第三，在不同历史时期，三个资金流动渠道对农村资金净流出的贡献存在着较大的差异：在市场经济制度确立以前（1978～1993年），绝大部分的农村资金以工农产品价格剪刀差的方式流出农村；市场经济制度确立后的十五年内（1994～2007年），农村资金主要通过财政系统外流到城市；近年来（2008～2012年），随着农村金融制度的市场化改革，金融机构成为抽离农村资金的主力军。我们的研究认为，改革开放30多年来，中国仍然处于向农村抽取资金的发展阶段，当代中国应当进入到新的发展阶段上来并对农村投入大量的资源以支持其发展。我们给出的建议是应调整现有的财政和金融政策：一是继续加大对"三农"的财政资金投入；二是建立普惠型的现代农村金融制度。

一、引　言

大量的研究以及许多国家的发展实践均表明，大规模的财政和金融投资对于农业现代化的发展至关重要（Huang et al., 2006）。首先，资本投入有利于农业的增长，Timmer（1998），李焕彰、钱忠好（2004），Haggblade（2007）

以及李谷成等（2014）的研究都证实了这一结论。其次，资金投入有利于农村减贫，Fan et al.（2000、2002）从印度和中国的案例研究中，得出了这样的结论。第三，资金投入有利于农业的可持续发展，Haggblade（2007）的研究对此进行过充分的论证。然而，自新中国成立以来，我国采取了重工业、重城市的倾向型政策，导致大量农村资金外流到城市（孔祥智、何安华，2009），进一步造成了当前农村资金空心化的局面（易远宏，2013）。资金大量外流的直接后果是降低了农村内生性农业投资规模，从而使得农业资金匮乏，有学者就指出我国农业现代化的瓶颈就在于投资不足（黄金辉，2005）。

农业现代化发展需要资源要素合理流动、科学配置，资金有序供给和流动是根本。那么，中国农村资金外流依循着什么样的机制呢？根据新古典经济学的理论，资本的边际报酬是递减的，资本收益率影响资本流向。从收益角度分析资本流向的研究表明，资本会流向全要素生产率（FTP）较高的地区（Kalemli - Ozcan et al.，2005），其结果就是资本在多元化的高收入经济体之间的流动并伴随着相对欠发达的经济体逐步边缘化的双重态势（Schularick，2006）。然而，实际上这并不完全是由资本收益率这一单一因素决定的，资金流动的规模和方向还受投资制度环境的影响。大量研究表明制度是导致资本缺乏向不发达地区流动的关键性因素（Alfaro et al.，2008；Kalemli - Ozcan et al.，2010）。中国农村资金的大量外流也与现有的制度环境密切相关（姚耀军、和丕禅，2004；孔祥智、何安华，2009）。因此，我们有必要深入剖析中国农村资金净流出的机制。

另一方面，中国改革开放的 30 多年里从农村地区流入到城市地区的资金规模究竟有多大？对于这个问题，目前学术界还尚未给出答案。从事这方面研究的文献也不多，Huang et al.（2006）虽做过这方面的研究，但是他们仅仅测算了 1978～2000 年中国农村资金净流出的规模，更为重要的是，他们的测算方法还存在着明显的不足之处。Huang 等人是从财政、金融以及强制性粮食定购三个资金外流渠道里计算农村资金净流出的规模，然而他们测算的"强制性粮食定购"渠道还不能完全反映出农村资金外流的真实情况。这是因为：在改革初期，我国很长一段时间内实行的是农产品统购统销的政策，在制度上压低农产品收购价格，在政策上抬高工业产品价格，即以"工农产品价格剪刀差"的方式抽走农村资金。如此，Huang 等人的研究至少存在两方面的不足：一是仅仅测算粮食，忽略了其他农产品，存在测算范围不全的问题。二是仅仅测算出了农民在粮食价格上少获得的部分，而没有计算农民在购买工业产品上多支付的部分，因而存在测算方法上的问题。据此，本研究将在 Huang 等人研究的基础上，用"工农产品价格剪刀差"取代"强制性粮食定购"，从财政、金融以及工农产品价格剪刀差三个渠道上测算 1978～2012 年里中国农村净流入城市的资金规模。

在本文中，我们不仅关注 35 年内从农村地区净流向城市地区的资金总量，而且也关心资金流动的发展趋势。这些研究有助于我们理解中国的改革和农村的发展，同时也有助于决策者从农村资金支持方面制定出有利于农业现代化的策略和政策；尤其是在当前工业化、信息化、城镇化、农业现代化"四化同步"的大战略背景下，这些研究有助于决策者在"如何增加农村资金投入，减少资金流出"的政策制定上提供理论与经验证据的支持。

二、农村资金外流渠道、机理与测算方法

我们认为农村资金净流入城市地区至少存在着三条渠道：财政、金融机构与工农产品价格"剪刀差"。这三条渠道内资金的外流机制与测算方法如下所述。

1. 财政渠道下资金净流出的机理与测算方法

在农村部门里，每年都有大量的资金通过税费的方式流入城市；同时，也有许多的支农资金以财政的方式回流到农村。

税费上缴是农村资金外流最为明显的一个渠道。"皇粮国税"自古以来都是农村资金外流的直接路径。这个渠道主要包括两个方面：一是农业税，二是农民缴纳的各项杂费。

改革开放以来，针对农村生产和经营活动的税收大体可以分为两类，即以个体农户为主的农业各税以及针对以乡镇企业的税收。①农业各税包括农牧业税、农业特产税、契税、耕地占用税和烟叶税。其中，农牧业税即为俗称的农业税，与农业特产税一起于 2006 年废止，从历年的统计数据来看，这两项税收占据了农业各税的主要部分。农业特产税始于 1983 年，最初命名为农林特产税，1994 年更名；农业特产税的征收对象包括烟叶收入、园艺收入、水产收入、林木收入、牲畜收入和食用菌收入以及省级政府确定的其他农业特产品

收入，其税率一般定为 5%～10%。契税是以所有权发生转移变动的不动产为征税对象，向产权承受人征收的一种财产税；应缴税范围包括：土地使用权出售、赠与和交换、房屋买卖、房屋赠与、房屋交换等。值得注意的是，在农业农村领域内，农牧业税、农业特产税和契税的纳税对象都是农村居民，而烟叶税和耕地占用税的征收对象就不全是农村居民。其中，烟叶税是向收购烟叶产品的单位征收的税种，税负由烟草公司负担，征收烟叶税不会增加农民负担。耕地占用税是国家对占用耕地建房或者从事其他非农业建设的单位和个人，依据实际占用耕地面积、按照规定税额一次性征收的一种税，始于 1987 年，负税对象一般为企业、行政单位、事业单位、乡镇集体企业、事业单位，农村居民和其他公民，即耕地占用税的纳税对象不一定都位于农村地区。因此，耕地占用税还不能较好地折射出农村资金外流的情况，Huanget al.（2006）在测算农村各项税收时，就剔除了耕地占用税。因而，在我们的分析中，也将采用与Huanget al.（2006）一样的方法，以农牧业税、农业特产税与契税之和计算个体农户所缴纳的农业各税。②农村系统里，另一块较大的税收则是乡镇企业上缴的税金，虽然这部分税收纳税对象为企业，但也是从农村流出的资金，因而也必须纳入计算之中。

　　农民上缴的各项杂费也是农村资金外流的途径之一。自 20 世纪 90 年代中后期开始，农民负担，特别是"乱摊派"问题突出。这个时期农民除了向政府缴纳正式的税收以外，还需要上缴非正式杂费。不过，根据 Wong（1997）的研究，大部分费还是留在了农村系统，少部分流入到了城市系统。进入 21世纪后，许多地区逐渐试点农村"费改税"，2003 年后税费改革在全国范围内展开，农业费至此也逐步消亡。然而，现有的官方数据还尚未对这部分费进行过统计，在后文中我们将通过农业财政收入与农村赋税进行推算。

　　财政支农是城市资金回流农村的主要渠道。改革开放以前，为支持城市工业化建设，国家在农村提取大量资金，而回流农村支援乡村发展的资金却少之又少。改革后，国家财政对农业的支持发生了实质性变化，尤其是 21 世纪以来，大量的财政资金投向了农村，特别是中央财政对"三农"的投入和转移支付大幅度增长。2004 年始，以粮食直补、农机购置补贴、良种补贴以及农资综合补贴为内涵的"四补贴"逐渐在国内展开，掀开了国内财政支农的浪潮。2003～2008 年，中央财政对"三农"的支出由 2145 亿元增加到 5955 亿元，年均增长达到 22.7%，超过了同时期中央财政总支出的 18.3% 的增长速度。

　　因而，税费流出与财政支农的差值即为财政渠道内的农村资金净流出。

2. 金融机构渠道下资金净流出的机理与测算方法

　　相比财政渠道，金融机构无疑是农村部门更为重要的资金外流渠道。自新中国成立以来，我国银行业均实行分支行制，总、分行设在大城市，各行及分支行的资金实行统一调配和管理。这一制度往往要将各地的资金吸收聚集后转移到大城市发放，另一方面由于我国农村金融市场固有的信息不对称、抵押物缺乏、特质性成本与风险、非生产性借贷四大基本问题，也形成了许多金融机构在农村地区惜贷的局面（韩俊等，2007），从而导致大量的农村资金外流到城市地区。

　　当前在中国农村地区吸收资金的正规金融机构主要有农村信用社（或农村商业银行、农村合作银行）、中国农业银行与中国邮政储蓄银行。首先，对于农村信用社而言，它在农村地区吸收的存款也并非全部应用于支持"三农"，实际上有大量的信贷资金通过农村信用社以上缴存款准备金、转存银行款的形式流向中央银行，还有相当部分农村资金被农村信用社通过购买国债和金融债券等方式大量从农村流出。进入 21 世纪以来，农村信用社掀起了一轮商业化改制的浪潮，许多农村信用社改制为农村商业银行或农村合作银行，商业化改制后的农村信用社逐利特性更加凸显，很有可能会加速农村资金的外流。其次，对于中国农业银行而言，随着其商业化改革措施的施行，在农村地区设置的分支网点也较少向农户和农业企业提供贷款，也呈现出只吸存不放贷的趋势。第三，邮政储蓄机构在农村地区则实行了多年的只存不贷，一度成为吸收农村地区资金的"准抽水机"。

　　那么，如何对这部分外流资金进行测量呢？常用的办法是用本期期末金融机构的存贷差余额减去上一期期末（即为本期期初）的存贷差余额，作为度量本期资金外流的指标（Huang et al.，2006；姚耀军、和丕禅，2004）。这种测量方法的原理如下：首先，其前提条件是金融机构具有充足的存款准备金，当增加存款时，不用额外增加存款准备金，因而可视存款准备金为一个常数。进一步假定，农村金融机构资金全部来自存款，其用途分为三个部分：贷款、存款准备金与外流资金。如表 1 所示，X 为上期期末时资金外流余额，不难得出如下等式：$a_1 = b_1 + A + X$，则有：上期期末存贷差余额 = a_1（存款）$- b_1$

（贷款）＝A＋X；另一方面，对于本期期末而言，则有：本期期末存贷差余额＝a_2（存款）－b_2（贷款）＝A＋X＋ΔX，其中X＋ΔX为本期期末的资金外流余额，而ΔX则恰好是本期内新增的外流资金，即本期内发生的资金净流出。两期期末存贷差余额相减，则有：本期期末存贷差余额－上期期末存贷差余额＝（A＋X＋ΔX）－（A＋X）＝ΔX，如此即能测算出本期内金融机构净流出的资金。

表1　　　　　　　　　　农村金融机构资金外流测算方法示意

时期	存款余额	贷款余额	存贷差余额	存款准备金	资金外流余额
上期期末	a_1	b_1	$a_1 - b_1$	A	X
本期期末	a_2	b_2	$a_2 - b_2$	A	X ＋ ΔX

3. 工农产品价格"剪刀差"渠道下资金净流出的机理与测算方法

"价格剪刀差"的概念由苏联经济学家普列奥布拉任斯基（Preobrazhensky）于1926年提出，它指的是发展中国家（尤其是社会主义国家）的政府如何从农业部门的农民那里赚取利润来补贴城市工业部门的工人；同时，通过实施价格剪刀差，政府可以加快资本积累速度。

正如林毅夫（Lin，2003、2005、2007）所言，与许多发达国家相似，中国在1949年后采用了重工业导向的发展战略。由于重工业属于资本密集型，其项目的生产需要巨额资本投入并且周期很长，而中国当时是一个资本短缺的农业国家。同时，广大农民刚刚从旧社会重税压迫下解放出来，要求"轻徭薄赋，休养生息"的意愿非常强烈。为了稳定农民的情绪，同时也兼顾工业化建设所需要的资金，所以政府的唯一出路就是通过压低农民出售的农产品价格同时提高卖给农民的工业产品的价格来取得农业剩余，投入到重工业的资本积累。简言之，在这个战略下，政府自然而然会选择不利于农民的价格剪刀差来发展工业。新中国成立以来，特别是在1953～1986年，国家对农产品实行统购统销，制度性地压低农产品收购价格以及政策性地抬高工业产品价格，通过这种工农产品价格剪刀差的"暗税"方式为工业发展汲取了大量农业剩余，导致了农村资金严重外流。

进入20世纪90年代后，随着市场经济的逐步确立，国家逐渐缩小农产品的统购（或称合同购买）比例，逐步扩大其市场化流通比例。到1997年，约

85%以上的生产资料价格、90%以上的农产品价格、95%以上的工业品价格已由市场决定，基本上形成了以市场机制为基础的资源配置方式。有学者（武力，2001）认为，新中国成立以来如果说有剪刀差的存在，也是从农产品统购统销到完全放开工业品价格和农产品购销价格之前这段时间。因此，在我们的研究中，选取1978~1997年的时间跨度来测算改革开放以来通过工农产品价格剪刀差的方式流出农村的资金规模。

许多学者在引用"剪刀差"来计算农民为工业化积累资金的贡献时，由于采用的理论依据和测算方法、口径不同，测算结果差异较大（崔晓黎，1988；温铁军，2000；韩兆洲，1993；江苏省农调队课题组，2003）。工农产品价格"剪刀差"差额的计算是一个非常困难的问题，目前还没有一种能够较准确测算出并且被学术界公认的方法。在推算方法上，本文使用严瑞珍等（1990）的比值剪刀差动态变化相对基期求值法。严瑞珍等按照社会必要劳动时间决定价值的理论，首先测算出1982年的剪刀差，然后通过可比劳动法分别测算出各年工农产品剪刀差。相对而言，严瑞珍等（1990）的测算方法得到了学术界较高的认可，后续的一些研究都延续了严瑞珍等（1990）的方法，如韩兆洲（1993）、李微（1996）等。

三、测算结果

1. 财政渠道与农村资金净流出

农业税收一向是农村财政收入的主要来源。表2汇报了1978~2012年农业税收的详细情况。从表2的数据中，我们也能观察到改革开放以来我国农业税收总量变化的特征。首先是农业各税，1978~1993年合计的农业各税逐年增长，不过增速较缓；1993~1996年，农业各税在总量上展现出了高速增长的态势；1996~2007年间，农业各税总量处于波动增长之中；2007年后，农业各税总量再次表现出高速增长的趋势。其次是农牧业税，在改革初期农牧业税的名义总量几乎一直保持不变，这使得真实量（扣除物价增长）实际上显著下降。1993年后农牧业税征收总量处于波动之中：1993~1996年间农牧业税总量出现了较快的增长，然而至1997年后迅速下降，但是到2002年与2003年时再次增长到历史最高点，之后迅速下降直至消亡。第三，契税至1986年征收以来，始终保持增长，1997 年后农村契税规模出现了快速增长，25 年内年均增长 30.8%。第四，农业特产税税收总量呈现出了倒 U 型曲线的发展规律，从 1988 年的 46.02 亿元增长到 2007 年时的最高值 603.08 亿元，此后税收规模迅速下降，直至 2006 年后与农牧业税一道消亡。第五，耕地占用税的变化规律与契税的几乎一致，1987～2003 年契税税收规模几乎不变，2004 年后迅速增长。第六，至 2006 年以来，烟叶税的税收规模也处于波动增长中。

除农业税收以外，农民缴纳的费也是农业财政收入的重要部分。至实行家庭联产承包责任制后，农民需缴纳系列的费用，如乡镇统筹费、农村教育集资、行政性事业收费以及政府性基金等，部分流出农村的费用与农业税构成了农业财政收入。在表 2 中，第（7）列与第（1）列之差即为农业财政收入中来源于农业的其他杂费。2004 年后全国范围内掀起了农村"费改税"试点，至此这部分费也在国内逐渐消亡。因而，我们可以认为 2004～2012 年的农业财政收入接近于农业各税收入〔如表 2 中的第（7）列〕。进一步，我们测算了农民缴纳费用在农业财政收入中的占比。1978～1985 年里，费用的比重逐年递增，整个 80 年代里费用的平均占比超过了 40%，其中 1983 与 1985 年里的比重均超过了 50%。这些进一步折射出 1980 年代中国农民承担着较高费用压力的现实。1990 年代初期，费用占比暂时性出现下降，然而至 1993 年再次增高，我们认为这可能与国家分税制改革有关，使得地方政府税收收入减少从而增加农村收费。

不过，农业财政收入〔表 2 中的第（7）列〕还不能完全反映财政渠道里农村资金的流失，我们还需要剔除烟叶税与耕地占用税。剔除这两项税收后，即可得到实际农业财政收入〔如表 2 中的第（8）列〕。

除以农民为个体缴纳的农业税费以外，乡镇企业上缴税金也是农村资金外流的一个重要渠道〔如表 3 中的第（2）列〕。35 年内，乡镇企业上缴税金规模保持着持续增长的态势，年均增长 10.4%，年均缴纳税金 5954.06 亿元，合计 208392.02 亿元。

表 3 中的第（1）列与第（2）列数据之和即为农村外流流量资金，农村外流流量资金与财政支农资金之差即为财政渠道里农村资金的净流出。35 年里，财政支农资金规模也在波动式发展。改革之初（1978～1988 年），国家分配给农业的资金从 1970 年代末的 3900 多亿元下降到 1988 年的不到 2000 多亿元的规模。1980 年代末至 20 世纪初期，财政支农资金逐渐缓慢增长，直到 20 世纪初期的支农资金规模才逐渐回升到 1970 年代末的水平。2005 年始，国家

安排了大量支农资金，2005～2012 年内，财政支农资金以年均 14.1% 的速度增长，远远超过了同时期的经济增长速度。

表 3 中第（4）列数据展现了改革开放 35 年来，财政渠道里农村资金净流出的情况。改革初期（1978～1983 年），财政渠道对农村资金的影响表现为净流入，不过净流入的规模却在逐年递减。1984 年后，农村资金则表现为净流出。其中，1984～1994 年为农村资金加速流出时期，年均净流出资金近 700 亿元，年均增长 47.2%。1995～1998 年内，财政渠道里农村资金净流出规模逐年下降；1999～2005 年内，资金净流出规模则表现出波动增长的趋势。2005～2009 年期间，正值农村税费制度改革，农村资金净流出规模迅速下降；不过，2010～2012 年内，资金净流出规模再次增长。

综上分析，1978～2012 年内通过财政渠道从农村净流出的资金规模达 110269.11 亿元，年均净流出 3150.55 亿元。

2. 金融机构与农村资金净流出

依据中国实情，农村信用社（农村商业银行或农村合作银行）、中国农业银行和邮政储蓄银行是农村地区的主要金融机构，也是农村信贷资金外流的重要组织平台。因而，我们将从这三个金融机构出发，分别测算出农村资金的净流出。

农村信用社一直以来都是农村地区最主要的金融机构。1978～2012 年内，62.09% 的农村资金存入农村信用社，同时约 65.15% 的资金通过农村信用社回流到农村。进入 21 世纪以来，我国有些地区的农村信用社逐步开始了商业化改制工作，改制为农村商业银行与农村合作银行。从数量上来看，几乎所有的农村信用社都改制为农村商业银行，而农村合作银行的数量则少之又少。至 2007 年始，《中国金融年鉴》统计了全国农村商业银行的信贷业务数据，至于农村合作银行则暂时未单列统计。因而，在我们的分析中对农村合作银行暂时不做考虑。

中国农业银行在我国农村地区的网点经历了多次的建立与撤销。早在改革开放以前，农业银行就经历了几起建立与撤销的历程。改革开放后（1979 年）农业银行再次建立，至 20 世纪末，伴随着农村金融机构改革的浪潮，农业银行在乡镇地区的网点被大量撤销。虽然如此，但是农业银行在农村地区金融资源的流动中依然扮演着重要的角色。改革开放的这 35 年内，就有 21.03% 的农村金融资源存入到农业银行里，26.94% 的金融资源从农业银行内流入农村。

表2　1978～2012年中国农业财政收入与农业税收（按2012年价格进行折算）

单位：亿元

年份	农业各税:合计(1)	其中:农牧业税(2)	其中:契税(3)	其中:农业特产税(4)	其中:烟叶税(5)	其中:耕地占用税(6)	官方统计农业财政收入(7)	实际农业财政收入(8)=(7)-(5)-(6)
1978	688.30	0.00	0.00	0.00	0.00	0.00	767.06	767.06
1979	664.87	0.00	0.00	0.00	0.00	0.00	720.97	720.97
1980	578.09	0.00	0.00	0.00	0.00	0.00	691.74	691.74
1981	562.80	0.00	0.00	0.00	0.00	0.00	769.46	769.46
1982	534.80	0.00	0.00	0.00	0.00	0.00	897.76	897.76
1983	541.24	0.00	0.00	0.00	0.00	0.00	1109.58	1109.58
1984	496.71	0.00	0.00	0.00	0.00	0.00	870.39	870.39
1985	528.34	0.00	0.00	0.00	0.00	0.00	1097.89	1097.89
1986	513.89	510.43	3.46	0.00	0.00	0.00	927.71	927.71
1987	525.63	506.49	4.66	0.00	0.00	14.48	930.95	916.46
1988	685.05	436.00	6.32	46.02	0.00	196.71	1128.39	931.68
1989	758.83	507.52	8.49	91.57	0.00	151.25	1265.27	1114.03
1990	755.89	512.93	10.15	107.46	0.00	125.35	1087.28	961.93
1991	714.31	446.40	14.89	112.29	0.00	140.74	1053.31	912.57
1992	822.00	483.53	24.90	112.02	0.00	201.55	1031.27	829.72
1993	761.07	439.73	37.59	106.10	0.00	177.65	1428.62	1250.98
1994	1239.07	639.69	63.27	340.91	0.00	195.21	1619.97	1424.76
1995	1341.96	618.26	88.12	468.91	0.00	166.68	1747.12	1580.45
1996	1620.66	798.62	110.54	574.64	0.00	136.86	2112.98	1976.12
1997	1595.21	731.95	129.79	603.08	0.00	130.39	2057.92	1927.53
1998	1484.29	664.99	219.55	475.62	0.00	124.12	1991.22	1867.09

续表

年份	农业各税：合计 (1)	其中：农牧业税 (2)	其中：契税 (3)	其中：农业特产税 (4)	其中：烟叶税 (5)	其中：耕地占用税 (6)	官方统计农业财政收入 (7)	实际农业财政收入 (8)=(7)-(5)-(6)
1999	1464.62	563.99	331.86	454.53	0.00	114.23	1873.97	1759.74
2000	1484.10	536.38	418.08	416.99	0.00	112.65	1911.96	1799.31
2001	1418.63	483.93	462.61	359.21	0.00	112.88	1843.01	1730.12
2002	1938.12	867.99	645.46	269.85	0.00	154.81	2518.58	2363.77
2003	2139.13	820.10	878.58	219.86	0.00	97.91	2711.73	2613.82
2004	2010.88	442.90	1203.82	96.49	0.00	267.67	2010.88	1743.21
2005	1875.06	25.63	1472.06	93.33	0.00	284.04	1875.06	1591.02
2006	1926.43	0.23	1541.92	6.26	73.93	304.09	1926.43	1548.41
2007	2240.17	0.00	1877.72	0.00	74.41	288.04	2240.17	1877.72
2008	2398.80	0.00	1856.59	0.00	95.77	446.44	2398.80	1856.59
2009	3184.04	0.00	2255.87	0.00	105.07	823.10	3184.04	2255.87
2010	4039.84	0.00	2901.53	0.00	92.24	1046.07	4039.84	2901.53
2011	4235.38	0.00	2978.69	0.00	98.42	1158.27	4235.38	2978.69
2012	4626.50	0.00	2874.01	0.00	131.78	1620.71	4626.50	2874.01
1978~2012								
总计	52394.70	11037.68	22420.52	4955.13	671.61	8591.91	62703.21	53439.68
年均	1496.99	408.80	830.39	141.58	19.19	245.48	1791.52	1526.85

注：①各年数据依据居民物价指数（CPI）折算成 2012 年价格，下同。②数据（1）全部来自 2013 年《中国财政年鉴》；数据（2）～（6）来自 2013 年《中国财政年鉴》，数据（2）～（6）中的一部分、数据（7）中 1978～1983 年来自《中国农村经济统计大全（1949～1986）》，1984～1995 年来自 1997 年《中国农村统计年鉴》。③1995 年后数据（7）改变了统计口径，1996～2003 年的数据我们采用 Huang et al.（2006）的方法，运用前五年（1）/（7）的平均值进行估计；另一方面，由于 2004 年后全国范围内掀起了农村 "费改税" 试点，因而我们可以认为 2004～2012 年的农业财政收入接近近年来各农业各税收入。

表3 1978~2012年财政渠道下农村资金净流出（按2012年价格进行折算）

单位：亿元

年份	财政收入来源		财政支农(3)	资金净流出(4)
	实际农业财政收入(1)	乡镇企业上缴税金(2)		
1978	767.06	533.19	3652.33	-2352.08
1979	720.97	509.18	3924.54	-2694.39
1980	691.74	536.93	3133.84	-1905.16
1981	769.46	680.92	2324.87	-874.48
1982	897.76	813.67	2328.69	-617.26
1983	1109.58	967.21	2313.57	-236.79
1984	870.39	1291.68	2014.36	147.70
1985	1097.89	1726.36	1929.91	894.34
1986	927.71	2039.64	2126.21	841.13
1987	916.46	2393.83	2024.52	1285.78
1988	931.68	2881.87	1990.35	1823.20
1989	1114.03	3255.43	2375.46	1993.99
1990	961.93	3369.05	2648.09	1682.89
1991	912.57	3582.21	2739.06	1755.72
1992	829.72	4393.14	2593.53	2629.33
1993	1250.98	6409.84	2666.23	4994.59
1994	1424.76	8521.35	2852.94	7093.17
1995	1580.45	6939.28	2774.26	5745.46
1996	1976.12	6300.92	3072.34	5204.70
1997	1927.53	6125.64	3075.80	4977.37
1998	1867.09	5891.67	4298.04	3460.73
1999	1759.74	6188.65	3755.09	4193.29
2000	1799.31	6367.81	3927.85	4239.26
2001	1730.12	6797.42	4290.05	4237.49
2002	2363.77	7272.27	4268.00	5368.05
2003	2613.82	7680.65	4305.16	5989.31
2004	1743.21	8154.02	5210.25	4686.98
2005	1591.02	10374.35	4906.52	7058.85
2006	1548.41	10849.62	5638.68	6759.35
2007	1877.72	9441.34	6722.12	4596.94
2008	1856.59	10243.71	8456.34	3643.96
2009	2255.87	12628.34	9430.29	5453.91
2010	2901.53	13334.86	10099.69	6136.70
2011	2978.69	14445.72	11306.02	6118.39
2012	2874.01	15450.25	12387.60	5936.66
1978~2012 合计	53439.68	208392.02	151562.60	110269.10
年均	1526.85	5954.08	4330.36	3150.55

注：①乡镇企业上缴税金数据中1978~1986年来自《中国农村经济统计大全（1949~1986）》，1987~2008年来自历年《中国乡镇企业及农产品加工业年鉴》（曾名《中国乡镇企业年鉴》），2009~2011年的年平均增长率与2011年数值的乘积进行替代，其余年份数据来自2013年《中国农村统计年鉴》。②财政支农数据中1978年、1980年、1985~2012年的数据全部来自《中国财政年鉴》，其他年份数据来源《中国农村统计年鉴》。

中国邮政储蓄银行于 1989 年开始在农村地区吸收储蓄，然而这一期间却始终不在农村地区开展贷款业务，一度成为农村资金的"抽水机"。至 2007年起，邮政储蓄银行开启了面对农村地区的贷款业务。

围绕农村信用社（农村商业银行或农村合作银行）、中国农业银行和邮政储蓄银行这些主要的农村金融机构，我们测算出了 1978～2012 年内农村存款、农村贷款与资金净流出的情况，如表 4 所示（具体测算过程请查阅附录）。在我们的计算中，农村存款包括农户储蓄、乡镇企业存款以及其他组织在农村地域内的金融机构存款；农村贷款包括农户贷款、乡镇企业贷款以及其他农村地域内组织的贷款。表 4 分别汇报了四个涉农金融机构的农村资金净流出（按照物价指数折算成 2012 年价格）情况：①1979～2012 年间，通过农村信用社净流出的农村资金总量达 26357.86 亿元，年均净流出 753.08 亿元。35 年内，信用社净外流的农村资金呈现出波动的发展趋势。其中，少数年份，如 1978、1984、1988、1992～1993、1995、2005 与 2010 年，甚至出现了信贷资金在农村地区的净流入。至农村信用社商业化改制以来，我们发现农村商业银行加速了农村信贷资金的外流。2007～2012 这六年来，通过农村商业银行净流出的资金竟达 19645.02 亿元，净外流规模远远高于农村信用社（农村信用社年均外流 3274.17 亿元），约为农村信用社的 4 倍。②1980～2012 年内，通过中国农业银行净流出的农村资金总量为 4701.44 亿元，年均净流出 142.47 亿元。其中，1996 年外流资金规模较为特殊，由于当年正值农村信用社脱离农业银行改制，使得农业银行内大量的信用社存款回流农村，从而出现一次规模较大的农村资金净流入。③我们发现邮政储蓄银行始终扮演着农村资金"抽水机"的角色。1990～2012 年，邮政储蓄银行共从农村地区抽离资金 66256.89 亿元，年均净流出 676.20 亿元。其中，1990～2005 年，净流出资金呈现出加速发展的趋势；2006 年后，外流资金规模虽有波动，但整体趋势仍是在加速农村资金的流出。

综上分析，1978～2012 年通过农村信用社、农村商业银行、中国农业银行与中国邮政储蓄银行从农村净流出的资金规模达 66256.89 亿元，年均外流1893.05 亿元。其中，1978～1996 年，外流资金波动较大，并时而伴随资金对农村的净流入；不过在 1997～2012 年期间，信贷资金不断被抽离农村，而且呈现出了规模扩大的趋势。

表4　1978～2012 年金融机构与农村资金净流出（2012 年价格；年末余额）

单位：亿元

年份	农村信用社			农村商业银行			中国农业银行			中国邮政储蓄银行			合计:资金净流出(13)
	农村存款(1)	农村贷款(2)	资金净流出(3)	农村存款(4)	农村贷款(5)	资金净流出(6)	农村存款(7)	农村贷款(8)	资金净流出(9)	农村存款(10)	农村贷款(11)	资金净流出(12)	
1977	3675.30	1074.44											
1978	3623.24	1093.03	-70.64										-70.64
1979	4474.50	1070.18	874.10										874.10
1980	5264.85	1704.81	155.73				5506.72	2841.06	31.33				187.05
1981	6203.75	1913.73	729.98				6035.99	3339.00	511.16				1241.14
1982	6969.86	2206.18	473.66				6660.81	3452.66	455.65				929.31
1983	7783.62	2688.14	331.80				7227.91	3564.11	511.94				843.74
1984	8683.90	5054.08	-1465.66				7702.67	3526.93	-2470.18				-3935.84
1985	8905.72	5025.80	250.10				6649.58	4944.02	355.07				605.17
1986	10869.99	6562.17	427.91				7032.65	4972.02	-73.54				354.37
1987	12417.10	7980.13	129.14				8336.75	6349.66	-82.18				46.96
1988	12726.73	8446.68	-156.92				8797.06	6892.15	-662.40				-819.33
1989	14567.23	9781.46	505.71				8476.48	7233.97	117.90	217.94	0.00	0.00	623.61
1990	18048.85	12156.45	1106.63				9017.18	7656.77	678.92	393.71	0.00	175.77	1961.33
1991	20836.86	14251.62	692.85				10612.34	8573.01	447.77	693.58	0.00	299.87	1440.49
1992	23343.84	16926.23	-167.64				11894.78	9407.68	46.96	860.36	0.00	166.78	46.10
1993	17771.24	14111.86	-2758.23				12393.89	9859.83	1699.08	1302.33	0.00	441.97	-617.18
1994	29647.21	16527.77	9460.06				14112.58	9879.44	1413.72	1814.70	0.00	512.37	11386.15
1995	33734.76	18694.35	1920.97				15361.52	9714.66	-604.50	2639.16	0.00	824.46	2140.93
1996	37612.92	20841.60	1730.92				15788.35	10745.99	-7660.84	3246.29	0.00	607.13	-5322.78
1997	41299.60	22193.82	2334.45				8444.80	11063.28	-441.32	3542.86	0.00	296.57	2189.71

续表

年份	农村信用社			农村商业银行			中国农业银行			中国邮政储蓄银行			合计：资金净流出 (13)
	农村存款 (1)	农村贷款 (2)	资金净流出 (3)	农村存款 (4)	农村贷款 (5)	资金净流出 (6)	农村存款 (7)	农村贷款 (8)	资金净流出 (9)	农村存款 (10)	农村贷款 (11)	资金净流出 (12)	
1998	44223.60	23895.79	1222.03				9953.25	13112.88	-99.84	4015.75	0.00	472.89	1595.08
1999	44906.48	24993.34	-414.66				10316.27	12580.93	894.97	4366.80	0.00	351.05	831.36
2000	46564.48	26016.17	635.16				10604.48	8613.50	4255.64	5207.44	0.00	840.64	5731.45
2001	48531.84	27273.95	709.58				10876.92	7965.15	920.78	5963.30	0.00	755.86	2386.23
2002	50830.06	28943.61	628.56				11280.99	7517.30	851.93	6781.74	0.00	818.44	2298.93
2003	54728.04	31291.88	1549.71				12140.09	7139.23	1237.16	7523.63	0.00	741.89	3528.76
2004	57134.24	32196.12	1501.96				12701.53	6770.76	929.91	8399.13	0.00	875.51	3307.38
2005	52135.25	27804.72	-607.59				13071.80	6138.52	1002.51	9735.13	0.00	1335.99	1730.91
2006	51028.49	26269.89	428.07	7391.30	3300.38		13776.83	6584.01	259.54	10232.50	0.00	497.37	1184.99
2007	51281.16	26163.15	359.41	7724.28	3548.83	84.53	13654.49	6201.25	260.42	10666.37	287.49	146.38	850.74
2008	55580.24	27998.60	2463.63	8851.05	4156.69	518.91	15196.73	5027.10	2716.39	11341.48	431.48	531.11	6230.04
2009	57924.30	29681.62	661.05	13729.91	6403.95	2631.60	14580.59	6198.01	-1787.05	12665.64	650.09	1105.55	2611.16
2010	55792.32	28327.21	-777.58	24733.31	11298.14	6109.21	16412.79	6649.52	1380.68	14654.66	1177.16	1461.95	8174.27
2011	56469.59	28161.83	842.65	33397.44	16222.12	3740.14	18137.40	6859.12	1515.01	15898.77	1457.90	963.37	7061.17
2012	56207.21	27248.49	650.96	46599.66	22863.71	6560.63	14613.74	7246.65	-3911.18	17648.67	1878.15	1329.64	4630.05
1978~2012合计	1111798.36	606570.93	26357.86	142426.95	67793.82	19645.02	376530.86	250840.83	4701.44	159811.92	5882.27	15552.58	66256.89
年均	30883.29	16849.19	753.08	20346.71	9684.83	3274.17	11074.44	7377.67	142.47	6658.83	245.09	676.20	1893.05

注：①以农村信用社为例，资金净流出的测算方法为 $[[(1)_t - (2)_t] - [(1)_{t-1} - (2)_{t-1}]]$。②资金净流出中，正号表示资金从农村净流出，负号表示资金从农村净流入。

3. 工农产品价格剪刀差与农村资金净流出

在改革时期，工农产品价格剪刀差是农业资本外流的一个重要渠道。1978～1997年各年间的剪刀差绝对额和相对量的计算方法如下：以严瑞珍推算的1982年的剪刀差值及相关指标作为参照值，"首先找出影响剪刀差变化的诸因子，求出目标年诸因子与1982年相应诸因子的相对数，然后根据这些因子与剪刀差有关指标的比例关系，间接求得目标年的剪刀差"。如果我们把几个主要指标抽出来汇总成表5，就可以十分鲜明地看出国家逐渐取消对农产品统购统销之后工农产品价格剪刀差的变化动态（见表5）。

表5　　　　　　　　　1978～1997年几个年份有关指标计算表

项目	计算公式	1978	1982	1992	1997
农业劳动生产率指数（%）	(1)	84.70	100.00	159	251.2
工业劳动生产率指数（%）	(2)	90.90	100.00	186.3	321.4
农村工业品零售价格指数（%）	(3)	96.60	100.00	176.6	285
农副产品收购价格指数（%）	(4)	70.60	100.00	196.2	371.3
相对于1982年的工农产品综合比价比值指数（%）	(5)＝[(2)×(3)]÷[(1)×(4)]	146.84	100.00	105.45	98.21
工农产品综合比价比值指数（%）	(6)＝(5)×141.27%	207.44	141.27	148.97	138.75
剪刀差的差幅	(7)＝1－1÷(6)	0.52	0.29	0.33	0.28
剪刀差差幅的年度差异系数	(8)＝(7)÷0.29	1.77	1.00	1.13	0.96
农副产品收购总额（亿元）	(9)	557.90	1083.0	4412	1325.1
农副产品收购总额年度差异系数	(10)＝(9)÷1083	0.52	1.00	4.07	1.22
剪刀差绝对额（亿元）	(11)＝(8)×(10)×283	258	283	1297	331
农业增加值（亿元）	(12)	1027.5	1777.4	5866.6	14441.9
农业部门新创造的全部价值（亿元）	(13)＝(11)＋(12)	1285.5	2060.4	7163.6	14772.9
剪刀差相对量（%）	(14)＝(11)÷(13)×100%	20.1	13.7	18.1	2.2

注：①计算农业劳动生产率指数时，1978～1997使用的是农林牧渔业从业人员数；②农副产品收购总额1992年以前为原社会农副产品收购总额，1993～1997年为批发零售贸易业（不包括个体）农副产品购进额；③以上价格为当年价格。

资料来源：《新中国55年统计汇编1949～2004》、《中国统计年鉴》（2008）、《中国农村统计年鉴》（2008）、《中国市场统计年鉴》（2000）。

为了简明起见，我们把 1978 ～ 1997 年剪刀差的变化列成表 6。

表 6　　　1978 ～ 1997 年工农产品价格剪刀差变动情况 （**2012 年价格**） 单位：亿元,%

年份	工农产品综合比价比值指数	剪刀差绝对额	剪刀差相对量	年份	工农产品综合比价比值指数	剪刀差绝对额	剪刀差相对量
1978	207. 38	6252. 82	20. 1	1990	115. 81	3897. 29	8. 9
1979	168. 15	5835. 32	16. 9	1991	134. 97	7604. 12	17. 9
1980	170. 12	6497. 49	18. 5	1992	148. 97	8946. 30	18. 1
1981	153. 80	5935. 75	16. 1	1993	152. 42	4666. 65	11
1982	141. 27	5151. 40	13. 7	1994	133. 32	2954. 64	5. 7
1983	136. 70	4992. 03	13. 3	1995	126. 44	2620. 33	4. 5
1984	125. 25	3706. 80	10. 1	1996	127. 23	2491. 56	4
1985	120. 75	3241. 64	9. 1	1997	138. 75	1328. 41	2. 2
1986	116. 04	2839. 56	8. 1	1978 ~ 1997			
1987	113. 13	2544. 87	7. 1	合计	—	90101. 59	
1988	114. 80	3216. 54	8. 2	年均	—	4505. 08	
1989	124. 79	5378. 06	14. 0				

由表 6 可以看出，1978 ～ 1997 年的 19 年间，国家以农产品剪刀差的方式在农村地区抽离资金 90101. 59 亿元，平均每年 4505. 08 亿元。此外，自 1993 年起，工农产品剪刀差的相对量逐渐下降，到 1997 年已降到 2.3%，但绝对额仍高达 4666. 65 亿元。这一计算结果与实际情况是相符的。随着经济发展，农业生产在国民经济中的比重不断下降，同时来自农业的收入在农民收入中所占比重也在下降，这使得工农产品交换在国家经济中的重要性下降，导致农民利益向国家转移的方式由传统的"剪刀差"逐渐转向提供廉价劳动力和土地资源（孔祥智、何安华，2009）。

4. 资金净流出的总规模

将上述各个渠道的资金流动加以汇总，通过表 7 我们发现，1978 ～ 2012 年的 35 年间从农村地区净流向城市的资金量约为 266627. 58 亿元，年平均净流出 7617. 93 亿元。除 1984 年以外，每年都有大量的资金从农村流向城市。改革开放的这 35 年里，中国仍然处于从农村抽取经济资源的发展阶段。

表 7　　　1978～2012 年通过财政系统、金融系统与工农产品价格剪刀差
从农村净外流的资金（2012 年价格）　　单位：亿元

年份	财政系统	金融系统	工农产品价格剪刀差	合计
1978	− 2352.08	− 70.64	6252.82	3830.10
1979	− 2694.39	874.10	5835.32	4015.04
1980	− 1905.16	187.05	6497.49	4779.38
1981	− 874.48	1241.14	5935.75	6302.41
1982	− 617.26	929.31	5151.40	5463.46
1983	− 236.79	843.74	4992.03	5598.98
1984	147.70	− 3935.84	3706.80	− 81.34
1985	894.34	605.17	3241.64	4741.15
1986	841.13	354.37	2839.56	4035.07
1987	1285.78	46.96	2544.87	3877.61
1988	1823.20	− 819.33	3216.54	4220.42
1989	1993.99	623.61	5378.06	7995.67
1990	1682.89	1961.33	3897.29	7541.51
1991	1755.72	1440.49	7604.12	10800.33
1992	2629.33	46.10	8946.30	11621.73
1993	4994.59	− 617.18	4666.65	9044.06
1994	7093.17	11386.15	2954.64	21433.95
1995	5745.46	2140.93	2620.33	10506.71
1996	5204.70	− 5322.78	2491.56	2373.48
1997	4977.37	2189.71	1328.41	8495.48
1998	3460.73	1595.08		5055.80
1999	4193.29	831.36		5024.65
2000	4239.26	5731.45		9970.71
2001	4237.49	2386.23		6623.72
2002	5368.05	2298.93		7666.98
2003	5989.31	3528.76		9518.06
2004	4686.98	3307.38		7994.37
2005	7058.85	1730.91		8789.77
2006	6759.35	1184.99		7944.33

年份	财政系统	金融系统	工农产品价格剪刀差	合计
2007	4596.94	850.74		5447.67
2008	3643.96	6230.04		9874.01
2009	5453.91	2611.16		8065.07
2010	6136.70	8174.27		14310.96
2011	6118.39	7061.17		13179.56
2012	5936.66	4630.05		10566.71
1978~2012 合计	110269.10	66256.89	90101.59	266627.58
年均	3150.55	1893.05	4505.08	7617.93

四、资金净流出的趋势与结构分析

1. 资金净流出的趋势

改革开放以来，每年从农村地区外流的资金规模呈现出波动发展的态势。整体而言，农村资金净流出的规模并没有缩减，而是在逐渐增加，从 1978 年的 3830.10 亿元已然增长到 2012 年的 10566.71 亿元。根据资金的规模以及增长情况，我们可以以将资金净流出的情况划分为五个阶段，如图 1 所示。

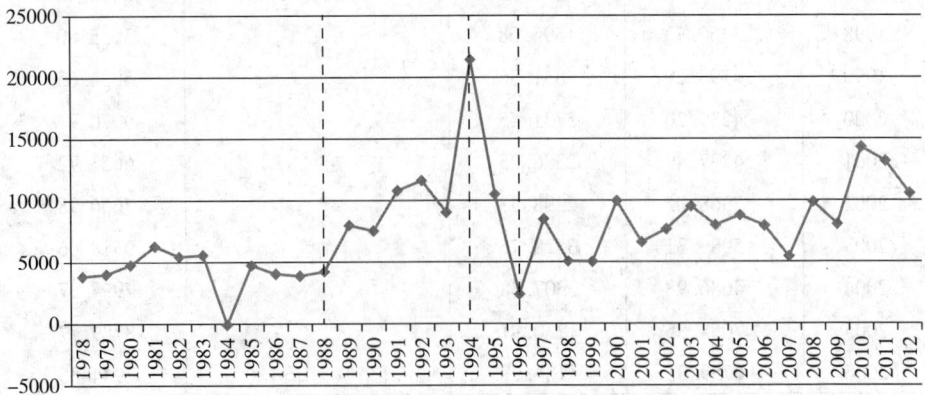

图1 1978~2012 年农村资金净流出趋势（亿元）

第一阶段（1978～1988年）：这一阶段是我国改革开放的头十年，本时期内每年农村资金净流出的规模也较为稳定。每年净流出的资金规模大体较为一致，保持在5000亿元规模上下。不过这一时期里，1984年的情况较为特殊，这一年流入农村的资金要高于流出的资金，不过流入农村的资金规模并不大，仅仅只有81.34亿元，不及这段时期内年均流出量5000亿元的2%。

第二阶段（1989～1994年）：这一时期正值我国改革逐步深化、市场经济雏形逐渐形成之际，本阶段农村资金呈现出了加速外流的发展态势。从1989年的7995.67亿元增加到1994年的21433.95亿元，年均增长21.8%。其中，1989年比1988年增长了89.5%，1994年比1993年增长了近1.4倍。1994年外流资金规模达到了35年内的历史最高值，仅这一年流出的资金规模就占据了35年总规模的8%。进一步，这六年内从农村净流出的资金总规模达总规模的1/4。

第三阶段（1995～1996年）：这个时期内从农村净流出的资金规模迅速下降。农村资金加速外流的时期于1995年结束，1995～1996年净流出的资金规模呈现出直线下落的趋势。其中，1995年外流资金规模就比1994年减少了10000亿元，1996年在1995年的基础上再次减少近8000亿元。若除去1984年，1996年从农村外流的资金规模就是35年内的最低值。综合第二、第三阶段的发展态势，我们发现1989～1996年内，农村资金净流出的规模显现出了倒"U"型的发展规律。

第四阶段（1997～2012年）：这一阶段内，每年从农村净流出的资金呈现出波动式的变化，波动周期较短。其中，1997～2009年内，净流出的资金规模在5000亿～10000亿元范围内波动，年均净流出资金量为7728.51亿元；及至近年来，农村资金净流出规模出现再次攀升的趋势。2010～2012年的净流出资金规模都在10000亿元以上，远远高于35年的年均水平。

2. 资金净流出的结构

从结构上来看，1978～2012年内通过财政系统从农村地区净流出资金量为110269.10亿元，占比41.4%；从金融系统内流出资金量为66256.89亿元，占比24.8%；以工农产品价格剪刀差的形式流出的资金量为90101.59亿元，占比33.8%。35年内，通过财政系统净流出的农村资金量最大。然而，在不同的历史时期，财政系统、金融系统以及工农产品价格剪刀差对农村资金净流出的贡献是不同的（如图 2 所示）。

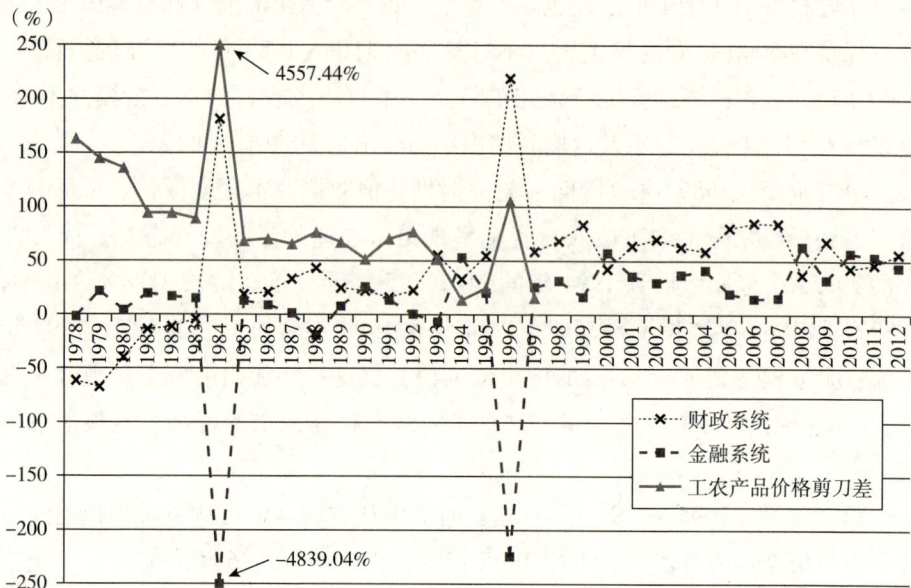

图 2　财政、金融与工农产品价格剪刀差对农村资金净流出的贡献

注：数据根据表 7 计算而来，例如财政系统的年度贡献 = 财政系统净流出资金/农村资金净流出总量，正号表示对资金净流出有促进作用，负号表示对资金净流出有缓冲作用。其中，1984 年工农产品价格剪刀差、金融系统的贡献比分别为 4557.44% 与 −4839.04%，其他数据取值均如坐标轴刻度所示。

在市场经济制度确立以前（1978～1993 年），农村资金净流出主要依赖于工农产品价格剪刀差。这一时期内，我国并没有完全放开工农产品市场，这种制度性地压低农产品收购价格与政策性地抬高工业产品价格的方式，促使大量的农村资金外流。在这个时期，通过工农产品价格差从农村净流出资金量就达 93785.58 亿元，占据同时期总量的 86.05%，同时占 35 年总规模的 35.2%。不过，我们也发现这个时期内工农产品价格剪刀差对资金净流出的贡献整体上呈现出逐年递减的趋势（1984 年较为特殊），其相对占比从 1978 年（这一年财政系统和金融系统均对农村净流入资金）的 163.3% 已下降到 1993 年 51.6%。与此同时，随着人民公社制度的逐渐瓦解，国家在农村医疗、保险、教育等社会福利上的完全退出，财政对农村的投入逐年缩小，另一方面，乡镇企业上缴税金规模的增加，使得财政系统内净流出的资金量却在持续增加。1978～1993 年内，财政系统内净流出的资金相对量在逐年攀升，1993 年时财政系统内流出的资金量已然超过了工农产品价格剪刀差。此外，从金融系统内外流的资金无论是绝对量还是相对比重都处于剧烈波动之中，本阶段内从金融系统累计净流出农村资金量规模较小，不及总规模的 4%。

市场经济制度确立后的十多年内（1994～2007 年），随着市场制度的逐步形成，生产资料价格、农产品价格以及工业品价格逐渐由市场决定，工农产品价格剪刀差在抽离农村资金上的作用逐渐弱化，财政系统成为抽离农村资金的重要角色，这个时期内约 63.00% 的农村资金通过财政系统净流出。1994～2007 年，财政系统净流出的农村资金经历了两个发展阶段：一是相对比重快速上升的 1994～1999 年，二是相对比重波动变化的 2000～2007 年。在 1994～1999 年间，正值我国农业税负较为繁重之际：一方面农业各税总量增加，农民年均上交给国家的税金就比 1980 年代增长了近一倍；另一方面，随着乡镇企业私营化的逐渐深化，企业上缴税金的规模也在逐步扩大，本时期内乡镇企业的年均上缴税金比 1980 年代高出了近三倍。这一阶段内财政系统净流出资金的相对量从 1994 年的 54.69% 增长到了 1999 年的 83.45%（其中，1996 年较为特殊，这一年金融系统对农村净流入资金量一度超过了财政系统的净流出）。进入新世纪后，国家高度重视"三农"，一方面逐步减轻了农业赋税，另一方面加大了对"三农"的投入。2000～2007 年内，农民赋税总量逐年下降，不过乡镇企业上缴税金却在迅速增加。这段时期里，乡镇企业上缴税金成为财政系统里农村资金外流的重要方式，这也是在农业税减免时期里，财政渠道仍为抽取农村资金主要渠道的重要原因。不过从图 2 中，我们也能观察到在 2000～2007 年内财政系统内资金净流出的速度在逐渐放缓，资金净流出的相对比重显现着波动式的发展态势。

近年来（2008～2012 年），随着国家税费制度的变革以及农村金融机构市场化改革的深入，金融系统成为抽离农村资金的主力军，2008～2012 年内约 51.26% 的资金通过金融机构从农村净流入城市，资金总规模为 28706.68 亿元。这五年是我国农村金融机构市场化改革时期，然而农村资金加速外流成为这个时期的一个显著性特征。经测算，我们发现这五年内从金融系统内净流出的资金总量就占据了 35 年内金融系统累计量的 43.3%；另外，此五年里金融系统与财政系统净流出的农村资金量也占到了 35 年累计量的 21.0%，一跃成为资金净流出规模最大的五年。值得注意的是，我们发现随着农村信用社的商业化改制，通过农村商业银行外流的农村资金呈现出了加速增长的态势。2008～2012 年内，农村商业银行里外流的农村资金年均增长 88.6%，远高于同时期中国邮政储蓄银行的 25.8% （这个时期里，农村信用社里外流资金量却在逐年递减）。进一步，在农村信用社尚未大规模商业化改制的时期里，我们测算出 2003~2007 年里从农村信用社里外流的农村资金仅为 3231.56 亿元，还不及 2008~2012 年时农村商业银行流出的 17%。由此可见，农村金融的市场化改革加速了农村资金的净流出（Huang et al.，2006；陈雨露、马勇，2010；项俊波，2011）。

综上所述，在特定的历史时期内，工农产品价格剪刀差、财政系统与金融系统先后扮演着抽离农村资金主力的角色。在市场经济制度确立以前（1978~1993 年），农村资金净流出主要依赖于工农产品价格剪刀差；市场经济制度确立后的十多年内（1994~2007 年），财政系统成为抽取农村资金的重要角色；近年来（2008~2012 年），随着农村金融机构市场化改革的深入，金融系统成为抽离农村资金的主力军。

五、主要结论与政策含义

1. 主要结论

通过以上分析，我们得到了如下几个结论：首先，在中国经济改革开放以来的 35 年内，中国仍然一直处于向农村抽取资金的阶段，大量的资金从农村流向城市。在我们的计算口径下（财政、金融以及工农产品价格剪刀差），初步测算出 1978~2012 年内从农村净流出的资金达 266627.58 亿元。其次，在改革的初期（1978~1994 年），农村资金外流呈现出加速发展的趋势；至 20 世纪 90 年代末期起，农村资金净外流速度虽放缓，但规模依旧庞大。第三，在不同历史时期，财政系统、金融系统以及工农产品价格剪刀差对农村资金净流出的贡献存在着较大的差异。1978~1993 年内，约 86.05% 的资金通过工农产品价格剪刀差从农村流向城市；1994~2007 年间，约 63.00% 的农村资金通过财政系统净流出；2008~2012 年内，约 51.26% 的资金通过金融机构从农村净流向城市。

值得注意的是，在当下中国，金融机构成为抽离农村资金的主力军。这一点无疑值得我们深思，即随着农村金融机构的市场化改革，产生的直接效果不是在资金上支持三农的发展，反而是从农村抽离资金，上文表 4 中农村商业银行的信贷数据就充分说明了这一点。另外，目前从财政系统里抽离的农村资金虽说规模不小，但是我们能清晰地发现，至农村税费制度改革以来，农村中小企业（乡镇企业）纳税成为农村税收的主要来源，而农户纳税仅占微小部分。因此，我们认为应该关注当前金融机构对农户资金大量抽离的这一现象。

2. 政策含义

虽然自 21 世纪起中央高度重视"三农"问题，2003～2012 年，中央财政"三农"投入累计超过 6 万亿元；逐年增加的财政投入，缓冲了农村部分资金外流，也对改善"三农"状况起到了至关重要的作用。但也应该看到，当前中国农村依然没能摆脱资金净流出的局面，而且农村系统内仍然面临着资金短缺的问题。为提升农村资本存量，减缓资金外流，促进我国农业现代化的发展，今后在以下几个方面，除了需要不断增加财政投入外，在体制、机制等方面也要深化改革。

第一，大幅度增加财政支农资金投入。进一步提高"三农"支出在中央财政支出中的比例，增加对农业基础设施建设、农业补贴和公共服务各项政策资金投入。切实修订和完善《农业法》《农业投资法》，对于支农资金投入做出更加明确和具有可操作性的规定，建立支农资金的稳定增长机制。

第二，建立普惠型的现代农村金融制度。农村资金在现有的市场化改革背景下只会加速外流，以市场化为导向的农村金融制度不利于农业现代化的发展。为此，我们认为应本着普惠型的原则建立现代农村金融制度。一是要加快建立商业性金融、合作性金融、政策性金融相结合，资本充足、功能健全、服务完善、运行安全的农村金融体系，重点突出政策性金融的建设。二是建立以村镇银行、贷款公司、农村资金互助社、农业担保公司等为主体的多元化农村金融机构，注重扶持农村内生性金融主体的发展，有条件的地方可尝试成立正规与非正规相结合的二元农村金融体系。三是综合运用财税杠杆和货币政策工具，定向实行税收减免和费用补贴，引导更多信贷资金和社会资金投向农村，尤其是注重对专业大户、家庭农场，农民合作社以及农业企业等新型农业经营主体的金融扶持工作。

不过，从理论上说，部分农业农村发展过程中积累的资金流向工业和城镇有其合理性，但是过多的资金外流也导致农业农村发展资金缺乏，制约我国农业生产率的提高、农民的增收和农村经济的发展。然而，农村实际的资金需求规模是多少，35 年来又有多少资金是合理外流到城镇的，又有多少资金是过度外流的，这部分过度流出的资金对农业、农村的发展造成了哪些不利的影响？这些方面将是我们下一步研究的方向与重点。此外，对影响农村资金净流出的因素研究以及特殊年份如 1984 年、1994 年资金外流规模结构突变的原因等，这些都将会是我们今后研究的方向。

附录：农村金融机构资金外流测算过程

1. 农村信用社与农村资金净流出

由于《中国金融年鉴》统计口径的多次调整，我们用三种统计方法展示出了 1977~2012 年农村信用社的存款余额的情况（如表 8 所示）。①1977~1992 年末，《中国金融年鉴》将农村信用社的存款余额分为四类：集体农业、乡镇企业、农户储蓄与其他。其中，集体农业存款、乡镇企业存款与农户储蓄存款均为农村地区内的储蓄，三者之和即为农村年末存款余额（本文将农村存款定义为农村区域内个体与组织的存款）。不过，1993 年仅统计了信用社的存款总量，并未进行分类统计，我们利用前三年农村存款的占比进行估计，在 Huang et al. （2006）类似的研究中也采用过这种方法。具体办法是：计算出 1990~1992 年末农村存款余额占总存款余额的比例〔如表 8 中的第（7）列〕，然后计算出这三年的平均值，赋 1993 年农村存款余额占比为这个平均值，进一步用这个值与总存款余额相乘，即为估计的农村存款余额值。在本文中，我们姑且称这种方法为"比率估计法"①。②1994~1997 年末的数据则仅公布了集体存款、农户存款，以及总存款的情况，从中我们还无法将存款分离为农村部分与城镇部分，为此我们采取估计 1993 年农村存款余额的办法，估计 1994~1997 年的农村存款余额。③1998~2007 年末的统计数据，将存款余额分为

---

① "比率估计法"的一个重要的假设前提是，估计年份的数值与前几年具有相同或相似的发展趋势，数值大小并没有发生结构性突变。在这里我们用 1990~1992 年的数值估计 1993 年农村存款数据，这是因为 1993 年的存款合计规模与 1990~1992 的基本相差不大；另一方面，1994 年后存款合计数据则发生了较大的变化，很有可能发生了数据的结构性突变，因而采用 1994 年后的数据估计 1993 年的不大合适。在后文中，我们延续这一前提对多个数据进行了估计，有的数据需要用前几年的数据进行估计，而有的数据需要用后几年的数据进行估计，其原因就在此。

企业存款、农业存款、储蓄存款与其他存款四类。其中，农业存款指农村集体经济组织和乡镇企业的存款余额。不过，储蓄存款却没有剥离出农村部分与城市部分，然而农村信用社的储蓄存款几乎全部来自农村地区。我们发现，1997年的农户储蓄余额9132.17亿元，就与1998年的储蓄存款余额10441.03非常接近；进一步考虑存款的增长情况，如合计存款余额从1997年的10555.75亿元增加到1998年的12191.47亿元，增长率15.5%，按照这个比率，估计的1998年的农户储蓄余额为10547.29亿元，与1998年的储蓄存款规模几乎一致。因此，我们计农业存款与储蓄存款之和为农村存款余额。2008～2012年的数据则仅公布合计存款余额的情况，我们仍采用估计1993年的方法对农村存款余额的规模进行估计。

农村信用社贷款余额数据的统计口径也进行过多次调整，如表8所示。①1977～1992年末的数据将信用社的贷款余额分为了集体农业贷款、农户贷款、乡镇企业贷款以及其他贷款四项，从资金流向的地域来看，我们将集体农业贷款、农户贷款与乡镇企业贷款之和定义为年末农村贷款余额（本文将农村贷款定义为农村区域内个体与组织的贷款）。②1994～2001年末的数据则仅将贷款余额分为农业贷款、乡镇企业贷款与其他贷款三项。其中农业贷款包括农村企业及各类组织贷款和农户贷款，不过不包括乡镇企业贷款；乡镇企业贷款单列。因而，农业贷款与乡镇企业贷款之和即为农村贷款年末余额。另外，1993年的数据则仅公布了贷款的合计数据，而乡镇企业贷款数据来自《中国乡镇企业年鉴》。为此，我们仍采取估计1993年农村存款的方法来估计同年的农村贷款，不同的是我们用1994～1996年农村贷款占比的平均值来估计1993年的农村贷款占比，进一步估算出当年的农村贷款数值[1]。③2002～2007年末的数据则将信用社贷款余额进行了细致的分类分项，具体而言分为三大类：短期贷款、中长期贷款与贴现（2006～2007年还增设了各项垫款一类）。其中，短期贷款细分为农业贷款、乡镇企业贷款与其他短期贷款三项，农业贷款进一步又细化为农户贷款、农业经济组织贷款、农户小额贷款、农户联保贷款与农村工商业贷款。因而，短期贷款中农业贷款与乡镇企业贷款之和即为农村贷

---

[1]　我们使用1994～1996年的数据进行估计，而不采用1990～1992年的数据，这是因为：1993年时乡镇企业的贷款规模与1994～1996年的基本一致，而比1992年的数值却增加了0.66倍。从这里我们可以认为乡镇企业的贷款数据在1993年时发生了结构性突变，这种突变很有可能也会发生在其他领域的对农村的贷款。因而，采取1994～1996年的数据进行估计比1990～1992年的要略显合适。

表8　1977～2012年农村信用社存款余额情况（当年价格；年末余额）

单位：亿元

年份	存款合计 (1)	集体农业存款 (2)	乡镇企业存款 (3)	农户储蓄存款 (4)	其他存款 (5)	农村存款 (6)	农村存款占比 (7)（%）	农村存款占比前三年均值 (8)（%）
1977	151.30	89.30		46.50	15.50	135.80	89.76	
1978	166.00	93.80		55.70	16.50	149.50	90.06	
1979	215.90	98.30	21.90	78.40	17.30	198.60	91.99	
1980	272.30	105.50	29.50	117.00	20.30	252.00	92.54	90.60
1981	319.60	113.20	29.70	169.60	7.10	312.50	97.78	91.53
1982	389.90	121.10	33.70	228.10	7.00	382.90	98.20	94.10
1983	487.40	91.80	62.30	319.90	13.40	474.00	97.25	96.18
1984	624.90	89.90	81.10	438.10	15.80	609.10	97.47	97.74
1985	724.90	71.90	72.10	564.80	16.10	708.80	97.78	97.64
1986	962.30	83.90	91.70	766.10	20.60	941.70	97.86	97.50
1987	1225.20	89.90	104.70	1005.70	24.90	1200.30	97.97	97.70
1988	1399.80	98.40	128.30	1142.30	30.80	1369.00	97.80	97.87
1989	1669.50	92.30	126.20	1412.10	38.90	1630.60	97.67	97.88
1990	2144.90	106.50	149.90	1841.50	47.00	2097.90	97.81	97.81
1991	2709.40	135.90	191.70	2316.70	65.10	2644.30	97.60	97.76
1992	3477.70	215.20	301.80	2867.30	93.40	3384.30	97.31	97.69
1993	3009.09					2936.07	97.57	97.57

年份	存款合计	集体存款		农户存款	其他存款	农村存款	农村存款占比（%）	农村存款占比前三年均值（%）
1994	5681.15	865.13		4816.02		5538.84	97.50	97.50
1995	7172.85	977.29		6195.56		6990.73	97.46	97.46

续表

年份	存款合计	集体存款	农户存款	其他存款	农村存款	农村存款占比(%)	农村存款占比前三年均值(%)
1996	8793.58	1122.97	7670.61		8574.60	97.51	97.51
1997	10555.75	1423.58	9132.17		10290.65	97.49	97.49

年份	存款合计	企业存款	农业存款	储蓄存款	其他存款	农村存款	农村存款占比(%)	农村存款占比前三年均值(%)
1998	12191.47	211.87	1441.00	10441.03	97.57	11882.03	97.46	97.49
1999	13358.09	265.16	1767.65	11217.25	108.03	12984.90	97.21	97.49
2000	15129.43	388.64	2244.11	12355.25	141.43	14599.36	96.50	97.39
2001	17263.45	588.96	2657.77	13821.36	143.07	16479.13	95.46	97.05
2002	19875.47	806.47	3279.47	15547.19	242.34	18826.66	94.72	96.39
2003	23710.20	1024.50	4298.54	18004.99	382.17	22303.53	94.07	95.56
2004	27289.10	1144.08	4867.34	20766.17	511.51	25633.51	93.93	94.75
2005	27605.61	1050.86	4296.85	21739.33	518.57	26036.18	94.31	94.24
2006	30341.28	983.06	4737.30	23977.47	643.45	28714.77	94.64	94.11
2007	35167.03	1399.27	5741.42	27201.68	824.66	32943.10	93.68	94.30
2008	41548.86					39143.21	94.21	94.21
2009	47306.73					44551.18	94.18	94.18
2010	50409.95					47395.65	94.02	94.02
2011	55698.92					52432.30	94.14	94.14
2012	59724.84					56207.21	94.11	94.11

注：①以上数据均来自历年《中国金融年鉴》，1977~1992年数据来自1993年《中国金融年鉴》，1993年乡镇企业贷款数据来自1994年《中国乡镇企业年鉴》。②1993~1997年与1997年农村存款数据为估计值。③2002~2007年中"其他"项存款为原存款里"机关团体存款"与"其他存款"之和。

表9　　1977～2012年农村信用社贷款余额情况（当年价格；年末额）

单位：亿元

年份	贷款合计(1)	集体农业贷款(2)	农户贷款(3)	乡镇企业贷款(4)	农村贷款(5)	年份	贷款合计(6)	农业贷款(7)	其中：农户贷款(8)	乡镇企业(9)	农村贷款(10)
1977	39.70	18.40	11.40	9.90	39.70	1993	3116.14			2437.71	2331.49
1978	45.10	21.80	11.20	12.10	45.10	1994	4168.55	808.38		2279.42	3087.80
1979	47.50	22.40	10.90	14.20	47.50	1995	5175.83	1094.85		2779.11	3873.96
1980	81.60	34.50	16.00	31.10	81.60	1996	6289.84	1486.61		3264.64	4751.25
1981	96.40	35.70	25.20	35.50	96.40	1997	7273.21	1843.6		3686.45	5530.05
1982	121.20	34.80	44.10	42.30	121.20	1998	8340.18	2659.29		3761.05	6420.34
1983	163.70	28.20	75.40	60.10	163.70	1999	9225.59	3039.64		4187.29	7226.93
1984	354.50	38.40	181.10	135.00	354.50	2000	10489.29	3587.98		4568.87	8156.85
1985	400.00	41.40	194.20	164.40	400.00	2001	11971.16	4417.57		4843.38	9260.95
1986	568.50	44.60	258.00	265.90	568.50	2002	13937.71	5579.28	3237.67	5140.98	10720.26
1987	771.40	64.50	347.60	359.30	771.40	2003	16978.69	7056.38	4021.52	5696.12	12752.50
1988	908.60	80.10	372.40	456.10	908.60	2004	19237.84	8455.7	4731.21	5989.22	14444.92
1989	1094.90	107.30	415.70	571.90	1094.90	2005	18680.86	9331.01	4989.69	4554.58	13885.59
1990	1413.00	134.10	518.20	760.70	1413.00	2006	20681.9	10853.03	5666.9	3929.57	14782.60
1991	1808.60	169.90	631.40	1007.30	1808.60	2007	24121.61	12321.42	6421.72	4485.83	16807.25
1992	2453.90	222.60	759.50	1471.80	2453.90	2008	27452.32				19718.43
						2009	32156.31				22828.95
						2010	33972.91				24064.00
						2011	36715.91				26148.40
						2012	38370.09				27248.49

注：①以上数据均来自历年《中国金融年鉴》，1977～1992年数据来自1993年《中国金融年鉴》。②1993与2008～2012年农村存款数据为估计值。③1977～1992年数据中集体农业贷款与农户贷款为平行统计分类项；1993～2007年中农户贷款数据为农业贷款的一项。

款。④2008～2012年的统计数据则又仅统计了贷款合计数据，没有统计分类数据，为此我们仍采取上述比率估计法的办法来进行估计。

据此，我们测算出了1977～2012年末农村信用社的农村存款余额数据〔表8中的第（6）列〕与农村贷款余额数据〔表9中的第（5）列与第（10）列〕。

表10汇报了2006～2012年末农村商业银行的信贷业务，但是统计数据并未分列农村存贷业务。另一方面，信用社虽然进行了商业化改制，但是其地理网点位置却并未发生变化。因而我们可以采用信用社同年的农村存款余额占比与农村贷款余额占比的数据进行估计，即用农村商业银行的总存、贷款余额数据乘以同年农村信用社农村存、贷款余额占比值估算出农村存、贷款余额数据，如表10中的第（3）列与第（6）列。

表10　　　2006～2012年农村商业银行信贷业（当年价格；年末余额务）　　单位：亿元

年份	各项存款合计 (1)	农村存款占比 (2)（%）	农村存款 (3)	各项贷款合计 (4)	农村贷款占比 (5)（%）	农村贷款 (6)
2006	4394.83	94.64	4159.24	2598.34	71.48	1857.19
2007	5297.07	93.68	4962.09	3271.91	69.68	2279.77
2008	6616.58	94.21	6233.48	4075.59	71.83	2927.41
2009	11213.21	94.18	10560.06	6937.88	70.99	4925.46
2010	22347.25	94.02	21010.98	13549.89	70.83	9597.78
2011	32941.65	94.14	31009.69	21149.55	71.22	15062.32
2012	49516.02	94.11	46599.66	32195.64	71.01	22863.71

注：①各项存款与各项贷款数据来源历年《中国金融年鉴》。②农村存款占比与农村贷款占比用当年的农村信用社的数据替代。

2. 中国农业银行与农村资金净流出

在存款数据中，我们将中国农业银行在农村地区吸收的存款分为乡镇企业存款、农业存款和农户储蓄存款三类。①1996年后，中国农业银行不再单独公布乡镇企业存款数据，1997～2012年乡镇企业的存款数据仍采用比率估计法进行测算。②1979～1995年的农业存款数据包含国营农业企事业存款、集个体农业存款、信用社存款与信用社存款准备金；不过至1995年后，农村信用社脱离中国农业银行，因而1996～2012年农业存款数据则仅包括国营农业企事业存款与集个体农业存款；2006～2012年农业银行也不再单独公布农业存款数据，我们仍将采用上述办法进行估计。③中国农业银行公布了1979～2008年末的储蓄存款余额数据，不过尚未对储蓄进行城乡划分。为此，我们采取了一种估计的办法：《中国金融年鉴》统计了全国金融机构的城乡储蓄存款，我们利用这个数据测算出全国范围内每一年农户储蓄的占比，进一步利用这个比例乘以农业银行的储蓄存款数据，从而估算出农户储蓄的数值，如表11中的第（5）列数据。2009～2012年的储蓄存款数据，由于没有单项公布，我们仍采取比率估计法进行估计。

在贷款数据中，我们将农村贷款分为两项：乡镇企业贷款与农业贷款。①在《中国金融年鉴》的统计中，1979～1990年末的乡镇企业贷款余额包含了流动资金贷款、固定资产贷款与农村电力工业贷款，然而1991年后农村电力工业贷款不再列入乡镇企业贷款里。为保持统计口径一致，1979～1990年的乡镇企业贷款余额里我们剔除农村电力工业贷款这一项。然而，2006年后，统计年鉴不再公布乡镇企业贷款情况，为此我们采取比率估计法估计2006～2012年乡镇企业贷款余额值。②1979～1992农业贷款包括国营农业贷款、集体农业贷款、农户贷款、信用社贷款、扶贫贴息贷款、外资配套贷款与开发性贷款；1993～2005的数据则仅公布了农业贷款的总值，并未分项汇报；由于2006～2012年的农业贷款数据没有公布，我们仍用比率估计法进行估计。

通过以上办法，我们得到了1979～2012年中国农业银行的农村存款与农村贷款数据。

3. 中国邮政储蓄银行与农村资金净流出

在存款数据中，2008～2012年末的农村存款余额数据采用比率估计法估计获得，其余年份存款数据皆来自《中国金融年鉴》。贷款数据中，2007～2008年的农村贷款数据为估计值，具体方法为：首先，测算出2009～2011年农村贷款的年平均增长率。其次，我们假设2007～2009年农村贷款的年均增长率与2009～2011年相同，据此反向推算出2007～2008年的农村贷款年末余额数据。

单位：亿元

表11　1979～2012年中国农业银行信贷业务（当年价格；年末余额）

年份	各项存款 (1)	乡镇企业存款 (2)	农业存款 (3)	储蓄存款 (4)	其中：农户储蓄 (5)	农村存款 (6)=(2)+(3)+(5)	各项贷款 (7)	乡镇企业贷款 (8)	农业贷款 (9)	农村贷款 (10)=(8)+(9)
1979	280.07	7.96	230.54	21.20	5.91	244.41	410.98	26.13	99.97	126.10
1980	368.04	0.00	279.48	32.20	9.43	288.91	512.01	46.06	113.76	159.82
1981	422.57	13.67	308.07	42.56	13.78	335.52	565.02	53.87	120.05	173.92
1982	502.20	16.24	362.68	53.76	18.16	397.08	623.08	64.17	131.63	195.80
1983	588.04	17.17	427.90	66.96	24.00	469.07	716.23	70.37	144.41	214.78
1984	718.80	35.40	394.76	100.51	36.25	466.41	1459.64	144.43	202.35	346.78
1985	912.35	30.79	474.87	155.32	54.06	559.72	1687.70	173.96	221.76	395.72
1986	1211.80	45.66	588.39	257.68	88.19	722.24	1996.12	270.26	279.83	550.09
1987	1487.30	54.28	656.99	426.19	139.10	850.37	2319.26	327.55	338.68	666.23
1988	1713.73	62.15	672.22	593.71	177.44	911.81	2632.15	381.35	396.80	778.15
1989	2055.46	56.25	722.52	848.51	230.58	1009.35	3058.17	393.14	463.93	857.07
1990	2640.55	66.33	853.67	1212.10	313.52	1233.52	3774.31	433.55	562.93	996.48
1991	3319.51	86.36	1027.66	1577.64	395.49	1509.51	4578.07	498.43	695.45	1193.88
1992	4130.94	132.48	1183.40	1972.43	480.94	1796.82	5468.10	582.51	846.93	1429.44
1993	5183.83	272.30	1463.49	2533.00	595.82	2331.61	6565.02	774.61	857.62	1632.23
1994	6971.53	315.13	1730.74	3681.99	824.05	2869.92	5524.59	938.37	876.57	1814.94
1995	6939.42	331.87	1934.52	4813.35	1005.37	3271.76	6560.53	1105.49	1121.36	2226.85
1996	9106.51	441.83	238.83	6249.70	1244.50	1925.16	8566.42	1291.43	1230.66	2522.09
1997	11322.41	534.21	263.80	7523.65	1484.61	2282.62	9809.57	1514.54	1530.49	3045.03

续表

年份	各项存款 (1)	乡镇企业存款 (2)	农业存款 (3)	储蓄存款 (4)	其中：农户储蓄 (5)	农村存款 (6)=(2)+(3)+(5)	各项贷款 (7)	乡镇企业贷款 (8)	农业贷款 (9)	农村贷款 (10)=(8)+(9)
1998	13324.29	637.45	300.42	8881.85	1736.38	2674.25	11378.79	1747.63	1775.55	3523.18
1999	15492.79	741.28	341.78	10098.46	1899.93	2982.99	15550.61	1900.39	1737.44	3637.83
2000	17515.89	834.16	371.87	11032.25	2118.79	3324.82	14497.16	1412.76	1287.83	2700.59
2001	20242.53	967.00	377.01	12537.73	2349.28	3693.29	16045.95	1449.52	1255.07	2704.59
2002	23985.41	1145.23	423.91	14719.38	2609.16	4178.30	18580.41	1542.20	1242.09	2784.29
2003	29061.23	1386.62	417.90	17915.78	3142.98	4947.50	22118.20	1679.27	1230.21	2909.48
2004	34173.21	1631.56	441.18	20874.86	3625.86	5698.59	25146.26	1786.88	1250.85	3037.73
2005	39702.82	1895.20	383.63	24357.58	4249.18	6528.02	27405.80	1726.53	1339.03	3065.56
2006	46712.74	2229.63	575.39	27753.79	4947.49	7752.51	30518.35	2136.09	1568.87	3704.96
2007	52059.45	2485.13	605.45	29657.27	5681.08	8771.66	33754.22	2295.87	1687.82	3983.69
2008	60185.69	2872.90	674.28	37227.63	7155.34	10702.53	30235.85	2025.90	1514.51	3540.41
2009	74974.42	3578.80	878.48	35757.61	6757.06	11214.34	40113.86	2741.30	2025.76	4767.06
2010	88876.20	4242.47	1023.57	44543.52	8676.64	13942.69	47877.49	3245.43	2403.35	5648.78
2011	98496.00	4701.62	1130.64	53526.70	11008.41	16840.67	53985.20	3655.29	2713.44	6368.73
2012	110921.00	5294.72	1283.46	58785.66	8035.56	14613.74	61274.83	4163.28	3083.36	7246.65

注：①存款数据中：乡镇企业存款数据中，1991~1995 的来自《中国农业银行统计年鉴（1979~2008）》，1996~2012 年为估计数据，其他年份数据来自 1991 年《中国金融年鉴》；农业存款数据中，1991~1994 年与 1996 年数据来自 1996 年的数据来自《中国农业银行统计年鉴（1979~2008）》，1997~2005 年的数据来自历年《中国金融年鉴》，1995 年与 2006~2012 年数据为估计值；储蓄存款数据中，1979~2008 年来自《中国农业银行统计年鉴（1979~2008）》，2009~2012 年的为估计数据，农村储蓄数据为估计值。②贷款数据中，2006~2012 年乡镇企业贷款数据中，2006~2012 年农业贷款为估计值，其余年份数据来自历年《中国金融年鉴》。

表12　1989~2012年中国邮政储蓄银行信贷业务（当年价格；年末余额）单位：亿元

年份	各项存款(1)	农村存款(2)	农村贷款(3)	年份	各项存款(1)	农村存款(2)	农村贷款(3)
1989	100.84	24.40	0.00	2001	5908.46	2024.85	0.00
1990	180.34	45.76	0.00	2002	7363.46	2511.85	0.00
1991	315.15	88.02	0.00	2003	8985.69	3066.13	0.00
1992	476.76	124.73	0.00	2004	10787.25	3768.31	0.00
1993	615.90	215.16	0.00	2005	13598.98	4861.69	0.00
1994	994.25	339.03	0.00	2006	16016.45	5758.04	0.00
1995	1615.83	546.90	0.00	2007	17216.54	6852.09	184.68
1996	2146.55	740.06	0.00	2008	21490.65	7987.40	303.88
1997	2645.68	882.78	0.00	2009	25881.35	9741.49	500.00
1998	3202.05	1078.96	0.00	2010	32587.88	12449.16	1000.00
1999	3815.37	1262.68	0.00	2011	39188.72	14762.09	1353.67
2000	4579.21	1632.69	0.00	2012	46644.31	17648.67	1878.15

注：①各项存款数据来自历年《中国金融年鉴》；1989~2007年的农村存款数据来自《中国金融年鉴》，2008~2012的农村存款数据为估计值。②2011年与2012年农村贷款数据来自《中国邮政储蓄银行2012年"三农"金融服务报告》，2009年与2010年数据来自：http://bank. jrj. com. cn/2009/03/1904003871767. shtml；2007年与2008年数据为估计值。

◙　作者简介

中国人民大学农业与农村发展学院。

【参考文献】

[1] 陈雨露，马勇．中国农村金融论纲．北京：中国金融出版社，2010

[2] 崔晓黎．统购统销与工业积累．中国经济史研究，1988（4）

[3] 韩俊，罗丹，程郁．农村金融现状调查．农村金融研究，2007（9）

[4] 韩兆洲．工农业产品价格剪刀差的计量方法研究．统计研究，1993（1）

[5] 黄金辉．中国农业现代化的瓶颈：投资不足．四川大学学报（哲学社会科学版），2004（3）

[6] 江苏省农调队课题组．中国农村经济调研报告．北京：中国统计出版社，2003

[7] 孔祥智，何安华．新中国成立60年来农民对国家建设的贡献分析．教学与研究，2009（9）

[8] 李谷成，范丽霞，冯中朝．资本积累、制度变迁与农业增长——对1978~2011年中国农业增长与资本存量的实证估计．管理世界，2014（5）

[9] 李焕彰，钱忠好. 财政支农政策与中国农业增长：因果与结构分析. 中国农村经济，2004 (8)

[10] 李微. 农业剩余与工业化资本积累. 昆明：云南人民出版社，1996

[11] 温铁军. 中国农村基本经济制度研究. 北京：中国经济出版社，2000

[12] 项俊波. 建设一个好的农村金融：中国农村金融的实践与思考. 北京：中国金融出版社，2011

[13] 严瑞珍，龚道广，周志祥，毕宝德. 中国工农业产品价格剪刀差的现状、发展趋势及对策. 经济研究，1990 (2)

[14] 姚耀军，和丕禅. 农村资金外流的实证分析：基于结构突变理论. 数量经济技术经济研究，2004 (8)

[15] 易远宏. 农村空心化趋势的资金外流综合测度与分析. 统计与决策，2013 (19)

[16] Alfaro, L., S. Kalemli – Ozcan and V. Volosovych. Why doesn't capital flow from rich to poor countries? An empirical investigation. The Review of Economics and Statistics, Vol. 90 (2), pp. 347 – 368

[17] Fan, S., P. Hazell and S. K. Thorat. Impact of public expenditure on poverty in rural India. Economic and Political Weekly, Vol. 35 (40), 2000, pp. 3581 – 3588

[18] Fan, S., L. Zhang and X. Zhang. Growth, inequality, and poverty in rural China：The role of public investments. Intl Food Policy Res Inst, 2002

[19] Haggblade S.. Returns to investment in agriculture. Policy synthesis. East Lansing：Michigan State University, 2001

[20] Kalemli – Ozcan S., A. Reshef, B. E. Sorensen and O. Yosha. Net capital flows and productivity：evidence from US states. IIIS Discussion Paper

[21] Kalemli – Ozcan, S., A. Reshef, B. E. Sorensen and O. Yosha. Why does capital flow to rich states?. The Review of Economics and Statistics, Vol. 92 (4), pp. 769 – 783

[22] Lin J. Y.. Development and Transition：Idea, Strategy, and Viability, Marshall Lectures. Cambridge University：Cambridge, 2007

[23] Lin J. Y.. Development Strategy, Viability, and Economic Convergence", Economic Development and Cultural Change, Vol. 51 (2), 2003, pp. 277 – 308

[24] Lin J. Y.. Viability, Economic Transition and Reflection on Neoclassical Economics. Kyklos, Vol. 58 (2), 2005, pp. 239 – 264

[25] Lipton M.. The family farm in a globalizing world：The role of crop science in alleviating poverty. Intl Food Policy Res Inst, 2005

[26] Schularick M.. A tale of two "globalizations"：capital flows from rich to poor in two eras of global finance. International Journal of Finance & Economics, Vol. 11 (4), 2006, pp. 339 – 354

[27] Timmer C. P.. The agricultural transformation. Handbook of development economics, (Part II), 1998, pp. 276 – 331

少数民族贫困地区农发行如何转型发展?

——对中国农业发展银行湖南省湘西州分行的调研与思考

1994 年中国农业发展银行成立以来,业务经营范围几经调整,现在形成了以粮棉油收购贷款业务为主体、以农业产业化经营和农业及农村中长期贷款业务为"两翼"的格局。不过,老少边穷地区大多不是粮棉油主产区,当地农发行的"主体业务"所占比例较小,而"两翼业务"所占比例较大,且呈不断扩大的趋势。近年来,中央支持中国农业发展银行开展"两翼"业务。2014 年的中央 1 号文件提出,"支持农业发展银行开展农业开发和农村基础设施建设中长期贷款业务"。中央城镇化会议也指出,"要发挥好现有政策性金融机构在城镇化中的重要作用"。《国家新型城镇化规划(2014~2020)》又强调,"发挥现有政策性金融机构的重要作用,研究制定政策性金融专项支持政策"。这表明,中央期待中国农业发展银行在农村开发中发挥重要作用。中国农业发展银行则需要发展与转型。2013 年 11 月,笔者参与了中国社会科学院经济研究所课题组对中国农业发展银行湖南省湘西土家族苗族自治州分行进行调研。这次调研使笔者认识到,应创新基层农业发展银行信贷机制,更好地助推老少边穷地区农村开发。

中国社会科学院经济研究所课题组在 2013 年 10 月底到 11 月初对中国农业发展银行湖南省湘西土家族苗族自治州分行进行调研,得到陈小明行长及湘西自治州、凤凰县有关部门的大力支持。本文所用资料,皆来源于中国农业发展银行湘西州分行、湘西自治州州政府办公室、银监局、统计局、发改局、农业局、扶贫办、旅游局等部门。

一、湘西州对政策性金融需求强烈

湘西土家族苗族自治州位于湖南西北部，是国家西部大开发、武陵山片区区域发展与扶贫攻坚先行先试地区。全州总面积 1.55 万平方公里，下辖 8 个县市，其中 7 个县属国家级贫困县；总人口 290 万人，其中土家族、苗族占78%，贫困人口达 85.04 万人，是典型的"老、少、边、山、穷"地区。湘西州在扶贫攻坚开发与区域发展中，对信贷资金需求特别是政策性信贷资金需求强烈。

1. 湘西州扶贫开发任务艰巨

经过多年努力，湘西州的经济发展与扶贫工作取得大的进步。与 2007 年底相比，2012 年，全州生产总值由 205.8 亿元增加到 397.7 亿元，增长 93%；全州农民人均纯收入由 2255 元增加到 4229 元，增长 87.5%；全州累计减少贫困人口 46 万人，农村贫困发生率下降到 20%。2013 年国家支持的财政扶贫专项资金突破 5 亿元。

但湘西州扶贫开发任务仍然十分艰巨。第一，湘西州贫困面大，贫困程度深。按照国家新的扶贫标准测算，全州尚有农村贫困人口 139.4 万人。2012年农民人均纯收入为 4229 元，仅为全国的 53.4%，为湖南省的 56.8%，比怀化市、张家界市、铜仁市、恩施州、黔江区都要低。湘西州还有 1100 个省定重点贫困村，大多分布在 700～800 米的中高海拔地区。第二，农村生产、生活设施还很差。全州还有 469 个村未通自来水，575 个村未进行农网改造，74个村未通公路。第三，农业产业化程度低。湘西州具备发展特色农业的条件，但特色产业存在发展资金少、精深加工少、高附加值产品少、产业链条短、产品知名度低等问题，特别是农产品精深加工率仅为 16%，远低于农业产业化30% 的最低要求。第四，再生性贫困问题突出。全州自然灾害频繁，抗灾能力弱，农户因灾、因病、因残致贫返贫现象多。

湘西州的扶贫开发规划却十分宏大。湘西州制定了区域发展与扶贫攻坚"1115"工程，计划将湘西州建设成特色产业聚集区、扶贫攻坚实验区，实现在武陵山区率先发展、率先脱贫。按照规划，到 2017 年，全州农民人均纯收入达 8000 元以上，新建 50 个扶贫产业开发示范园，新建 100 万亩扶贫优势产业基地，扶持培植 100 家扶贫龙头企业，解决 100 万贫困人口脱贫。

2. 基础设施建设欠账过大

湘西州基础设施建设多年滞后。目前，湘西州的公路密度仅为 63.9 公里/百平方公里，等级公路仅占公路总里程的 28.3%，乡村公路硬化率不足 60%，60% 的村农村公路只通不畅；农田水利设施建设投资不足，急需治理的病险水库有 580 多座，大部分农田水利设施严重老化、损毁，有效灌溉率不足 40%，人均旱涝保收农田面积不足 0.5 亩，远低于国家 0.8 亩的最低标准；电力设施建设欠缺，农村电网改造仅完成 50%，电价偏高；生态环境仍然脆弱，水土流失面积占全州国土总面积的 26.5%，石漠化面积占 10.4%；全州有 469 个村未通自来水，有近 80 万农村人口饮水困难。

为加快改善基础设施条件，湘西州提出，在农村要继续实施"五通"工程，每年集中安排财政扶贫专项资金 1.5 亿元，抓好农村"五小"水利、农贸市场改建新建、村组道路硬化、农村危房改造、生态移民、农村电网改造工程和优势产业开发相配套的基础设施建设。到 2017 年，"五小"水利工程基本完成；改造和新建农贸市场 110 个，实现乡乡有达标的农贸市场；扶贫建房 10 万户，农村危房改造达到 85% 以上；抓好 10 个生态移民搬迁工程；搞好 500 个村村组道路硬化。

根据湘西州"十二五"规划，实施农村公路交通、农网改造、水利设施等农村公益性、民生性工程建设，共需投资 300 多亿元。由于州、县两级财政仅能解决 50 亿元，缺口逾 250 亿元。

3. 新型城镇化建设盼望融资

2013 年湘西州城镇化率为 39.2%，远远落后于全国、全省的平均水平。湘西州城镇化率每年约提高 1.5~1.8 个百分点，7 年可提高约 13 个百分点，约有 40 万农民将进城变成市民。按照每平方公里 1 万人的人口密度计算，需要拓展城区面积 40 平方公里，每平方公里至少需要投资公共基础设施 10 亿元，共需投入 400 亿元。

4. 湘西州发展特色农业需要资金支持

地处武陵山区的湘西州，具有发展特色农业的优势。湘西州提出，要重点拓展水果、蔬菜、烟叶、药材等支柱产业，抓好椪柑、烟叶、茶叶、油茶、蔬菜、百合、猕猴桃、中药材、畜牧水产等特色产业的发展。规划建设 50 个扶贫开发示范园，新建 100 万亩扶贫优势产业基地，在永顺、凤凰、吉首、古丈、保靖等县优先建立 2 万亩杜仲胶生产基地①。湘西州虽然形成了椪柑、烟叶、茶叶、中药材、特色养殖等农村特色产业，但农产品的精深加工落后。农产品加工龙头企业大都处于初级阶段，初级产品多，优质产品少，传统产品多，精深加工少，中低产品多，附加值高的产品少。企业投资大部分用于简单扩大规模，项目储备少，新产品开发能力弱，缺乏农产品加工的新项目、好项目。

5. 湘西州旅游开发需要持续的投入

湘西州将旅游开发作为扶贫开发的主攻方向。在规划中提出，以发展乡村旅游、文化生态旅游、红色旅游为重点，抓好"矮寨奇观"旅游扶贫项目、红石林旅游扶贫二期工程和 150 个乡村文化生态游扶贫项目建设，扶持以永顺塔卧、龙山茨岩塘等为主的 10 个老区红色扶贫旅游景点建设，力争建设成为全国旅游扶贫示范区②。

6. 民族企业需要资金支持

湘西州少数民族企业发展中存在的问题是，产业结构严重趋同，旅游等相关产业居多，企业规模偏小。如凤凰县，2000 万元以上规模的企业只占全县企业总数的 6%。这些民族企业普遍缺乏发展资金。

综上所述，湘西州在扶贫开发方面，面临着巨大的资金需求。

而要湘西州自己利用地方财力解决巨额的资金缺口，几乎没有可能。湘西州经济总量小，财政收入少。2012 年全州生产总值和财政收入，不论是总量还是人均，在湖南省和全国 30 个少数民族自治州中，均处于落后位次。多年来，湘西州依靠上级财政转移支付，才能维持正常运转。2008 年全州财政总收入 24.04 亿元，财政支出 62.67 亿元。2009 年全州财政总收入 26.22 亿元，财政总支出 84.97 亿元。2010 年全州财政总收入 32.23 亿元，财政总支出

---

① 湘西自治州扶贫开发办公室：《湘西自治州 2012 年扶贫开发工作总结》，2012 年 12 月 26 日。
② 湘西自治州扶贫开发办公室：《关于对全州扶贫开发工作的思考》，2013 年 10 月 30 日。

104.11 亿元。2011 年全州财政总收入 41.92 亿元，财政支出 126.38 亿元。2012 年全州财政总收入 47.9 亿元，财政支出 150.2 亿元①。显然，湘西州地方财政收入不可能支撑当地的经济建设。

争取国家专项扶贫开发资金支持，是湘西州加快经济发展的重要措施，但可获得的扶贫开发资金增长率毕竟有限，而且地方政府常常需要安排配套资金。地方争取到国家专项资金后，在资金配套方面却力不从心，往往需要借入商业贷款来弥补不足，但当地商业银行不愿投资，也不敢投资。与商业性贷款相比，国家政策性银行的信贷有着利率低、周期长的好处，因此，湘西州政府十分渴望当地农业发展银行分行能够提供政策性信贷资金支持。

二、湘西州农发行正在向农村开发型金融转型

1. 湘西州金融市场情况

湘西州现有中国农业发展银行、中国工商银行、中国农业银行、中国银行、中国建设银行、中国邮政储蓄银行、农村信用社、村镇银行、农村商业银行等金融机构，金融网点 401 个。其中，中国农业发展银行湘西土家族苗族自治州分行有 1 个分行、7 个支行及 1 个业务组，机构健全，只是营业网点较少。

2013 年 9 月，湘西州各金融机构贷款余额共计 251.7 亿元。贷款余额由高到低依次为农村信用社（83.8 亿元）、中国建设银行（54.1 亿元）、中国农业银行（21.9 亿元）、中国农业发展银行（21.5 亿元）、吉首市农村商业银行（20.2 亿元）、中国工商银行（16.17 亿元）、中国银行（16.09 亿元）、中国邮政储蓄银行（13.4 亿元）、村镇银行（4.7 亿元）。到 2013 年末，中国农业发展银行湖南省湘西土家族苗族自治州分行贷款余额仅次于当地的农村信用社和中国建设银行分行，是湘西州第三大贷款银行。

多年来，湘西州的金融资源流失严重。2013 年末，全州金融机构存款余额为 629 亿元，贷款余额为 259 亿元，存贷差由 2008 年的 129 亿元扩大到 370

---

① 湘西土家族苗族自治州统计局资料：《湘西土家族苗族自治州国民经济和社会发展统计公报》2008 ~ 2012。

亿元，存贷比由 2007 年的 54% 下降到 41%。部分商业银行成为金融资源外流的"抽水机"。如某商业银行 2013 年存款余额高达 96.8 亿元，而贷款余额仅 9.16 亿元，当年新增存款 33 亿元，新增贷款仅 4.5 亿元。

2. 湘西州分行的"一体两翼"业务

湘西州分行一直高度重视支持粮油收购这一主体业务，但"主体业务"已不是业务的主体。

2007 年，累计向各类符合条件的粮油企业发放贷款 12616 万元，支持企业收购调销粮食 85330 吨，油料 910 吨。2008 年，州分行对 22 户粮油企业发放粮食储备、购销及准政策性收购贷款 11413 万元，支持粮食购销企业收购调入粮食 78680 吨、油脂 890 吨。2010 年，湘西州农发行累计发放粮棉收储贷款 11762 万元，支持企业收购、轮换和储备粮食 45670 吨，调入棉花 1042 吨。2011 年，州分行累计发放各类粮油贷款 22252 万元，支持粮食企业新增粮食储备 5610 吨，油脂储备 1150 吨，各级储备轮换 46515 吨。发放其他粮油贷款余额 4680 万元。2012 年，将支持粮油收购作为全行业务工作的重中之重，及时足额供应资金，确保粮油收购。累放粮油收储贷款 20493 万元，支持企业收购储备粮食 6.9 万吨、油脂 1400 吨，保证了中央和地方各项粮油收储计划的顺利实施。

2004 年以来，湘西州农发行积极探索开展"两翼"业务之路，近五年来取得比较大的进展，"两翼"业务已成为业务的主体部分。

农业产业化信贷是中国农业发展银行信贷业务"两翼"中的一翼。2007 年，湘西州分行全年累计向龙山金山实业有限公司等 10 户农业产业化企业投放贷款 6100 多万元，支持产业化企业新建红薯、木薯、花椒、茶叶等专业生产基地 55 万余亩，辐射 20 多万农户。州分行还把扶持农业小企业作为支持县域经济发展、带动农民脱贫致富的有效载体，累计向林业、水果、茶叶、医药行业的 11 户小企业发放贷款 3553 万元。2008 年，累计向 16 户农业产业化龙头企业、农业小企业发放贷款 8760 万元。2010 年，湘西州分行累计发放农业产业化龙头企业贷款 4790 万元、农业小企业贷款 4542 万元。2012 年，大力支持农业产业化经营和现代农业发展，积极支持当地特色优势农业发展，累计发放商业贷款 7450 万元。

农业和农村中长期信贷是中国农业发展银行信贷业务的另一翼。近年来，湘西州分行加大了对农村基础设施建设信贷力度。2006 年，湘西州分行在湖南省农业发展银行系统率先开办了农村基础设施建设贷款业务。2007 年，发放农村公路贷款 2 亿元，支持建设县乡公路路基 395 公里，路面工程 219 公里，支持农村畅通工程开工 675 公里、完成 307 公里。2008 年，积极支持农村基础设施建设，累计发放农村基础设施贷款 11000 万元，支持全州公路建设和凤凰沱江污水治理。2010 年，湘西州分行累放发放农村基础设施建设、农业综合开发、县域城镇建设等新农村建设贷款 47900 万元，支持农业综合开发项目 1 个、支持农村流通体系建设项目 1 个，支持路网、电网、电视信息网建设项目 6 个，支持污水、垃圾无害化处理以及土地整理等政府关注、农民关心的项目 8 个。2011 年，湘西州分行共营销中长期项目贷款 13 个，金额 10.08 亿元，累计发放农业、农村基础设施贷款 5.23 亿元。2012 年，累计发放农业、农村基础设施贷款 5.23 亿元，年末中长期贷款比重达到了 67.4%。

3. 湘西州分行信贷结构的变化

供给农副产品收购资金，是中国农业发展银行的主体业务。从湘西州农业发展银行信贷业务看，从 2008～2012 年，虽然农副产品收购资金贷款总额呈上升趋势，但在全部信贷业务中所占比重却在不断下降，2008 年占信贷总额的 21.75%，2010 年下降到 19.16%，2012 年又下降到 13.92%（见表 1、表 2）。

与此相反，中国农业发展银行湘西州分行的"两翼"业务在不断扩张，不过，各项业务拓展程度不一。

农业产业化龙头企业贷款从 2008 年以来，一直停滞不前，甚至倒退。2008 年这一贷款为 19799.8 万元，2009 年大幅下降，2012 年为 9360 万元，仍未恢复到 2008 年的水平。其所占信贷总额的比例，2008 年为 15.09%，此后基本维持在 4%~5% 之间（见表 1、表 2）。

加工企业及其他企业短期贷款业务更是一波三折。2008 年贷款额度为 6516.02 万元，2009 年、2010 年没有发放贷款，2011 年贷放 560 万元，2012 年没有业务。其占信贷总额的比例，2008 年为 4.97%，2011 年为 0.33%，微不足道（见表 1、表 2）。

对于农业小企业的贷款，则呈稳步上升的趋势。2008 年贷款为 4420 万元，2009 年增加到 5118 万元，2012 年达到 7447 万元。这一贷款在全部信贷业务中所占比例，2008 年为 3.37%，2009 年为 4.11%，2012 年为 3.50%（见表 1、表 2）。

湘西州农发行 2012 年发放农业科技贷款 950 万元，占信贷业务总额的 0.45%。此前一直没有开办这一业务（见表 1、表 2）。

农村基础设施建设贷款一直是州农发行的重头戏，贷款额度呈上升态势。2008 年这一贷款为 30990 万元，2010 年增长到 59772 万元，2011 年达到 58300 万元，2012 年保持在 43740 万元。这一业务在全部信贷中的比例较大，2008 年为 23.61%，2009 年为 31.12%，2010 年为 48.36%，2011 年为 34.62%，2012 年为 20.53%（见表 1、表 2）。

湘西州农发行从 2010 年起办理农业综合开发贷款业务。2010 年、2011 年、2012 年分别为 5000 万元、5000 万元和 9300 万元，其所占比例分别为 4.05%、2.97% 和 4.37%（见表 1、表 2）。

2011 年、2012 年，湘西州农发行开始经营农业生产资料贷款，分别贷放 2200 万元，占信贷总额的比例分别是 1.31% 和 1.03%（见表 1、表 2）。

从 2010 年起，湘西州农发行开办了农村流通体系建设贷款业务。2010 ~ 2012 年，贷款额度分别是 1300 万元、1141 万元和 1041 万元，占信贷结构的比例分别是 1.05%、0.68% 和 0.49%（见表 1、表 2）。

从 2009 年开始，湘西州农发行推出县域城镇建设信贷业务，发展前景看好。2009 年贷款额度为 5990 万元，2010 年为 5640 万元，2011 年为 7590 万元，2012 年为 6690 万元。这一业务占全部信贷业务的比例，分别为 4.66%、4.56%、4.51% 和 3.14%（见表 1、表 2）。

2011 年和 2012 年，湘西州农发行开拓了农村土地整治贷款，分别达到了 30200 万元和 60500 万元，在信贷结构所占比例分别达到了 17.94% 和 28.4%。这是州农发行信贷业务的新增长点（见表 1、表 2）。

2012 年，湘西州农发行还经办了水利建设贷款 19000 万元，占业务总额的 8.92%（见表 1、表 2）。

挂账占用贷款一直是农发行业务的重要部分。随着历史包袱的减轻，这一业务额度下降明显，2008 年为 40967.89 万元，2009 年减到 40927.89 万元，2010 年降到 40889.89 万元，2011 年下降到了 22080.29 万元，2012 年为 22060.29 万元。这一业务在信贷业务所占比例，2008 年为 31.22%，2010 年为 33.08%，2011 年和 2012 年下降到了 13.11% 和 10.36%（见表 1、表 2）。

表1　　　　中国农业发展银行湘西州分行信贷业务（2008～2012）　　单位：万元

	2008	2009	2010	2011	2012
资产总计	77133.14	82341.40	262924.73	103088.16	84561.73
各项贷款合计	109256.71	128518.36	152892.70	168383.82	213033.38
农副产品贷款	28538.82	31172.07	29296.31	28645.53	29645.08
产业化龙头企业贷款	19799.80	5310.40	5920.00	7600.00	9360.00
加工企业及其他企业短期贷款	6516.02	0.00	0.00	560	0.00
农业小企业贷款	4420.00	5118.00	5074.50	5067.00	7447.00
农业科技贷款	0.00	0.00	0.00	0.00	950
农村基础设施建设贷款	30990.00	40000.00	59772.00	58300.00	43740.00
农业综合开发贷款	0.00	0.00	5000.00	5000.00	9300.00
农业生产资料贷款	0.00	0.00	0.00	2200.00	2200.00
农村流通体系建设贷款	0.00	0.00	1300.00	1141.00	1041.00
县域城镇建设贷款	0.00	5990.00	5640.00	7590.00	6690.00
挂账占用贷款	40967.89	40927.89	40889.89	22080.29	22060.29
农村土地整治贷款	0	0	0	30200.00	60500.00
水利建设贷款	0	0	0	0	19000.00
贴现及转贴现资产	0.00	0.00	0.00	0.00	1100.00

资料来源：中国农业发展银行湘西州分行。

表2　　中国农业发展银行湘西州分行信贷业务结构（2008～2012）（%）

	2008	2009	2010	2011	2012
各项贷款合计	100	100	100	100.00	100.00
农副产品贷款	21.75	24.25	19.16	17.01	13.92
产业化龙头企业贷款	15.09	4.13	4.79	4.51	4.39
加工企业及其他企业短期贷款	4.97	0	0	0.33	0
农业小企业贷款	3.37	3.98	4.11	3.01	3.50
农业科技贷款	0	0	0	0	0.45
农村基础设施建设贷款	23.61	31.12	48.36	34.62	20.53
农业综合开发贷款	0	0	4.05	2.97	4.37
农业生产资料贷款	0	0	0	1.31	1.03
农村流通体系建设贷款	0	0	1.05	0.68	0.49

	2008	2009	2010	2011	2012
县域城镇建设贷款	0	4.66	4.56	4.51	3.14
挂账占用贷款	31.22	31.85	33.08	13.11	10.36
农村土地整治贷款	0	0	0	17.94	28.40
水利建设贷款	0	0	0	0	8.92
贴现及转贴现资产	0	0	0	0	0.53

资料来源：中国农业发展银行湖南省湘西州分行。

可以看出，到 2012 年，中国农业发展银行湘西州分行的信贷业务结构已经发生了比较大的变化。占第一位的是农村土地整治贷款，第二位的是农村基础设施建设贷款，第三位的才是农副产品收购资金贷款。州农业发展银行主体业务所占的比重不足 14%，而其他"两翼"业务所占比重超过了 86%，特别是农村土地开发与农村基础设施建设贷款所占比例，合计起来，几乎接近50%（见图 1）。

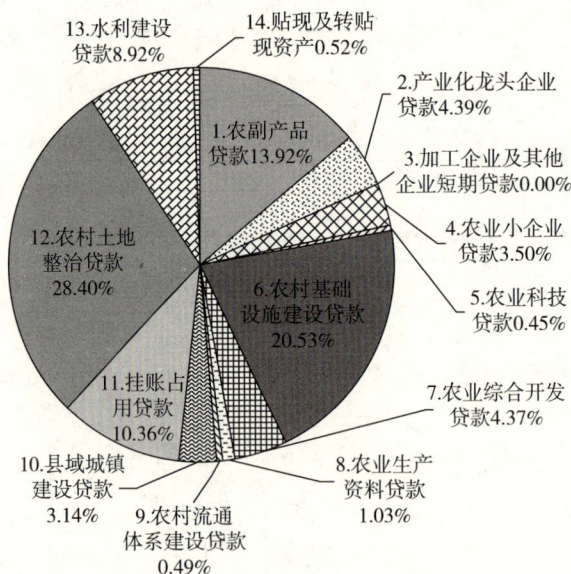

图1　中国农业发展银行湘西州分行 2012 年信贷结构

资料来源：中国农业发展银行湖南省湘西州分行。

近几年的业务结构表明，中国农业发展银行湘西州分行正在向农村开发型金融转型。

三、中国农业发展银行湘西州分行转型发展的思考

国家给予"武陵山集中连片特困区区域发展与扶贫攻坚"示范区先行先试的政策，湘西州州委、州政府提出的实现"同步小康"的发展规划，为中国农业发展银行湘西州分行转型发展提供了难得的机遇。

1. 服务于扶贫开发与城镇化是业务经营的主方向

湘西州所在的武陵山区是国家重点推进的扶贫开发区。国家已给予了武陵山片区"先行先试"的"尚方宝剑"。湖南省提出了建设农村小康的发展目标，湘西州适时提出实现"同步小康"的口号，期望在 2020 年实现同步小康。在湘西州，扶贫开发与城镇化，既是实现同步小康的目标，更是保证实现同步小康的发展路径。作为国家政策性银行，湘西州农发行应将服务于武陵山片区扶贫开发和城镇化作为业务经营的主要方向。

2. 因地制宜强化"两翼"业务

湘西州不是粮棉主产区，这决定了州农发行的主体业务不可能是供给农副产品收购资金，尽管这是州农发行的重要工作，也是重中之重。湘西州独特的资源禀赋，决定了发展路径的本地特色。因此，湘西州农发行应该大胆地因地制宜发展"两翼"业务。

中国农业发展银行湘西州分行在拓展"两翼"业务方面，一是要抓住武陵山片区区域发展与扶贫攻坚在湘西州试点的战略机遇，加大农业农村基础设施贷款投放，重点依托规范的融资平台支持农业农村基础设施，推进农田水利建设、土地收储、农副产品加工园等贷款项目。二是要支持列入国家、省、州政府推广计划的优良品种、节水灌溉、农产品加工、农业机械等领域的科技成果转化和产业化项目，重点支持从事农业良种育繁推广一体化的养殖企业发展。三是要积极探索信贷支持农业科技创新的有效运行模式。四是要支持以凤凰县为龙头的旅游开发项目。五是要积极投入城镇化建设，抓住时机，发放相关贷款。

目前，湘西州农发行在开展农村基础设施贷款、农村土地整治贷款业务上，已取得比较好的发展。但是，向地方融资平台贷款，其隐藏的风险必须重

视，进一步扩展的空间已经有限。另一方面，在支持发展特色农业方面还做得远远不够。比如，在开展产业龙头企业贷款、农业小企业贷款、农业综合开发贷款、农业科技贷款、农业生产资料贷款、农村流通体系建设贷款、水利建设贷款方面，贷款额度很小，还大有可为。在推进城镇化建设方面，州农发行也做得不多，新型城镇化热潮已经兴起，农发行大有用武之地。

3. 给予先行先试的优惠政策

（1）创新州农业发展银行信贷资金来源机制

一是推进涉农资金的整合，增加农发行信贷资金来源。

中国农业发展银行担负着农业政策性贷款业务，必须保证有可持续的低成本资金来源。如何筹措低成本资金，是中国农业发展银行系统面临的难题。在开源方面，中国农业发展银行错失了统一代理国家财政支农资金的机会。

近些年，国家支农资金增长较快，但支农项目政出多门。据不完全统计，目前中央级直接分配、管理农业财政资金的部门有9个，不同部门支农资金拨付机制并不统一，经过农发行系统拨付的国家专项支农资金不多。建议中央政府考虑全国财政支农资金统一由中国农业发展银行系统拨付。对中国农业发展银行而言，代理国家支农资金拨付，能够扩大农发行低成本信贷资金来源。

有关部门可考虑以中国农业发展银行湘西州分行作为财政支农资金统一由中国农业发展银行拨付的试点。目前，中国农业发展银行湘西州分行信贷资金来源比较单一，主要是上级行给定的信贷资金，额度有限，不适应地方经济发展的需要。如果中国农业发展银行湘西州分行试行统一代理州财政支农资金拨付工作，各类财政支农资金将进入中国农业发展银行湘西州分行账户，这将增加湘西州农发行信贷资金总量，增强其政策性支农的力度。

二是建议国家从经营性基本建设投资或国有土地出让金中提取一定比例，设立"农业投资发展基金"，对支持城乡统筹发展的政策性贷款给予100%利息补贴。

三是建立政策性银行贷款本金偿还财政扶持机制，分别由中央财政承担30%、省级20%、州级、县级财政承担50%的还贷比例。

四是减免农发行的营业税，将减免的税收用于归还民族贫困地区因州、县级地方财政困难而难以偿还的到期贷款。

（2）给予湘西州分行更多的信贷额度

对于像湘西州这样的国家连片扶贫开发的少数民族地区、贫穷落后地区，国家应该加大政策性金融支持力度。要发挥中国农业发展银行湘西州分行在武陵山扶贫开发中的政策性金融的作用，必须增加其可用的信贷额度。实际上，中国农业发展银行总行应考虑给予少数民族贫困地区信贷计划特事特办的政策，对其信贷计划进行单列。建议中国农业银行湖南省分行增加湘西州分行的信贷计划额度，或者中国农业发展银行湘西州分行的贷款额度可以直接向中国农业发展银行总行申请，由总行下拨。

（3）给予湘西州分行更多的经营自主权

为了使中国农业发展银行湘西州更好地服务于武陵山片区扶贫开发，应该给予其更多的经营自主权。一是弱化其发放农副产品贷款的任务，在开展"两翼"业务方面给予更多自主权，调动其积极性，因地制宜经营当地经济发展急需的贷款项目。二是中国农业发展银行总行下放审批权限，给予湘西州分行这样的少数民族贫困地区二级分行更大的权限，使其有权审批的商业性短期贷款项目限额高于一般地区。三是给予中国农业发展银行湘西州分行灵活的激励机制，允许其提取一定比例的利润，奖励优秀员工。

（4）对湘西州分行实行差别化监管

中国农业发展银行湘西州分行在扶贫开发、推动少数民族贫困地区发展方面，应该承担更多的职责。因为承担政策性业务，贷款呆坏账的风险较大，因此，在金融监管方面需要实行差别化管理。上级金融管理部门在贷款审批权限、信贷规模分配、激励考核机制、信贷产品创新、贷款拨备计提、不良资产处置、坏账核销等方面，应出台差别化政策，在不良贷款、贷款集中度、存贷比、涉农贷款占比等方面提高容忍度。

对中国农业发展银行湘西州分行可以试点差别化管理。一是项目资本金监管的差别化。现阶段中国农业发展银行对项目资本金监管，要求比例一般不能低于20%。根据河西州少数民族贫困地区发展的实际情况，可将项目资本金比例下调至15%～20%。二是实行呆坏账监管的差别化。监管部门虽对全国不同银行提出了放松不良贷款容忍度，但没有针对不同地区、不同行业的具体实施细则，各地区难以掌握，难以发挥差别化监管的政策优势。中国农业发展银行湘西州分行可在政策允许范围内进行尝试，容许中国农业发展银行湘西州分行呆坏账比例可在一定限度内高于其他地区。三是适当放宽农村抵押物范围，探索农村土地承包经营受益权抵押、林权抵押等抵押担保。

■ **作者简介**

中国社会科学院经济研究所。

【参考文献】

[1] 高绪，李琼．对武陵山片区经济中心形成的思考．中央民族大学学报（哲学社会科学版），2000 (1)

[2] 侯春灯．试论构建武陵山经济协作区．探索，2011 (3)

[3] 冷志明．武陵山经济协作区空间协调发展程度评价．地理研究，2012

[4] 陈琦．连片特困地区农村家庭人力资本与收入贫困——基于武陵山片区的实证考察．江西社会科学，2012 (7)

[5] 邓正琦．武陵山民族地区城镇化特征及发展趋势探讨．湖北社会科学，2009 (3)

[6] 李扬等．中国金融改革开放 30 年研究．北京：经济管理出版社，2008

[7] 尚明主编．新中国金融五十年．北京：中国财政经济出版社，1999

[8] 王威明．"一体两翼"基本形成，政策性方向必须坚持．甘肃金融，2009 (2)

[9] 朱燕宇．农业发展银行改革发展路径选择——以广西为视角．法制与经济，2010

[10] 吴华明．农业发展银行改革的现状、问题及建议——以吉林省通化市辉南县为例．吉林金融研究，2012 (12)

[11] 邓蓓，刘丹．农业发展银行改革思路探讨．华北金融，2008 (12)

[12] 李志辉，崔光华．基于开发性金融的政策性银行转型——论中国农业发展银行的改革

[13] 中国农业发展银行网站，http：//www. adbc. com. cn/templates/T_ second/index. aspx？nodeid =5

"道德银行"的余姚实践：农信社改革与企业文化再造

⊙王东宾

2003 年启动新一轮改革以来，全国农村信用社系统改革历经合作制（信用合作社）、股份合作制（农村合作银行）、股份制（农村商业银行）"三级跳"，进入高速发展阶段，堪称农信系统的"黄金十年"。这十多年间，农信系统着力通过改制改革建立现代内部治理机制，企业文化也经历了涅槃式再造过程。本文所要讨论的余姚农村合作银行"道德银行"就是反映农信改革中企业文化再造成果的一个微观案例，折射出农村金融机构在企业文化层面对改革核心问题和深层关怀的积极回应与建构。

一、农村信用体系背景下的"道德银行"

"道德银行"源于"三信工程"（信用镇、信用村、信用户），"三信工程"又是当地农村信用体系建设的重要部分。农村信用体系建设是解决"三农"融资难问题的一项基础性工作，一般由人民银行地方分支机构与当地政府合作推动。农村信用体系发挥作用的关键在于金融机构的认可与使用，使信用数据真正能发挥作用。否则，难以调动各方积极性，信用数据形同虚设，也难以取得农户的认同与支持。

余姚农合行把政府主导的农村信用体系进一步延伸和发展，工作前置，入村入户自主采集信息数据，结合走访调查、信用评定并配套授信、贷款等实质金融交易建设"三信"工程（信用户、信用村、信用乡镇）。经过近 10 年的大力推进，到 2013 年末，建立农户及个人信息档案 73981 户，评定信用镇 1

个、信用村 85 个、信用户 68814 户，建立了较为完善的农户信用数据库。

"道德银行"是依托农村社区组织，通过"道德积分"实现"文明做担保、诚信做抵押"，为具备良好道德表现且有实际需要的常住农户提供无担保、免抵押、低利率的一种信用贷款。"道德银行"相当于"三信工程"的升级版，"道德积分"对客户的评定更加细致、信息更全面，由余姚农合行与余姚市文明办于 2012 年 3 月正式推出。"道德银行"从"遵纪守法、行为文明"、"热心公益、支持发展"、"诚实守信、勤劳致富"、"家庭和睦、邻里团结"四个方面评定道德积分，积分在 80 分以上的农户可申请创业信用贷款，额度一般在 20 万元以内，市级以上道德模范，最高额度可达 50 万元。

截至 2014 年 3 月 31 日，"道德银行"已经在余姚全市 21 个乡镇、街道建立"道德银行"支行，有 85 个行政村完成了道德积分的评定和创业信用贷款的评审两项工作，对 721 户农户发放"道德信贷"5662.5 万元。

二、"道德银行"的运行机制

"道德银行"的模式可以概括为三级网络配套三套机制，其运行机制的关键环节是建立电子化信息数据库，并对建档客户定期回访、互动调查，提升管理与运用效率。原始数据和道德积分的采集、评定、更新与管理是一项复杂的常态化工作，金融机构人力资源有限，无力独自承担，且存在严重的信息不对称问题，合宜的途径是有效发挥农村基层组织优势和村民自治优势，为此，"道德银行"建立了三级网络并配套三套机制，将运行机制内嵌于农村社区组织。

如图 1 所示，三级网络是指以自然村、行政村为单位分别建立道德积分管理执行小组、管理办公室、管理领导小组，负责积分相关信息的采集、评定与更新，由余姚农合行负责电子化数据库的开发与维护。显然，这是一种自下而上的信息管理体系，其中，以自然村为单位的管理执行小组最为关键，采集的是原始数据，是碎片化的实地信息，因而这一层级既是解决信息不对称问题的关键，也是信息动态更新管理的关键。

"道德银行"的运行包括三套核心机制：村民道德诚信信息共享机制、道德积分定期评定机制、道德信贷联合评审机制。信息共享机制要求公安、财政、国税、工商等部门掌握的信息与道德积分数据库共享，与自下而上的三级网络采集的基础信息对照呼应，这样贷款人的社会信息更加全面。道德积分分为日常积分和评审积分，采用定期评定机制，前者每月评定一次，由执行小组（自然村）负责，后者每季度评审一次，取三个月日常积分的平均值，并与来自公安、税务等部门的社会信息匹配核实。道德信贷联合评审机制是指银行开放信贷审批权，把道德积分管理三级网络的相关人员纳入到道德信贷评审小组，扩大信息知情人在贷款评审中的直接发言权，以此加强积分与信贷之间的实际关联。

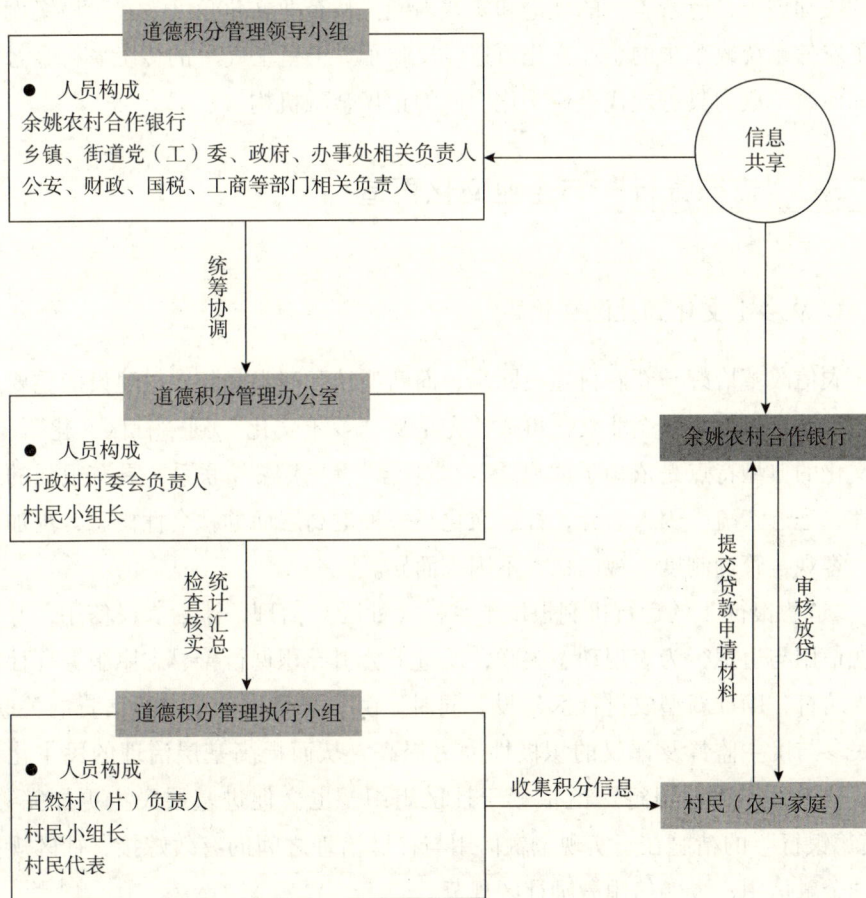

图1　"道德银行"运行示意图

此外，"道德银行"的运行还与村民自治相结合，引入基层民主的相关制度。例如，建立信息公示制度，对于"道德模范"等先进评比对象以及向

"道德银行"申请创业贷款的农户家庭，其道德积分情况须于显著位置进行公示，接受公开监督。村民若提出异议，领导小组则须再次评审和核实，否则不得进入下一程序。该制度下，与贷款或评优关联的道德积分成为一种公开信息，其有效性不仅需要银行的"金融认可"，而且需要社区成员的"民主认可"。社区成员的民主监督与分散的信息结构相对应，形成对三级网络代理风险的有效约束，使得采集的基础信息更真实有效。

"道德银行"作为麻雀式的微观案例，是农信系统应对农村经济社会新变化的主动创新，有着丰富的理论和实践内涵。从企业文化角度来看，该案例映射了农信系统改革中的企业文化再造，反映了"土里土气"的传统乡村金融机构如何改革成为具有现代企业文化内涵的正规金融机构。

三、"道德银行"与企业文化再造

1. 从乡土文化到社区文化

农信改革恰好与新农村建设同步，而新型社区建设是新农村建设的重要内涵，因此，农信系统企业文化再造首先是从"乡土文化"到"社区文化"。乡土文化的典型特点是依赖于"血缘"、"地缘"、"人缘"联系，具有很强的封闭性，远近亲疏、因人而异，社区文化是一种更高层面的社会性概念，更加开放、客观，管理制度一视同仁、不因人而异。

"道德银行"的运行机制根植于乡村（社区）治理，激活农民信用，并把金融信用与道德行为表现动态关联，反过来会引导积德行善、志愿服务等社区风尚培育，助推新型农村社区建设。同时，由于道德积分与道德信贷的关联，村民参与民主监督及评议的积极性大为提高，从而提高基层治理的民主化程度，这样，"道德银行"既依赖于社区组织，也会促进基层民主更加完善。"道德银行"的精髓在于实现金融信用与社区治理之间的有效嫁接，社区规范撬动金融信用，金融信用激励社区规范。

这样一来，社区治理和社区规范不再是简单、空洞的道德说教，而是与创业的金融支持等实质经济行为直接关联，这将充实社区治理的经济内涵，提高村民自治机构的组织权威。例如，人们观察到一个有趣的现象，"道德银行"贷款成功发放后，"村民间打架斗殴的少了，邻里和和睦睦的多了；打牌赌博的少了，打拳健身的多了；搞封建迷信活动的少了，参与扶贫帮困等公益活动的多了"。用村民的话说，尽管目前与银行还没有打交道，但随着种植规模扩大，总免不了需要贷款，所以格外重视道德积分。这说明，"道德银行"形成金融创新与社区建设之间的正反馈机制，金融创新会反过来推动农村社区建设，关键在于"道德银行"的运行机制基于现代社区文化。

2. 从信任文化到信用文化

与乡土文化对应，农村信用社的传统经营方式实际上更多的是一种信任文化。农村信用社诞生于农村社区，由农民自愿入股组成，与农村社区有天然的"血缘"联系。浙江的第一家农村信用社——南山信用社，就是1952年10月在余姚南山乡试办成立的。信贷员靠着算盘和简单的账本进村入户，有时单据没带在身上，随手就在纸烟盒上写下字据，"烟盒信用"体现了当时内生于信用社合作制性质之中的信任关系。

信任因人而异、因时而变、内外有别，依赖于主观判断和人与人之间的密切联系，乡土文化中往往对内守信与对外失信共存，有积极效果也有消极效果。尤其是在城镇化进程中，随着人口大量流动，农信社的传统信任文化受冲击非常大，给其经营带来非常不利的影响。

信用则建立在信任的基础上，更加客观、理性而非人为判断，农信社改革内在要求建立与社区文化相适应的信用文化，建立客观的信用数据库和信用评估体系，并且采用有效的激励机制促进各方守信、互信。例如，余姚农合行为"三信工程"配套了三项优惠政策：一是资金优先，在同等条件下优先解决"三信"主体的资金需求；二是利率优惠，同类贷款利率下调15%～25%；三是对于高等级信用主体，可享受免担保优惠待遇。在"道德银行"的贷款评审中，信用评定的数据权重占贷款审核的40%，并将利率优惠进一步升级。"道德贷款"的利率，普通道德贷款利率约为基准利率上浮85%，如果是信用村的"道德银行"贷款，仅上浮30%。这样一来，信用数据就具有实质性的金融价值，信用户与非信用户、信用村与非信用村以及级别不同的信用村，获得贷款的难易程度不同，利率定价有差别，会引导农户真正尊重信用数据与信用记录。

农信社改革建立正规管理制度后，"烟盒信用"不再适用，这意味着金融信用从农村社会规范中剥离出来，成为独立运行的因素，机构越合规，离农民越远。这就产生了金融信用与金融交易之间"鸡生蛋"与"蛋生鸡"的逻辑问题。农民没和银行打过交道，贷款交易为零，信用记录空白，那么如何评估农民的金融信用？又缺乏合格的抵押担保品，如何获取贷款？这样一来，大量讲信用的勤劳农民被屏蔽在外，信任与信用之间的转化存在严重的障碍。

从这个角度来看，"道德银行"的意义在于金融机构率先走出一步，根据来自社区的社会规范数据来评估是否"相信"农民，其运行基于"讲道德"与"守信用"之间的关联假设，"讲道德"必"守信用"。熟悉农村社会和农村金融的人知道，这种假设未必成立。"内外有别"是农村社会伦理规范的重要特点，"对内讲道德"与"对外不守信"可以同时成立，且往往经常发生。因此，"道德银行"有效运行的支撑在于"农民自己的银行"之定位的真正实践，即改制改革过程中保持并升华农信社在农村的"人缘、地缘、血缘"联系，"升华"的内涵是保持这种联系，不是靠守旧，而是靠创新实现银行经营机制与农村社区建设之间的深度耦合，从"信任文化"升华为"信用文化"。

3. 从关系网文化到互联网文化

过去，农村信用社的企业文化是一种关系网文化，企业管理依赖于人而非制度，甚至于客户贷款都要靠与信贷员的关系如何，这种文化导致农信社给人带来"土"、"乱"、"差"的不良印象。农信系统的改革充分利用了现代信息技术，建立现代化的信息管理系统，在技术层面不断缩小与大型商业银行之间的技术差距，相应地要求企业流程再造与制度改革使之符合现代金融机构的要求。简单地说，在信息技术支撑下，农信系统的企业文化中逐步形成了一种互联网文化。特别是近两年互联网金融的兴起，互联网文化愈发受到重视。

互联网文化的核心之一是体现于大数据背后的"数据为王"思想。例如，"道德银行"模式中，道德积分是评定贷款的最重要依据，据以形成道德积分的行为信息是最重要的数据资产。这其中包括了三个方面的数据：金融信用数据、社区行为数据和社会行为数据。金融信用数据包括人民银行的征信系统以及正在建设中的农户信用数据库，社区行为数据即"道德银行"依托村民委员会建立的邻里关系等道德表现信息，社会行为则更为广泛，包括税务、交通、公安等各个部门掌握的行为数据信息。为获取全面的社会行为数据，"道德银行"与其他部门建立了信息共享机制，要求公安、财政、国税、工商等部门掌握的数据信息与道德积分数据库共享，实现金融信息与社会信息的无缝对接，这样一种基于大数据的信用评估和风险管理体系更加客观、公正、可信，也是建立信用文化的技术支撑。

4. 从人情治理文化到现代企业治理文化

过去的农村信用社治理主要靠"人"，内部管理依靠人情，裙带关系严重，客户管理靠人情，存款靠人情，贷款更靠人情，基本上可以说是一种"人治"体系。从治理角度来看，农信系统改革之重点是从人情治理文化转化为现代企业治理文化，"道德银行"就是这种转化的一个缩影。

"道德银行"依据的是道德表现这样的非结构性数据，又依托农村社区，是人情氛围最浓厚的地方，"道德贷款"变质为"人情贷款"的风险很高。然而，"道德银行"开展至今，运行良好，没有出现任何信用问题。其中的关键在于，"道德银行"将自上而下的正式制度与自下而上的信息搜集有机地结合起来，既发挥正式制度的合规优势，又发挥基层组织的信息对称优势。"道德银行"为道德贷款量身订做了《"道德银行"贷款管理办法》和《"道德银行"诚信工商户"道德信贷"评审发放工作实施办法》，并为之配套建立三级网络和三套核心机制，以同时实现信息优势和合规要求。从更一般意义上而言，"道德银行"之所以能够有效运行，而没有演变为"人情贷款"，端赖于其背后规范的管理制度、治理机制和完善的风险控制体系，即现代企业治理文化。

5. 从平均主义文化到普惠金融文化

在改制改革之前，合作制下的农村信用社平均主义思想普遍，内部干好干坏一个样，外部视合作社资金为"唐僧肉"，谁都可以咬一口。农信改制改革首先要解决的就是这种平均主义，引入竞争机制和企业内部治理机制。然而，竞争机制可以解决平均主义问题，但也容易导致脱离"三农"，偏离农信系统为"三农"服务的基本定位和战略使命长远发展之根本。在农信改革中这种现象不在少数，"三农"淡出了其企业文化的范畴。

"道德银行"的最受益群体是道德表现良好、缺乏抵押担保品、创业需要融资支持的农户家庭，而这类群体正是建设普惠金融体系的短板和重点对象。这启发我们从农村信用社改革的大背景下和普惠金融的整体框架更充分地理解"道德银行"金融创新的意义。普惠金融瞄准的是金融服务对象中的弱势群体和金融创新的短板，与包容性发展的主旨相吻合，精准、科学、客观是普惠金融的重要内涵，这与传统的"撒胡椒面"式的平均主义有着本质区别。十八届三中全会《决定》中正式提出"发展普惠金融"，"三农"金融是金融体系的薄弱环节，也是普惠金融体系的重点领域。从实践发展来看，改革后的农信系统，普惠金融文化正成为其企业文化中的核心组成部分。"道德银行"力图解决的是金融体系的"弱中之弱"的"融资难、融资贵"问题，也可以视为农村金融机构将普惠金融文化向更深领域推进的一种自觉努力。

四、十年改革：导向社区银行的普惠金融之路

2003 年以来农信系统的新一轮改革已形成多种机构形态并存的体系，至2014 年，全国共有 337 家农商行，147 家农村合作银行，1927 家农信社，改革使得农信机构从"土里土气"的乡村金融机构发展成为现代金融机构。不管具体的组织形式如何变化，贯穿农信社改制改革始终的主题就是建立与时俱进的现代企业文化。企业文化又是为企业长远发展战略服务。那么，十年农信改革遇到的核心问题和长远战略是什么？是如何保持与农村的"人缘、地缘、血缘"优势、扎根农村、深耕"三农"，同时又实现向现代金融机构的战略转化。

农信系统改革进程中出现的最大问题是随着合作因素消退，"脱农"倾向严重，即所谓的"洗脚上岸"。后来人们发现，脱农会导致农信系统核心竞争力的丧失，成为无"根"的银行，这成为农信系统改制改革过程中面临的最大挑战。从这个角度来看，"道德银行"这一微观案例集中反映了农信机构对改革进程中这一核心问题的积极应对。从内生于农村的合作金融组织到内嵌于农村的社区银行之演变，农信系统生存之根本仍在于保持与"三农"难以割舍的紧密联系，成为农村普惠金融体系建设的主力银行。这种战略转向又内在地要求企业文化再造，从"道德银行"创新中可以管窥农信系统改制改革中企业文化层面向"社区文化"、"信用文化"、"互联网文化"、"普惠文化"以及"现代企业治理文化"的转化、提升与升华。

◼ **作者简介**
河北省张家口市金融办。

江苏射阳农商银行"3·24集中取款事件"始末及思考

⊙张 虎 陈 军

公元 2014 年 3 月 24 日，对于射阳农商银行来说，是极不平凡的一天，也将是载入行史的一天。这天下午，该行位于亭湖区盐东镇网点的一些客户听信社会谣言，在短时间内到个别网点集中取款。谣言急速传播，又相继引发 22 个网点发生客户集中取款事件。面对严峻考验，在各级党委政府、银监部门、人民银行、省联社的倾力指导和帮助下，全行上下迅速行动、果断处置，至 3 月 26 日下午事件得到全面平息。

"3·24 事件"从爆发到平息，只用了短短三天，但后续处置和恢复工作一直在进行。事件平息后，该行干部职工不等不靠，以"回存、放贷、宣传、访户、控险、转型"等六个方面为工作着力点，采取扎实有力的措施，迅速恢复正常经营秩序，持续加强内外部宣传，开展系列营销活动，提增社会形象，重树客户信心。在过去的大半年时间里，全社会共同见证了事件对射阳农商银行的冲击与洗礼，共同见证了在危机与险情面前，该行全体干部员工同心同德、众志成城所迸发出来的巨大激情和能量，共同见证了该行在商务转型、普惠金融、客户建设、形象重塑等重点工作上迈出的坚实步伐。可以说，不管外部形势如何变化，该行都坚持心无旁骛、踏实稳健地走自己的路，全行上下经受住了各种磨难和考验，业务经营管理保持了良好的运行态势。

一、灭火篇

1. "3·24"突发事件全景回顾

从 3 月 24 日下午 3 时事件爆发到 26 日下午 3 时总体平息，该行经历了惊心动魄的 48 小时。

（1）事件萌发：庆丰分理处首先"引燃"，并逐步波及周边网点

3 月 24 日中午，陆续有储户到该行庆丰分理处办理定期存单提前支取，并有储户议论说"农商行要倒闭了……"。下午 2 时许，人员开始聚集，分理处随即向总部报告并加强对客户的解释引导；3 时，等候取款的储户集聚至 100 多人；5 时，事件开始蔓延，周边的三家网点相继发生集中取款事件。当日晚上，涉事的四家网点全部进入集中取款高峰。

接到报告后，该行行长江向东、副行长单体选赶赴现场。随后董事长臧正志安排总部调运现金 700 万元，也随车赶赴庆丰分理处。到达现场后，根据事态发展，陆续采取了一系列应急措施：一是临时成立突发事件处置领导小组，做好应急分工。二是立即向盐城银监分局、市人行、省联社、亭湖区政府、射阳县政府、盐东镇政府、公安部门电话报告事件情况。三是要求事发网点全部启动应急预案，通知网点人员全部到岗，集中机关联系点人员赶赴现场增援，调剂 16 名技能娴熟的员工到网点轮岗顶柜；紧急成立数据监测中心，要求事发网点每两小时报送一次取款数据、等待人数等，未事发网点密切关注客户动态。四是协调现场警力，和本行员工一道组织客户排队取款，稳定秩序，防止因人员拥堵导致踩踏受伤或其他意外情况。五是先后从总部、临近的黄海农商行以及市人行调运现金 1.8 亿元至事发网点，确保兑付不中断。六是省联社立即组织应对，延迟当日综合业务系统机构签退时间至 23：30，保证当晚连续兑付，稳定取款储户情绪。七是运用各种载体全力做好宣传解释。赶到现场的各级领导以及该行领导班子成员分别通过扩音喇叭亮明身份，向群众喊话，公开辟谣；组织退休职工到当地网点参与宣传维稳；现场向客户发放该行在当地党报刊发的信息披露公告，滚动播放 LED 警方提示，录制公告音频，在网点不间断播放，号召广大群众切勿听信谣言，以免造成利息损失。八是与市外异地支行和主发起设立的村镇银行建立实时信息联络机制，要求其密切关注动态，加强人员值班，防止事态向域外蔓延。

截至 25 日凌晨 4：30，事发四家网点客户取款基本结束。该行紧急召开了突发事件处置领导小组会议，对 24 日的处置行动进行简要总结，对后面的态势进行了分析研判，预测 25 日将大幅蔓延并进入取款高峰，在此基础上紧急落实了一系列新的应急措施，要求全员提前到岗。

（2）集中爆发：事态向周边网点"疯卷"，迅速蔓延至19家网点

3月25日，各种消息通过网络、通信工具以及民众之间的口口相传，逐步大面积扩散。集中取款风潮沿射阳交通主干道——陈李线发散，迅速蔓延至该行所辖19家网点，涉事网点达到最高峰。

当日，领导小组根据事态的发展，适时调整和升级应对策略：一是落实全部网点启动应急预案，抽调50名机关员工派往涉事网点充实柜面，安排科技部门人员全部下基层帮助安装柜面设备，启用备用业务终端，增设现金服务窗口，保证客户随时取款。二是县委县政府发动镇区、街道居委会、村组干部深入村居，散发了10万份公告传单，在村口劝返取款客户；发动当地人大代表、党代表、知名人士、忠实客户、该行退休老职工参与宣传辟谣；组织相关网点、部门和员工，对CRM系统客户、个人名下客户和各自家乡的客户逐一进行电话联络，讲清事实真相，打消客户疑虑。三是加强现场秩序维护。公安部门组织近200名干警全天候维持现场秩序，安排储户有序进入营业厅取款。四是坚持最快时间公开信息。在所有网点不间断播放县长电视讲话；印制市人民银行、市银监分局和该行联合公告10万份分发到网点散发；向全县近130万手机客户推送辟谣信息；利用基督教会活动之机，组织到教堂发放公告，动员10万信徒帮助宣传。五是通过媒体传播真相。六是加强网点实时监测。由一名班子成员坐镇指挥，实时远程监控网点客户动态，在25日早5点多发现部分网点客户聚集后，果断通知网点提前开门营业，防止客户聚集。

（3）事件平息：各方工作力度再加码，谣言破获，秩序渐渐恢复

随着政府介入力度的增强以及保证资金供应、现金兑付等措施效用显现，储户情绪趋于稳定，疑虑开始消除。26日中午，集中取款现象出现转机，排队取款人数逐渐减少，事态逐步缓解，当日所有事发网点均在正常营业结束时间关门。从3月27日开始，事发网点恢复正常经营秩序，存款出现回流。

这一阶段的主要措施是围绕"宣传澄清、平息事态、巩固成效"展开：一是26日上午9:00按期召开年度股东大会，向股东通报整个事件情况，让股东了解事件真相，坚定股东信心，现场发放政府公告，号召股东帮助宣传。二是紧急印制2万份县政府辟谣公告张贴到各网点和镇村；落实客户经理和村组

干部进村入户开展面对面宣传；第一时间公布散布谣言的蔡某被抓获的新闻，使正面消息迅速在客户中传播。三是聘请新华社专业舆情分析团队帮助舆情应对和引导。四是全力做好网点秩序恢复，在全辖网点开展一次营业环境全面清理。

2. "3·24" 突发事件诱因分析

受此次集中取款风波影响，事发 3 日内共导致该行储蓄存款余额比事发前日下降 90320 万元，事发网点累计发生柜面现金取款业务 37447 笔，取款金额 62787 万元，通过电子渠道（网银、手机银行、自助取款）兑付 5867 笔、27533 万元。作为一家流动性和各项经营指标都很好的银行，发生集中取款事件令人难以理解，但冷静思考，主要有两个方面的诱因。

一方面，地方金融生态恶化，非法金融机构纷纷关门、跑路所带来的传染效应是事件发生的根本诱因。近几年，射阳县在全省 69 个县（市、区）金融生态环境评测考核中排名一直靠后，担保公司、农民资金互助合作社等带有融资功能的金融组织无序发展。受经济下行、部分企业资金链断裂的影响，一部分担保（投资）公司频频发生倒闭或老板"跑路"事件，很多群众损失惨重。老百姓也渐渐提高风险意识，不再被高利所诱惑，纷纷将钱存到农商行，于是就引发了相关机构的仇视和嫉恨。少数别有用心的不法分子抓住公众害怕倒闭的心理，在社会上传播"农商行要倒闭"的谣言，缺乏金融常识的群众纷纷加入集中取款行列，进而引发事件的升级蔓延。

另一方面，网络时代谣言的病毒式传播和老百姓从众心理导致的非理性盲从是事件大面积扩散的重要推手。谣言经民众和网络扩散、传播、发酵，集中取款风波快速升级，很多不明真相的群众纷纷加入取款行列。事件中，很多参与取款的老百姓也坦言，并不是相信射阳农商行真的会倒闭，但看到亲戚、朋友、邻居纷纷到银行取款，自己也不得不去。这种入袋为安的纠结心理导致的非理性盲从是事件扩散的重要推手。同时，许多农村居民囿于金融知识匮乏、风险识别能力不强，想当然地将经营状况素来良好的正规银行与之前出现风险的各类"山寨银行"混为一谈，部分群众对国家金融改革及政策走向产生误读，认为小银行倒闭的可能性不是没有，这也是事件扩散的重要诱因之一。

二、恢复篇

1. 炼好服务真金：下沉服务重心　优化客户体验

①组织走村入户，密切联系农户。落实领导班子成员、机关中心经理、基层网点负责人80多人全部深入村组开展驻点宣传，班子成员分片在服务区域内每个乡镇召开"走村入户 普惠农户"座谈会，发放调查问卷，广泛征求村组干部意见建议，宣传该行产品、服务，部署落实信用村、信用户创建和金融知识下乡宣传活动。结合镇区、村组正在开展的党的群众路线教育实践活动，组织"送金融法规知识、送便民支农政策、送信贷服务"的"三送"行动和"践行群众路线，解决农户资金困难"活动。5月5日首站走进盘湾镇南沃村，通过与农户面对面座谈，倾听农户心声，宣传该行服务、产品，请村民组长将农村30%以上目标客户分为六大类：打工户、养殖户、个体工商户、小企业主、10亩以上种植大户，分别采集信息，推进"三大工程"到村和阳光授信到户，切实解决农户资金需求。

②延展便民服务，方便千家万户。金融便民服务点将金融服务触角进一步延伸至村组。在原有查询、小额取现、消费等功能基础上，进一步研究开发，延展服务功能，5月份，开通金融便民点代缴电费功能，目前累计缴费61000笔，591万元。通过逐步完善金融便民服务功能，真正实现打通服务农村居民的最后一路的郑重承诺。目前全县254个村（居），本行EPO便民机具371台，比年初增加37台，实现村居服务覆盖面达146%。

③创建"金融商圈"，优化生态环境。在全县选择一批成熟专业市场、商圈，开展"金融生态商圈"的创建工作，整合现有的金融产品，努力通过"生态商圈"的创建工作，为市场、商圈内的经营户提供优质的一揽子金融服务，服务项目包括电子支付、商业授信、征信服务、商圈优惠、金融消费者权益保护等。通过"金融生态商圈"创建，实现银行、市场管理方、商户、客户的多方共赢格局。截至目前，已完成恒隆商圈的创建，开立POS机114台、手机银行93部，建立客户信息档案114户，完成客户信息建立CRM分群、捆绑客户金融需求。年内，城中支行、城西支行将复制恒隆商圈经验，向富民农贸市场、温州装饰城、全国羽绒服批发城等商圈推进，打造一批属于农商行的

金融生态商圈。

④启动厅堂转型，优化客户体验。5月份，该行在营业部、文华两个网点率先在全市开办金融夜市，将营业时间延长到晚上20点30分，开辟金融服务全新模式，全力提升服务能力。8月份，该行与玖富公司合作，选择15家网点首批开展厅堂转型项目实施落地。通过推行"厅堂一体化"服务体系，理顺网点服务营销中的各个环节，将客户需求与网点服务做到有效衔接，使得厅堂服务进一步标准化、规范化、流程化、人性化。

2. 炼好支持真金：扩大覆盖范围　散播普惠之光

①阳光信贷全覆盖。优化现有"阳光信贷"工作流程机制，公开贷款种类、条件、利率、流程、政策。至年2014年末，实现"阳光信贷"授信村（居）245个，做到行政村全覆盖；根据应评尽评原则，对90%以上有信贷需求的农户进行建档评级授信，小额农贷阳光授信总额突破50亿元，农户达16.4万户，用信金额达2.4亿元。授信签约率20%，签约用信率30%。采集辖区内农户信息档案20万户，每户采集信息55项以上，全部实行电子档案管理。实现阳光信贷管理平台的上线，已导入平台管理有效客户16万户。

②小微支持全天候。一是持续开展"早春行、家家到"活动。组织信贷前中后台人员深入全县重点镇区，实地调查、现场授信，前7个月重点走访了开发区、临海、海河、盘湾等乡镇园区企业30多家，现场授信6户，授信金额1.2亿元。新增授信企业客户11户，扶持存量信贷客户做大做强。在部分银行限制介入纺织印染行业的情况下，积极创造条件予以支持，向园区8家新投产运营企业提供1.24亿元贷款支持，做到对园区纺织印染企业信贷支持全覆盖。二是持续推进服务效能提升。一方面，实施存量企业贷款客户年度集中授信、增量客户随时授信，大额贷款会办由原来的每周一次增加到每周二次，保证存量贷款客户转贷手续在2天内办结，大幅度提高服务效率。另一方面，为更好更快地服务企业客户，该行对贴现制度流程进行进一步优化，保证一笔贴现业务由原来的8小时缩短在1小时内完成。第三，针对面广量大的小微企业，推出申贷热线，客户一个电话，形成服务工单，由客户经理在3日内上门提供服务。三是持续实施为企业减负行动。在贷款发放过程中基本不对企业搭售银行承兑汇票，有效地提高企业现金周转率和资金使用效率；针对县内企业利润率较低、普遍经营困难的情况，利率上浮幅度下降4个百分点，企业贷款

综合收息率由7.41%下调至7.27%，下降2.34个百分点，预计全年减少企业利息负担超500万元；积极响应减少企业收费号召，从年初开始，凡在农商行办理抵押贷款的客户，抵押资产登记所涉及的费用全部由该行承担。

③产品创新全系列。引进"消费贷"。与南京银行合作，引进"巴黎银行"消费贷技术，成立消费金融中心，专注消费贷款的开发、营销、拓展。于2014年5月21日顺利开业，产品包括"快意贷"、"购易贷"两类。推出"连连贷"。有效解决企业客户生产经营资金周转过程中与贷款到期不得不借用高息"过桥资金"的问题，切实减轻企业的偿贷压力。做深"微立贷"。充分运用德国IPC技术，稳步推进微贷业务的深化调整，上线了抵押类产品，推出"融易卡"新品。积极探索新的支持服务方式，与县总工会、各乡镇经管中心加强合作，开办"5·1"创业贷信贷产品，实行贷款条件优化、手续简化、利率优惠、流程从简，保证创业对象能得到快捷、优质的信贷服务。同时，还推出了支持新农村、新型农民的"家庭农场"经营贷款产品，支持农户生产、消费需求无需担保的信用贷款"亲情贷"，解决部分客户临时资金需求的"融易贷"等产品。为保证新产品的适用性、可操作性、规范性，组织人员对现有产品进行梳理、整合，实现产品系列化、标准化。

④扶贫投入全力度。在实现自身发展的同时，该行时刻不忘自身的一份社会责任，积极参与扶贫贷款的调查发放工作，至目前，完成扶贫贷款发放3580万元；积极参与贫困户的扶持工作，总行中层以上干部每人落实一个结对帮扶对象，在致富项目、创业融资、专业技能给予必要的帮助与支持；积极参与贫困学子的资助工作，连续7年开展贫困家庭小孩上学捐助工作。

3. 炼好宣传真金：传播金融知识　提升品牌形象

①开足宣传平台。利用与新华报业集团现代快报深度合作关系，聘请专业舆情引导团队，选择一些高端媒体，加大正面报道频率，引导网络舆情，弱化事件影响。充分运用广播、电视、分众传媒、移动平台以及本行网点电视、LED显示屏、社会公交车辆、出租车、高炮、便民服务到村EPOS商户点、农村墙体广告、宣传折页、送戏下乡等现有宣传平台，整合门户网站、媒体、微信、微博、报刊等传播载体，集中宣传农商行是国家法定银行，是服务区域经济的主流银行。通过8个月的宣传攻势，公众对该行的法律地位、服务定位和声誉形象有了进一步的认识。

②规范品牌形象。2014 年，该行与杭州易象品牌策划公司合作，从 VI、SI、AD 等方面全方位升级形象识别系统，目前工程已进入尾声，全新的视觉系统即将全面发布。

③传播金融知识。成功承办"2014 年度普及金融知识万里行"省、市、县联合启动仪式，通过编演老百姓喜闻乐见的节目，将金融知识寓于其中，活化宣传形式，促进社会大众更多地了解金融、更好地掌握金融。全力支持县委、县政府开展为期 100 天的整治规范金融秩序专项行动，利用该行在 151 个行政村 380 多个 EOS 服务网点，发放《致广大经济组织和农户的一封信》4 万份，告知农户分清正规与非正规金融机构区别，丰富农户金融知识。与县法制办联合开展送戏下乡活动，从 5 月 6 日开始，持续一月时间，主要选取逢集人群密集时间，主要宣传走村进户、基础金融知识、科学理财及小微企业宣传等，送戏下乡车在主要乡镇演出宣传 20 场，从目前演出效果来看，反馈较好。

④冠名公益活动。投入了 100 多万元，冠名首届"江苏射阳农商银行杯"2014 中国（盐城）沿海湿地国际公路自行车赛，彰显区域主流银行倡导绿色环保、倾情支持公益的责任情怀；冠名主办开展中学生"诚信大家谈"主题征文活动和以手抄射阳农商行行歌为主的小学生书画作品大赛，扩大射阳农商行在中小学生群体和家长心目中的知名度和美誉度。

4. 炼好管理真金：加强风险管控　打造良好银行

①加强流动性监控。事件发生以后，该行将流动性管理提升为红灯管理状态，每天分析每个网点的客户流失、客户量、存款增降幅、存款交易量、存款到期转存，并将相关分析形成日报制，日常可用头寸保证在 10 亿元以上，随时在二级市场可兑现的债券近 10 亿元，可满足近 20 亿元的资金缺口。常态化实行风险限额管理，加强头寸、资产负债期限配比及杠杆管理。同时，为提高流动性管理科学化水平，该行积极推进管理会计建设，通过资金转移定价机制，优化资产负债期限配比，逐步解决流动性缺口问题。

②加强风险排查。始终坚持风险防控的底线思维和零容忍原则，开展了员工贷款、大额自然人贷款贷后管理、重点业务风险、养殖业贷款、仓单质押业务、千万元以上大额贷款风险评估、员工账户可疑交易等方面的风险排查活动，揭示、处置、化解了一批风险隐患。成立了声誉风险管控小组，进一步修订了声誉风险突发应急预案，为声誉风险的管理奠定了良好的基础。

③强化案件防控。不断优化"一案四问责"的惩防体系。严肃行纪行规，促进责任落实和制度执行力。推行员工异常行为四级分类监控办法，将重点人员的异常行为划分为正常监督类、重点关注类、严密监控类和移送查办类。针对不同的行为特征，有针对性地采取相应的风险监控措施。为固化成果，纪委与科技部门联手将这一系统进行了 IT 落地改造，目前正上线运行。强化清廉执业文化建设。将清廉执业文化纳入本行企业文化建设总体规划，坚持警钟长鸣、标本兼治、长效治理。建立了包括节日述廉在内的重大节日、重点时段、重要事项问廉评廉监督制度、定期述学、述法、述职、述廉考评制度、员工行为失范监察制度、管理人员关爱提醒谈话和诫勉谈话制度等，坚持清廉文化"九进"，即进班子、进岗位、进流程、进项目、进网点、进活动、进基层、进客户和进社会，展示清廉风采，提高社会公信力。

5. 炼好文化真金：培塑共同价值 凝聚核心能量

①坚持以人为本，抓实员工培训。认真调研分析全行队伍建设中存在的不足，梳理培训需求。5 月中下旬连续开展客户经理和中层以上管理人员培训班。中层以上管理人员培训班以战略转型与发展为主题，与专业培训咨询机构合作，邀请专家名师，组织开展了一次封闭式培训，通过授课、互动、交流等形式，全力导入商务转型理念，提升管理人员客户管理、产品研发、风险控制能力，提高对经济金融大势的理性认识，培训收到了良好效果。

②组建兴趣小组，打造内部智库。为进一步引导员工加强经济金融业务调研，营造浓厚的金融研究氛围，提高调研能力和综合业务素质，全行成立了软件开发、新产品研发、产品营销方式、互联网金融、结构性融资、中间业务、国际业务、贷后管理方式改进、不良贷款处置方法、全面风险管理、绩效薪酬管理、企业文化建设、清廉执业长效机制、业务能力提升、增收节支等 15 个工作研究兴趣小组。目前，各兴趣小组按照年度工作计划、思路及目标，积极开展各项兴趣小组活动，并形成多项研究成果，如《家庭农场贷款管理办法》《射阳农商行贷后管理调研报告》《射阳农商行出口信用保险项下押汇业务实施细则》《盐城地区开办国际业务可行性调研分析报告》《关于理财业务的调研报告》《柜面风险排查落实整改方案》《重点问题风险整改建议及后续管理措施》等。

③推进文化落地，凝聚共同价值。把文化建设作为企业的灵魂，把"员

工第一"作为治行优先指导思想，建立人才梯队培养、成才导师、谈心交流制度，建立"E‒Learning 网络学院"在线学习平台和"职工大学"，打通员工职业发展通道，引导员工树立"合规创造价值"、"服务创造价值"理念，举办"道德讲堂"、开展"读书节"、读书心得交流、演讲比赛等员工文化活动，开展评选"功勋员工"、"杰出青年"、"巾帼标兵"、"最美员工"、"感动农商行人物"等活动，彰显员工价值，树立赶超典型，广接地气，努力提升文化的强大感召力和吸引力，为发展引领好方向、集聚正能量。

三、反思篇

第一，稳步推进金融市场化改革。按照既定的改革目标，利率市场化步伐加快，存款保险制度呼之欲出，如何在改革、发展、稳定的基本方针下稳步推进值得全面思考。在金融市场化推进过程中，必须考虑以下可能的不利条件或问题：一是存款保险制度及银行破产法案的推出，可能会使小银行的社会信任度下降，由此降低农村中小金融机构对"三农"和小微企业的有效服务能力。二是在政府隐性担保退出的条件下，如何让公众重新树立对银行的信心。三是出台对存款保险、银行破产等政策的规范性定义。如何从保护存款人利益的高度，加大对存款保险制度的宣传，加强对公众的舆论引导，减少类似射阳事件的发生。四是要结合中国国情，尤其中国政治体制和银行结构，构筑多层次的金融安全网。

第二，加快构建农村中小金融机构风险救助机制。金融业具有风险传染的特殊性，这就决定了一旦发生金融危机，它就不是单纯的经济问题，而是涉及经济、政治及社会方方面面的综合性问题，单靠银行自身是难以成功应对的。在中央经济工作会议上，李克强总理明确提出了构筑金融安全、防范体系的要求，亟需尽快设计和落地。借鉴国外的经验，可以考虑构建多层次的救助体系，包括同城性、区域性、系统性救助体系及各体系的关系、责任等进行设计。

第三，尽快建立两级金融监管体制，将民间金融组织纳入地方金融监管体系。以新型农村合作金融组织为代表的地方金融发展迅猛，但存在监管缺位、社会认同度低、发展无序、风险高及传染性强的问题，亟需尽快纳入到地方金融监管体系，使之运行规范、发展有序，与正规金融形成互补的良好局面。

第四，尽快提升农村金融机构的品牌公信力。由农信社改制而来的射阳农商行扎根农村六十多年，以"三农"和小微企业为服务对象，致力于"打造射阳人自己的银行"。在此次事件中，很多参与集中取款的老百姓也坦言，并不是不相信射阳农商行，农商行在当地服务多年，和农民之间也有了很深的感情，但农商行毕竟是地方银行，没有国字号的名称，总是叫人不放心，再加上国家最近要推出银行破产制度，老百姓是"宁信其有，不信其无"。我们也发现，射阳作为金融生态高危区，非法融资机构异常活跃，有的甚至在宣传、命名、凭证上打着银行的旗号，混淆视听，导致老百姓良莠不分，把农商行和担保公司混为一谈。因此，作为政策层面，如何提升地方银行尤其是农村金融机构的品牌公信力，使之与国有股份制银行拥有在当地同等的公信度和影响力，是亟待解决的现实课题。

■ **作者简介**

　江苏省农村信用社联合社办公室；江苏射阳农村商业银行办公室。

甘肃农村金融发展调研报告

◉宜信普惠　兰州大学经济学院项目组

"三农"问题是新时期国家始终关注的重点与热点问题。金融作为现代经济的核心，是农村经济可持续发展、农民实现小康生活的重要支撑。随着金融与经济的深度融合，农村金融通过配置资本要素，对农村经济发展的促进作用越来越明显。在市场逐步起决定性作用、各类市场主体不断涌现的背景下，金融体系若要真正实现有效服务"三农"的目标，就必须积极顺应城乡一体化发展、农业适度规模经营等经济新趋势新要求，才能实现农村金融与"三农"的共赢发展。

近年来，作为欠发达省份的甘肃省，在发展农村金融方面取得了长足进步。但总的来讲，农村金融仍是省内金融体系最为薄弱的环节。甘肃省如何进一步促进农村金融发展，既能适应当地农业和农村经济发展的需求，又能促进区域金融与区域经济的深度融合，进而促进农村地区的可持续经济增长，不断缩小甘肃省与经济发达地区的差距，是亟待研究和解决的问题。

2014年，宜信普惠信息咨询（北京）有限公司（以下简称"宜信普惠"）与兰州大学经济学院合作，于2014年7月开展了甘肃农村金融发展调研项目。本次调研涵盖甘肃省8个地区、27个镇、75个行政村，共完成2032份有效调研问卷。除问卷调研外，调研组还与当地金融机构和政府机构深度访谈，了解当地农村金融发展的供给状况以及相关政府政策。

兰州大学·宜信普惠甘肃农村金融调研课题组基于对当地农村经济以及金融发展调研，探究甘肃省农村金融的需求、供给以及变化趋势。在借鉴国内外最佳实践的基础上，为政府进一步促进当地农村金融发展出谋划策。

一、实证调研①

1. 甘肃省农村家庭基本情况

（1）"大家庭"结构

与贫困农村地区多是"大家庭"的认识相符，受访家庭的平均家庭规模达到 4.72 人。甘肃省农村地区的家庭规模相对较大，一方面是孩子数量较多，另一方面是年轻一代与老年人共同居住的情况比较普遍。

（2）农业生产为主，但非农就业日趋重要

调研显示，受访家庭每户的劳动力数量平均为 3.1 人，其中以务农为主的就达 1.94 人，农业仍是就业主渠道。然而，非农就业在甘肃农村家庭的位置也日趋显著。每户经商就业为 0.48 人，打工就业为 1 人，合计占到就业总量的近五成。农村打工普遍也表明汇款等金融服务对于满足当地金融需求的重要性。

（3）户主受教育程度普遍偏低，但年轻一代的受教育程度已经普遍提高

在甘肃省农村地区，户主受教育程度普遍偏低，初中及初中以下的占受访农户比例为 84%，文盲率高达 10%。然而，年轻一代的受教育程度已经普遍提高。户主子女受教育程度为初中及以下的仅 50% 左右，受教育程度为本科的也达到约 10%。

（4）土地规模小且分散，30 年耕地承包期将近

甘肃省农村家庭的土地非常分散。调研数据显示，耕地和林地亩数平均分别仅为 5.96 亩和 1.68 亩，农业呈现小规模经营特征，小农经济很难发挥规模效应。然而，大多数甘肃农村土地承包的平均时间较长，如耕地承包时间平均已达 26.8 年，距 30 年的土地承包期已为时不远。这也为下一步实行农地承包经营权改革、整合土地资源提供了契机。

---

① 本次调研共收集有效问卷 2032 份，其中男性受访人 1250 人，占比 61.5%，女性受访人 782 人，占比 37.5%。

2. 甘肃省农村家庭收支与理财状况

（1）农业与经商务工收入并重

调查数据表明，2013年甘肃省农村家庭平均收入为5.8万元。农业仍是农户收入的重要源泉：传统的种植业收入占农户总收入的27.5%，其次为养殖业（含畜牧业），占比10.2%。伴随着就业多样化，农户收入也出现多元化特征。经商务工收入已经占到农户总收入的39.1%。

（2）家庭支出结构多元化

2013年甘肃省农村家庭平均支出为4.7万元。其中，满足基础衣食住行需求的日常支出仅占28.6%，这表明随着农户生活水平的提高，消费结构也不断升级。相关教育的子女上学支出比例达到15.3%；医疗支出也达到14.1%。除了生活性支持外，生产性投资（生产资料购买）和固定资产投资（盖房）分别占到支出金额的13.8%和9.6%。

（3）农业生产性投资为主，投资规模较小

近三年来，约37.8%的被调查家庭从事了生产性投资。与农户主要为农业就业相一致的，甘肃省农村家庭的生产性投资领域，也主要集中在养殖、农业机械购置和建设温室大棚等农业生产领域。大多数生产性投资规模较小，养殖、农业机械购置和建设温室大棚的投资额，分别仅为平均6.1万元、3.9万元和3.5万元。

（4）闲散资金主要选择存放银行，理财比例较低

调研结果分析显示，在被调查的农户中，接近80%的农户家中有存款。94%的农户选择将存款放在农村信用合作社（或农村商业银行）；5%的农户选择将存款放在邮政储蓄银行；17%的农户选择将存款放在其他银行（主要是农业银行）。然而，甘肃农村地区农户的闲散资金主要选择存放银行，很少从事理财和其他投资。

3. 甘肃省农户金融需求及满足情况

（1）农户借款需求旺盛

在被调研的农户中，高达68.9%的农户在近三年有过借钱行为。其中，28.7%的农户借款在3次以上。这说明农户的借款需求十分旺盛。

（2）融资需求以小额为主

由于农户收入较低等原因，融资额度普遍较小。调查结果显示，在有借款的农户中，有约16%的农户借款金额在0.5万元以下；约20%的农户借款金额在1万元以下；约46%的农户借款金额在1万~5万元。只有约18%的农户借款金额在5万元以上。

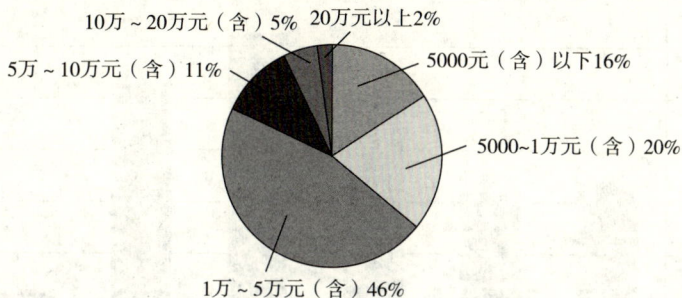

10万~20万元（含）5% 20万元以上2%

5万~10万元（含）11%

5000元（含）以下16%

5000~1万元（含）20%

1万~5万元（含）46%

图1 甘肃农户家庭平均每年借款金额分布

（3）借款用途多种多样

农户借款用途多样，生活性支出和生产性支出兼有之。约51%的借款用于生活性支出，包括子女上学、盖房装修、婚丧嫁娶、购买大件用品等；35.89%的借款用于购买种子、化肥、农机具等生产资料；24.27%用于扩大经营或经商；17.2%用于支付医疗费用。

51.3%

35.89%

24.27%

17.2%

4.69%

3.8%

0.52%

8.94%

购买生产资料　扩大经营或经商　支付医疗费　人情费用　生活性支出　突发性事件或自然灾害　外出务工　其他

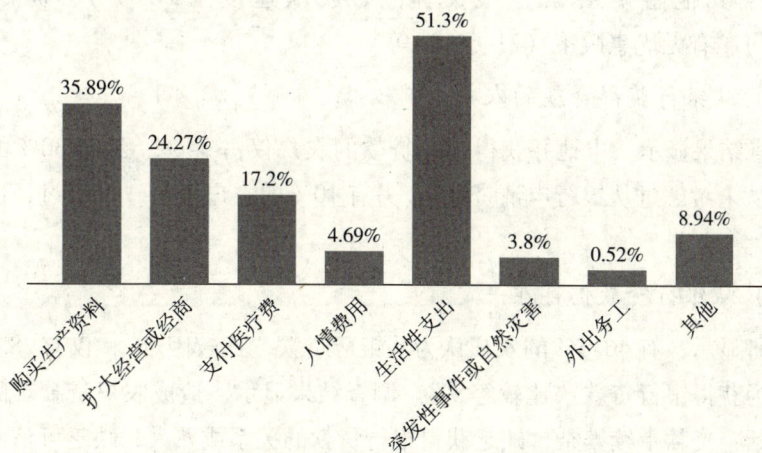

图2 甘肃农户家庭借款主要用途

（4）借款期限长短兼有

特别值得指出的是，仍有 27.6% 的借款期限在 1～2 年，另有 23.3% 的借款期限在 2 年以上。但现行金融机构发放的贷款期限通常在一年以下，如此一来与农户的贷款需求期限并不匹配。

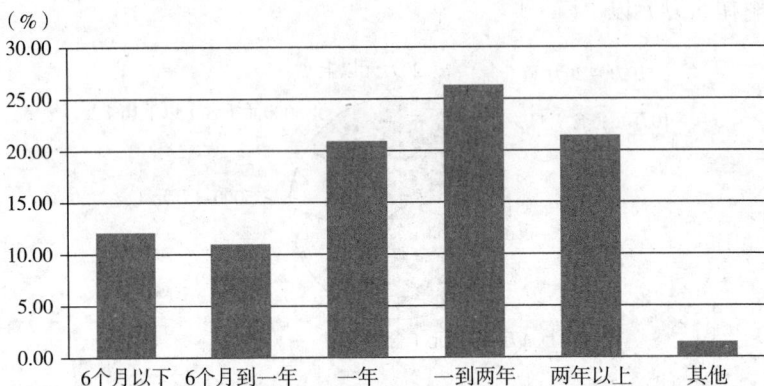

图3　甘肃农户家庭借款使用期限分布

（5）融资看重多维度因素

客户关注的是多维度的客户体验，价格仅仅是一个因素。调查结果显示，农户在融资方面看重放款速度、额度等多个要素，而不仅是贷款利率。在问卷调查中，虽然 81.8% 的农户贷款利率是从金融机构贷款考虑最多的因素，但农户对于其他融资要素也很关注：如放款速度（35.0%）、贷款额度（31.1%）、有无优惠政策（21.6%）等。

（6）从银行获得贷款的农户比例较低

调查结果显示，申请并获得银行贷款的农户仅占 34%。约有 30% 的农户表示"从未考虑过从银行申请贷款"，另有 10% 的农户表示"申请过，但未获得贷款"。

（7）从银行贷款仍存在一定难度

调研显示，有 46.6% 的农户认为从银行贷款"比较困难"，仅有 28.9% 的农户认为获得银行贷款"比较容易"。调查结果显示，造成农户贷款难的主要因素包括：贷款手续繁杂，缺乏获得银行贷款的关系或熟人，缺乏可信的抵押和担保物。

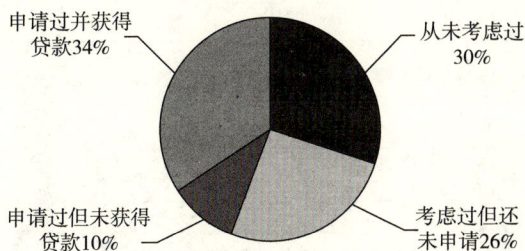

图4 甘肃农户对银行贷款的申请及获取情况

（8）正规借款渠道单一

无论是吸收存款还是发放贷款，农信社都是甘肃农村地区最重要的金融机构，处于绝对垄断的地位。在获得银行贷款的农户中，有65.2%来源于农信社。近年来，其他金融机构开始介入农村金融市场，为农村金融服务版图带来了新的变化。

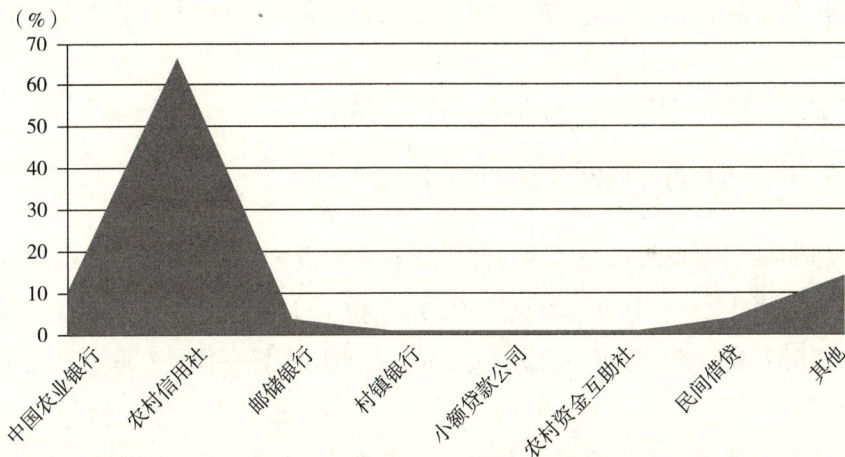

图5 甘肃农户最近获得一笔贷款的来源分布

（9）仍然主要依靠亲友借款

亲戚朋友借款仍是农户借款的主要渠道。亲戚邻里之间的借款虽然名义上交易成本低（有94.5%的借款不需要支付任何利息），但隐形的人情成本不容忽视。而且，亲友贷款讲究礼尚往来，很难重复借贷。因此，当存在高效、方便、快捷的替代正规融资渠道时，农户更愿意从正规渠道借款。

(%)

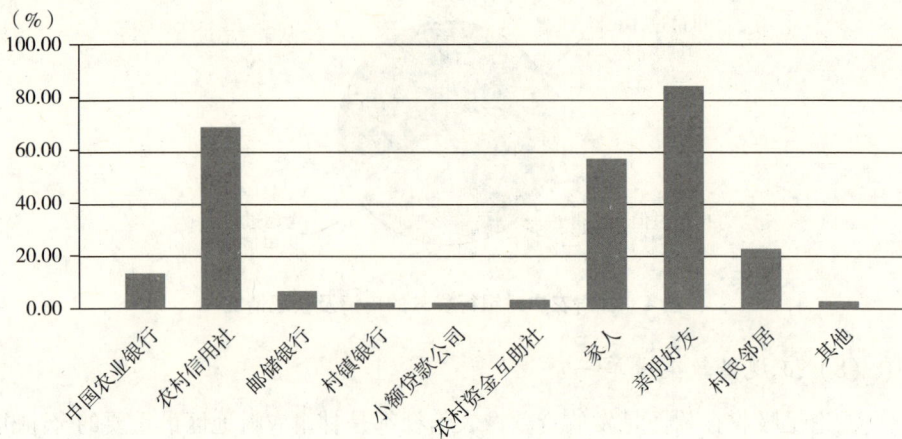

图6　甘肃农户家庭借款选择渠道分布

（10）农户对目前融资状况不满

在调查的农户中，有65%的农户对现有的融资状况表示满意，其中44.3%的农户对现有的融资状况"基本满意"，15.6%的"比较满意"，6.0%的"非常满意"。只有30%的农户表示"非常不满意"或"不满意"。

4. 甘肃省农村互联网金融发展状况

（1）互联网使用已经非常普遍，手机上网成为主流

调查结果显示，甘肃农村已有68.7%的农户使用互联网。其中，户主子女的使用率为64%，家长的使用率为36%，表明年轻一代是互联网使用的主力军。

（2）互联网金融使用率较低，多数农户并不了解互联网金融

对于网络或手机银行业务，46.4%的受访者表示不知道此类业务，33.9%的受访者表示听说过但从未使用过。这说明农户对于互联网金融这一新生事物大多不了解，亟需宣传和知识普及。

（3）互联网金融已被应用于多种用途

调查结果显示，对于实际使用过互联网金融和服务的农户来说，使用互联网金融或服务的用途多样，包括转账（汇款）功能（占26.1%）、账户查询功能（占21.8%）、收款（占13.3%）、购物（占10.3%）和手机充值（占

9.5%）等。特别对于年轻一代、致富能人以及受教育程度高的农户，互联网金融已经渗入其生活的各个角落。

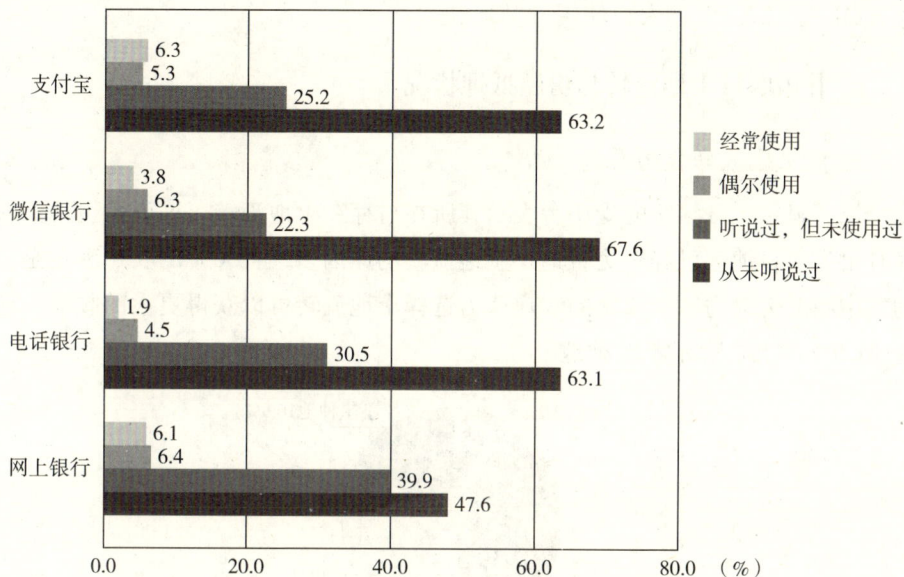

图7　甘肃农户对互联网金融使用情况分布

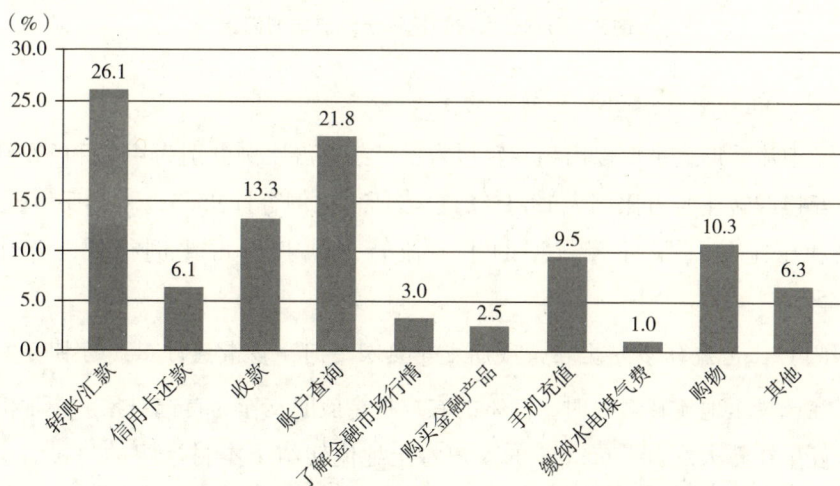

图8　甘肃农户对互联网金融服务的使用情况分布

（4）银行卡等新兴金融工具使用逐渐普及

银行卡被越来越多的农户所接受。有67.5%的农户通过银行卡存取款，通过银行卡转账获得劳动收入的农户也占到近 12%。此外，相当一部分农户开始使用 ATM 和 POS 机等自助银行设备。调查结果显示，近 40% 的农户使用过 ATM 机，27.8% 的农户使用过 POS 机。

5. 甘肃农村土地流转与房屋抵押状况

（1）土地流转较为普遍

调研显示，71.4% 的受访者表示其所在村存在土地流转，这说明土地流转在甘肃省农村地区已经较为普遍。土地流转的原因多样：36% 的农户表示是因为家中缺乏劳动力，34.2% 的农户认为选择土地流转可以获得更大的收益，还有 16.9% 的农户表示不想种地。

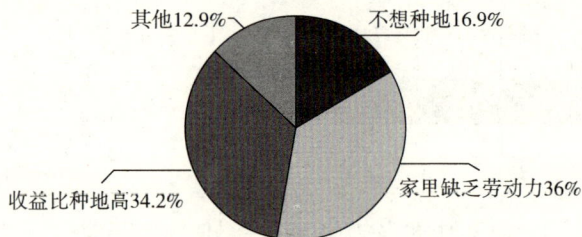

图9 影响甘肃农户选择土地流转的因素

（2）流转形式以出租和转包为主

土地流转形式主要以出租和转包为主，其所占比例分别为 44% 和 32.4%，土地互换或转让所占比例为 19.1%，三者所占比例合计 95.5%。而反租倒包、入股和土地信托服务等新型的土地流转形式其所占比例很低，合计约为 4.5%。

（3）土地流转多发生在亲戚朋友等熟人之间，多未签订正式的书面合同

在选择土地流转对象时，35% 的农户将亲戚朋友作为首选对象。土地流转主要发生在熟人之间，65.6% 的农户将土地流转给了本村本组的村民。这与37.4% 的农户签订了土地流转合同的数据是吻合的，即绝大多数熟人之间的土地流转未签订合同，仅有口头约定。

（4）大部分农户并不了解农地承包经营权抵押和担保政策

农地承包经营权抵押担保政策作为农地承包经营权改革的一项重大举措，

很多农户还不甚了解。调查数据显示，对于中央有关农地承包经营权抵押和担保政策，58.6%的被访农户表示不知道该项政策；12.8%的被访谈对象表示听说过该政策，但不知道如何操作。很多被访农户对农地承包经营权抵押和担保表达了兴趣：分别有39.5%和52.6%的农户表示愿意接受农地和宅基地（房屋）抵押贷款。

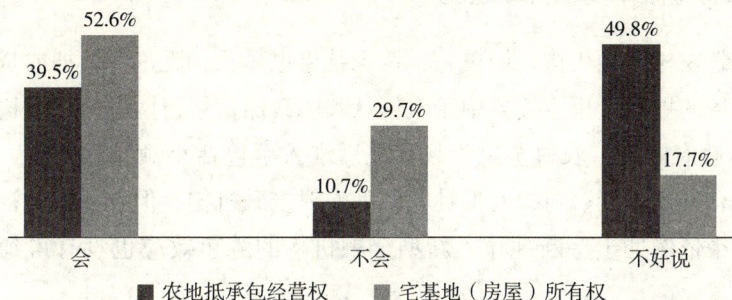

图10　甘肃农户对使用土地承包经营权和宅基地（房屋）抵押贷款的意愿

二、问题分析

1. 农村地区资金外流

甘肃省的金融机构具有较强的吸收存款的能力，相比之下，把储蓄有效地转化为贷款的能力则不那么显著。尤其在县及县以下的农村地区资金外流的情况更为严峻。农村家庭大部分资金以储蓄的形式存在当地信用社等金融机构里，外出人口的一些收入也通过邮政储汇局或农村信用社等金融机构网点流回农村地区，但之后又再次流出，因为农村信用社和邮储尚找不到足够的贷款机会，这些储蓄或被上存或被投资于政府债券，导致资金流向城市。

市场经济下，资金自然地向投资机会更为密集的城市集中。改变这一趋势的根本办法不是遏止商业化进程，而是提高金融机构在经济落后地区提供服务的能力，不断降低成本，以及通过充分的利率浮动使机构有利可图，资金才会自然地流向满足县域地区。

2. 农村家庭的融资需求没有得到很好的满足

总的来看，虽然甘肃省在小额信贷方面取得了长足的进展，但拓展覆盖面仍大有潜力。调查结果显示，甘肃省农村地区家庭的小额贷款需求旺盛。然而，大部分农户仍然面临贷款难的问题。在从正规金融机构难以获得贷款的情况下，他们不得不依赖亲友借款等非正规渠道。正规金融机构对于农村地区住户和小微企业的贷款服务覆盖程度仍然有限。

3. 农村金融市场仍然缺乏竞争

甘肃省农村金融机构仍旧单一，调查结果也显示，无论存款抑或贷款，农户金融服务的提供者也主要集中于农信社和邮政储蓄银行两家金融机构。虽然2005年后政府放开了农村金融市场，先后准入了包括小额贷款公司、村镇银行、资金合作互助社、村级互助社等新型农村金融机构，但农村信用社在农村金融市场中依然处于垄断地位。新型金融机构的鲶鱼效应也没有得到很好的发挥。

4. 机构单一很难满足农村地区多样化的金融需求

甘肃省已经不再是传统的单一农业省份。虽然农业仍是经济增长的重要源泉，但农村内部的异质性广泛存在——大规模农场与小农并存；农业生产与非农就业并存。许多农户从事多种产业，农业与务工经商收入并重，支出结构也不再仅限于基本温饱需求。这时候对于存款、贷款、保险、支付、理财等多元化金融服务的需求也就孕育而生了。

单一的农村金融机构很难满足农村地区多样化的金融需求。这是因为，不同类型的机构针对不同客户以及提供不同金融服务各具优势。很难指望一两家机构就能够满足各类主体多样化的、变化的金融服务需求。最为重要的是，在农村金融市场缺乏竞争（和竞争威胁）的情况下，金融机构也就缺乏改善和拓展金融服务的动力和激励。

5. 扶持政策对农村金融市场的影响

甘肃省已经出台了各种扶持政策，包括妇女小额担保贷款、"联村联户、为民富民"贷款、"设施农牧业、特色林果业"贷款（简称"双业"贷款）等惠农贷款政策。政府通常采取部分甚至全额贴息的方式向农户发放。一些市县财政部门甚至在省级贴息的基础上进一步提供补贴。

大量补贴使财政面临是否可持续的隐忧。此外，由于一些农户贷款的实际利息甚至低于存款利率。就会导致贷款需求虚增，并诱发道德风险行为，如贷款并不用于真正生产，而是投机。最为关键的是，农户习惯了贴息贷款，对政府补贴和低贷款利率产生依赖，从长远来看不利于推动商业可持续的农村金融的发展。

大量补贴项目仍然针对特定的金融机构，而非应提供同类金融业务的所有现有和潜在机构都平等参与。譬如，很多补贴仅仅针对农信社。这对民营部门和市场发展产生了挤出效应。在贷款利率由于补贴而扭曲时，新进入者进入市场变得无利可图。长远而言，真正的创新型商业化产品很难得到发展，竞争性的农村金融市场很难形成。

三、发展趋势

1. 传统金融机构的改革与创新

近些年来，甘肃省的农村金融服务版图已经出现了积极变化。作为甘肃省农村金融的主要提供者，农信社正在积极推动小额信用贷款。截至 2014 年 7 月，农户小额信用贷款余额已经达到 264.8 亿元[①]。利用遍布乡镇的网点、广大存款基础和客户群、遍布全国的信息化网络等潜在优势，邮储银行正在总行主导下推广无抵押小额贷款。三农金融事业部改革试点后，农行甘肃省分行积极探索供应链融资等多种模式服务农村地区。省政府也在考虑通过制度创新，释放小额贷款公司、村镇银行、资金合作互助社、村级互助社等新型农村金融机构商业化运营的潜力，促进农村金融市场的竞争。

2. 无网点银行发展方兴未艾

通过创新的无网点银行提供金融服务，有潜力大幅降低服务成本、提高效率，从而拓展传统金融服务无法覆盖的人群。事实上，填补服务空白用传统的物理网点方法成本很高，而且伴随着农村地区的缩小，鼓励机构到更加人烟稀少的地方设点，很可能是不经济的。相比设立物理网点，促进成本更低的无网点银行的发展，更有潜力可持续的在广大边远山区提供金融服务。

---

① http：//www. gsrcu. com/www/ContentsDisp. asp？ ClassId＝9&Id＝7083.

打通金融基础设施"最后一公里"是推动无网点银行覆盖边远贫困地区的关键。据统计，全省农村地区布放 ATM 机 4585 台、POS 机 49458 台，累计设立助农取款服务点 13835 个[1]。农信社在很多行政村设立了便民金融服务店，方便农民足不出村使用便利的小额存取款业务。农业银行通过实施"惠农通"工程，以发展新农合和新农保为切入点，以村为单位，以村卫生所为载体，通过电话转账的方式实现小额现金支取、小额资金转账等日常金融需求。

3. 新兴互联网金融潜力巨大

通过互联网金融促进普惠金融发展潜力巨大。调查结果显示，即便是在经济落后的甘肃农村地区，农户的电脑和手机等终端设备已经非常普及。此外，利用电脑/手机上网也已经非常普遍。特别是年轻一代农户，已经开始广泛地接触各种新型金融服务，如账户信息查询、转账汇款、信用卡还款、理财等。互联网金融已经渗入到农户生活的各个角落。

利用互联网革命和依托网络化平台，穷人和边远地区的农户也得以获得支付、贷款、理财等金融服务。首先，网上平台降低了贷款和财富管理的门槛，每个资金需求者和资金提供者都有平等参与的机会。其次，通过平台提供的信息处理和匹配，降低了找到合意的交易对应方的搜寻成本。第三，互联网平台还提供了低成本借贷交易的渠道，提高了交易的便捷性。应该讲，网络化平台和渠道的最大优势是提高了配置资金的效率，使得真正需要融资的农户得以获得所需资金。此外，互联网金融采取全新的渠道推广业务，这种商业模式创新通过颠覆传统竞争规则，使农村金融体系进入新的竞争活力。

一些创新型网络机构已经在甘肃省农村地区拓展金融业务。如宜信通过 P2P 信用借款服务平台，利用来自东部地区富裕人群的富余资金，向甘肃农户提供无抵押信用贷款。此外，宜信还提供咨询服务支持，通过对客户生产经营上的帮助，提升客户的经营水平和能力，也让贷款业务更为持续（专栏1）。

---

[1] 见《2013 甘肃省金融运行报告》，http://www.financialnews.com.cn/sj_142/jrsj/201406/P020140626346809707385.pdf。

专栏1	宜信农村金融结硕果

截至 2014 年 10 月，宜信普惠农村普惠金融业务已经发展到甘肃、云南、陕西、内蒙古、四川、宁夏、黑龙江、吉林等众多省份，覆盖 50 多个县乡农村地区，累计服务客户超 2 万户。宜信普惠自 2010 年起在甘肃省开办农村信贷业务。四年以来，已在甘肃省成立了 24 家分公司，覆盖平凉、白银、定西、天水、陇南等地的农村。

通过宜信的"无抵押信用借款咨询服务"，农户只需一到两名担保人，在经过入户调查（包括现金流分析、家庭收入、经营项目、口碑信誉等）以及信用审查后，无需抵押，便能获得借款。由于手续简便且放款速度快，宜信公司业务开展很快。截至 2014 年 6 月，宜信普惠在甘肃省已为超过 9000 名客户提供了超过 2.2 亿元资金支持。

宜信提供的信用贷款具有以下特点：一是贷款金额小。平均每笔借款仅在三四万元左右，能很好地满足甘肃地区农户、小微经营客户的需求。二是覆盖范围广。宜信普惠农村业务主要覆盖西部农村，满足他们在种植、养殖、经商等领域的资金需求。三是满足多样客户的需求。除满足种养殖需求外，宜信普惠也给进城的农民工提供借款服务。大量经营类贷款，直接服务于老百姓的日常生产生活需求。

除提供贷款、理财等金融服务外，宜信普惠还通过对客户生产经营上的帮助，提升客户的经营水平，进而让贷款业务更加可持续。宜信普惠公司联合当地妇联、农牧局、科技局等部门，为客户提供农业技术培训等项目，帮助客户合理利用借款资金，实现创业致富。甘肃平凉的苹果栽种技术培训、陕西渭南地区的葡萄种植培训、内蒙古前旗地区的奶站经营培训等项目，为农户带来了最新的技术扶持，帮助农民脱贫致富。

在甘肃省静宁地区，为了帮助果农客户解决当地主要农业产品苹果销路，宜信普惠搭建销售渠道，通过微信朋友圈等社会化媒体营销方式，帮助静宁苹果打响品牌，把苹果卖到北京等地。这枚承载"信用"内涵的"宜苹果"为宜信农村普惠金融布局注入了新活力。

四、政策建言

总的来讲，甘肃省已经具备足够的资源，向包括农村地区在内的人口提供广覆盖、高质量的金融服务，满足他们存款、贷款、支付、保险等多样化的金融需求。当前的挑战是如何构建有效率的农村金融体系以及多元化竞争性的金融市场，有效配置资源，将潜力发挥出来。

政府在促进农村金融体系中发挥着举足轻重的作用。中国以往的经验表明，与政府直接提供金融服务相比，通过政府间接干预，包括提供金融基础设施，以及通过有效补贴撬动私人部门发展等，更能起到事半功倍的效果。如果政府能够通过有效实施竞争和监管、法律框架等政策，促进多元化、竞争性、有活力的现代农村金融体系的形成，则最有潜力显著扩大农村地区金融服务的覆盖面，促进向农村低收入人群提供广覆盖、高质量、可持续的金融服务。

1. 培育多元化、竞争性、有活力的农村金融市场

伴随着甘肃省农村地区的经济结构变迁，以及农户的金融需求升级，客观需要多元化、竞争性的农村金融市场。通过各式各样的金融机构，才得以满足不同地区、不同客户多样化的金融需求。

政府应当采取各种措施鼓励新机构进入农村金融体系，通过农村金融市场开放，形成良好的竞争环境。只有当现有机构和新设机构能够公平竞争下，才能够真正形成活跃的农村金融体系。这是因为，这种良性竞争，或者说可竞争性，包括新进入者威胁，能够为服务和产品创新提供激励。不同机构不断为应对竞争扩大客户、提高效率，才真正有益于农村地区各类融资服务的拓展。

2. 在农村地区推广低成本、高效的互联网金融

无论是传统金融抑或互联网金融，只要有助于普惠金融目标的实现，就是好的金融形式。不同类型的机构形式在拓展覆盖面和为不同的客户服务方面各具优势。就互联网金融而言，通过大幅降低服务成本、提高效率，有潜力向传统金融无法覆盖的低收入人群拓展服务。

通过互联网金融促进普惠金融的潜力已经开始显现。即便是在经济落后的甘肃农村地区，利用电脑/手机上网也已经非常普遍。特别对于年轻一代，已

经开始广泛接触各种新型互联网金融服务。政府建立的各类金融基础设施、现代金融服务点等也在发挥日益重要的作用。下一步的努力方向是促进公私合营，譬如宜信普惠等公司通过借助政府搭建的基础设施平台提供金融服务。这方面的探索将大有可为。

3. 建立更为公平的财政扶持政策

虽然政府采取了很多措施促进普惠金融，但并非提供同类金融业务的所有机构都平等获得补贴。很多补贴和奖励都是针对受正规金融监管的金融机构，而 P2P 企业同样向小微企业提供了相关服务，却被排除在外了。如果所有现有的以及潜在的提供者都能够平等获得补贴，则可以通过补贴机构交易成本，促进服务覆盖面的拓展，这有利于实现政府促进小微融资服务的初衷。

需要关注财政补贴对于民营部门和市场发展产生的挤出效应。以商业可持续为原则的贷款，其实是可以解决绝大多数农村地区的融资需求。在高额贴息等各种补贴下，不仅浪费了公共资源，并且破坏了公平竞争，使那些具有活力的外资的、民间的，包括民营企业要进入农村金融市场变得非常困难。农户和小微企业在利诱下也纷纷选择政策性产品。如此一来，真正的创新型商业化产品很难得到发展，从长远来看将抑制市场创新和商业化业务的发展。

可以采取创新性的财政补贴措施。譬如，可以从补贴贷款利率转向补贴交易成本，对经济落后地区设立机构网点补贴，以及基于创新业务的补贴。补贴可以采取招标的形式，但应保证各类机构包括提供同样服务的非金融机构平等参与竞标。此外，小微企业需要包括管理、技术、市场、人才在内的全方位的系统扶持。即便不是正规金融机构，如果针对小微企业提供了咨询培训服务，也应该平等地获得补贴。

4. 加强信用体系建设

虽然各地在推动跨部门数据收集、建立服务平台方面多有尝试，但有关农户和小微企业的大量信用信息，仍然分散于工商、税务、法院、财政等中央或地方政府、水电煤气等事业单位，以及通信等国有企业。缺乏可得的征信信息，限制了量化分析和信用评分工具的使用，阻碍了金融机构借助创新模式向农村地区的住户和企业有效提供贷款。

针对目前征信体系的缺陷，建议政府进一步完善征信系统基础数据库，包括进一步加强政府及相关部门的协调，促进信息互通、共享和集中。解决信息互通中存在的行政性和技术性瓶颈。各类对信用评估有重要作用的公共数据信息有条件地公开。此外，可以探索整合各地自行开发的各种信用数据平台，并将其与现有的征信系统有效对接。可以探索引入市场化的管理模式，采用公私合作的方式，譬如，私立机构可根据公有征信系统提供的基础数据源，不断开发和完善评级等服务。

有必要建立行业黑名单，建立失信惩罚机制。目前，缺乏有效的信用体系和诚信约束制度，给基于网络的贷款带来了很大的挑战。在缺乏多渠道信息交叉验证的情况下，很难识别审贷者提交的虚假信息和数据。尤其在一些P2P平台贷款的违约，通常不会对审贷者未来的借贷行为产生影响，使得一些审贷者产生了侥幸心理。因此，可考虑建立行业黑名单，促进P2P业务中的违约记录在互联网公开共享，提高违约的声誉成本。

5. 探索土地经营权抵押等创新模式

土地经营权抵押通过盘活农户土地资源，解决农户担保难的问题，为农户获得贷款提供了新的机会。虽然各地都在开展土地经营权抵押贷款试点，但面临雷声大、雨点小的问题。需要进一步研究限制土地经营权抵押贷款开展的核心障碍。譬如，是由于土地确权困难，还是由于违约后土地承包经营权实际上难以收缴，导致金融机构缺乏开展此项业务的积极性。另外，需要考察土地经营权抵押等创新模式是否面临法律和监管障碍，包括是否由于程序手续复杂，提高了成本和办理时间，使得这项业务对农户而言丧失了吸引力。总之，需要进一步研究土地经营权抵押等创新模式是否适宜推广，以及推广的前提条件。

6. 加强金融知识宣传和普及

调查结果显示，相当的农户对于新兴无网点银行以及互联网金融缺乏了解，这限制了他们利用创新渠道获得所需的金融服务。加强金融知识宣传和普及，既需要金融机构加大品牌、市场和产品营销，也需要政府有针对性的宣传，提高农户对新事物的认知水平。此外，在农村金融产品不断丰富的背景下，应当通过加强消费者教育，使农户了解如何有效选择金融产品，避免误导销售等。政府还应当强调信用有价的关键，使农户珍视自身信用。

农村金融与组织制度

第三篇
农民合作

农村合作派的乡村建设思想

◎宣朝庆 吴 苏

　　农村合作派是指民国时期大力倡导西方合作主义、主张通过合作运动来解决农村问题乃至整个社会问题的学者、政客等组成的社会精英集团。农村合作派的代表人物，主要有薛仙舟、寿勉成、王世颖、伍玉璋、孙锡麒等人。他们大都受过西方合作经济理论与农业经济学的训练，归国后为合作运动倾注了大量精力。在乡村建设方面，他们主要倡导通过建立各种合作组织使农民团结起来保护自身利益，复兴农村与农业生产①。农业合作运动兴起于 1927 年北伐之后，受到政府的辅助、农事教育机关的推动以及金融机关农贷业务的支持，日益兴盛，并对中国现代乡村建设运动产生了极为深远的影响。在运动过程中，农村合作派成员逐渐获得了大量的政治资源与经济资源，使合作运动不仅仅作为一种理论和口号，更是作为一种官方倡导的实践运动对社会变革产生了实质性的影响。他们所倡导的合作运动救国路线也被稍晚兴起的乡村建设派的乡村改革实践，以及共产党的农村革命运动所借鉴。

一、合作主义的兴起与传入

　　合作主义（corporatism）于 19 世纪中后期兴起于欧洲，也被翻译成社团

　　本文系南开大学基本科研业务费重大项目培育项目"现代化关键期的社会思潮运动机制研究"（项目编号：NKZXZD1406）的阶段性成果。

　　① 参见魏本权："合作运动与乡村建设——以 20 世纪前期社会各界的乡村改造方案为中心"，《历史教学》，2013 年第 2 期。

主义或法团主义。早期合作主义是一种影响广泛的社会运动与社会思潮。一方面，它表现为轰轰烈烈的合作社运动；另一方面，随着合作社实践的成功，合作主义思想被推崇为介于自由主义和社会主义之间的第三种社会建设方案。第二次世界大战之后，合作主义开始与西方福利国家的建设实践相结合，形成了较为成熟的理论体系（也被称为新合作主义）。合作主义的理论目的是建立一种由国家通过生产合作组织等各种团体对群众进行控制的社会制度。影响20世纪初期中国农村合作运动的是早期合作主义，因此我们在这里主要讨论早期合作主义。

在运动层面，欧洲早期的合作主义运动主要表现为两种形式合作社的兴起与发展。一种是1844年英国罗奇代尔镇纺织工人自发创立的消费合作社——罗奇代尔公平先锋社；另一种是1860年德国福来莫斯菲尔德小镇镇长雷发巽创办的信用合作社。"先锋社"是一个合作购买的代理机构，以批发价买进商品，再以零售价卖给社员，然后将利润定期分红给员工，以使工人而不是商人取得利润。而雷发巽则组织镇上的农民自己筹款组成合作基金，让以生产为目的借钱的农民可以低利率贷款，使农民通过互助获得生产资金。在组织原则上，先锋社和雷发巽社都实行成员的会费制、有限责任制，以及选举和管理上的民主制。这两种合作社成立后立刻产生了巨大的社会影响，欧洲其他地区、北美乃至日本纷纷开始效仿这种模式建立本土合作社。

早在合作社运动兴起之前，合作思想就见诸傅立叶、欧文等早期社会主义学者的笔端。傅立叶曾提出一种生产消费合作组织"法郎吉"，以保证人人参加劳动，从而消灭阶级斗争；而欧文提出的"公社联合体"与之类似，也是一种财产公有、人人参加劳动的组织。社会主义学者将消灭阶级、实现社会主义的理想寄托于合作组织的建立上。因此，许多社会主义者将合作社运动视作欧洲社会主义和工人运动的组成部分。但是，许多非社会主义者却不赞同这种观点。例如，法国经济学家季德认为合作主义运动是介于自由主义和社会主义之间的"第三条道路"，因为这一运动虽然批判资本主义，但是并不像社会主义者那样，要求激进的政治变革，而是选择阶级和解与社会和平改良①。无论怎样，可以看到，伴随着合作社运动的开展，合作主义已经不仅仅是一种社会思潮，更作为一种意识形态开始发挥其巨大作用。

---

① 张士杰："近代农村合作经济的理论与实践研究"，南京农业大学博士论文，2008年。

20 世纪初期，合作主义思想开始传入中国。清朝末年，从日本归国的留学生率先在京师大学堂开设"产业组合"课程，引进了当时盛行于西方的合作经济思想。当时他们将合作社译为"协同组合"、"协社"或"协作社"①。这些留学生包括覃寿公、徐沧冰等人。当时徐沧冰主张在城市开展消费合作社运动，而覃寿公认为中国需要开展雷发巽式信用合作社运动，以保护破产的小农免于高利贷盘剥。1919 年，薛仙舟从美国留学归来，将 cooperative 译为"合作"，并乘着时代的浪潮，大力呼吁和倡导合作运动，成为传播与研究合作经济思想的核心人物，被誉为"中国合作运动之父"。

20 世纪 20 年代，在新文化运动和五四运动的影响下，合作经济思想获得了广泛的传播。一方面，合作经济思想的译著逐渐增多，例如于树得译的《信用合作社经营论》（1921），戴季陶译的《协作社的效用》《产业协作法草案》（1921），孙锡麒译的《合作主义》（1924）等②。另一方面，薛仙舟和他的学生主办的"平民学社"，以翻译、评论等方式，为合作经济思想的传播立下了汗马功劳。薛仙舟 1914 年起在复旦大学任教，大力倡导合作经济主义思想，并于 1919 年创办了中国第一个合作金融机构——上海国民合作储蓄银行。1920 年 5 月，由他指导 20 多名学生组织成立了《平民》周刊社，后更名为"平民学社"。平民学社致力于介绍和研究西方合作经济思想，并试图从合作主义角度探讨中国面临的现实问题，从而形成了巨大的社会影响力，成为当时合作运动的领导中心。

平民学社初期主要的兴趣是组织城市消费合作社，试图效法英国解决中国城市中的劳工问题，因为合作运动本质上是弱小者的经济自救手段，是经济上的联合与合作，是对抗资本的工具。但面对中国实际，成员们开始领悟到城市消费合作社运动与中国社会绝大多数的农民并不相干，必须加以本土化。因此，他们开始关注农民和农村问题，呼吁首先成立信用合作社保护农民免受高利贷的盘剥③。1924 年 7 月，平民学社的成员开始大批去西方留学，再加上成员们普遍对自己远离国民革命运动感到不满，平民学社宣告解散。但是在平民学社的影响下，合作运动非但没有停止，反而开始受到国民党的关注。1930年代，陈果夫成为国民党合作事业的领袖，任命薛仙舟的弟子，曾经的平民学

① 陈意新："二十世纪早期西方合作主义在中国的传播和影响"，《历史研究》，2001 年第 6 期。

② 刘超："合作思想在中国的传播"，《黄山学院学报》，2008 年第 4 期。

③ 戚其章："我们中国应该先组织哪一种合作社?"，《平民》，1920 年第 28 期。

社成员寿勉成与王世颖，为国民政府合作事业管理局第一任和第二任局长。由此，合作派得以依靠体制力量推行城市与农村的合作运动。这使得合作派相比于同时期从事乡村建设的其他各派力量、团体有更多机会和能力将主张付诸实践。从此中国化的合作运动，主要依靠国家与政府的力量来推行，农村社会成为中国合作思考的中心，而不是像欧洲那样将社会主义与城市消费合作社运动作为合作主义思想的焦点。

二、农村合作派的乡村建设主张

1. 农村合作的必要性

民国时期，广大农村地区经济凋敝，民不聊生。许多渴望变革的仁人志士都致力于探索农村的改革路径。其中，农村合作派倡导"以合作方式复兴农村"，认为合作运动是中国乡村建设的最好选择。王世颖曾在杭州农业职业学校发表题为"农业复兴问题"的演讲，系统分析了当时农村合作的必要性。他认为，中国农村在当时的现状可以概括为三点：贫穷、散漫和懦弱。中国农村的贫穷已达极点，"一年到头，手胼足胝，还是不得一饱；他们所住的是茅屋，穿的是破棉袄；一遇到水灾旱灾，更是饿寒臻至，朝不保夕"[1]。中国农民的散漫表现在"清高缺少同情"。中国的古谚，"各人自扫门前雪，莫管他人瓦上霜"，正是这种心态的体现。"我国农村一般的人，大都只顾自己，对于别人，很少同情；别人做一件有益于公众的事，他不去热烈的赞助，别人做了坏事，也不想方法去劝止；结果成了一盘散沙，不能团结一致，来谋公众的福利。"[2] 至于懦弱，表现在精神与物质两个方面。精神方面，农民总是存在一种畏惧权势的心理。面对去乡村调查研究或办理公务的政府人员，疑神疑鬼，不肯直说，甚至吓得一句话也不敢说。物质方面，农村基础设施落后、卫生设施缺乏，各种疾病都无法医治。王世颖认为，正是这些原因导致了农村的破产，导致农民处处受剥削和压榨却又不能自我保护。

面对农村凋敝的状态，复兴农村是社会建设的首要任务。在王世颖看来，复兴农村就是"使其由贫穷变为有能力，由散漫变为同情，由懦弱变为刚

①② 王世颖："农村复兴问题——以合作方式复兴农村"，《农村经济》，1939 年第 3 卷第 5 期。

毅……以达到自给自足的经济状态，同时能逐步适应现代经济的要求"。而要实现复兴农村的目标，除了要靠政府"他力"的救济与扶持，更重要的，是依靠农民自身的力量，并且不是农民个人的力量，而是农民"合作"的力量。他说："要发生能力，便非联合起来提倡合作运动不可……个人经济总不及团体经济的力量。例如买肥料，一个人到豆饼行去买豆饼，肥料商店必定因为你个人所买豆饼有限，可以任意抬高价目……但是如果联合一百个一千个农夫去买肥料，那时肥料商店必定因为购买豆饼的数量多而不得不诚信交易，降价出卖了。[①]"因此，中国复兴农村的方法，主要是利用合作的方式，改良技术，强化组织。

"合作运动之父"薛仙舟认为，合作分为广义的合作和狭义的合作。凡一个人的能力精神所不能做，需要集中多数人互相帮助通力合作，就是广义的合作。狭义的合作，是指某一部分人对于社会上的某几件事，有缺乏公平便利和种种不满的感想，如是大家合起能力去经营它，不使第三者从中得什么便宜，成功则大家共享幸福，失败则大家均分损失。合作运动就是要发扬"狭义合作"的精神，以共同参与，谋合作发展。在为数不多的几篇遗稿中，薛仙舟总结了几种通行的合作形式：每个人都拿出一点钱，大家来组织一个机构，形成"大的信用"，这种合作组织是信用合作社，或称为合作银行。各人都担任一部分金钱，合起来去购买昂贵的机器设备，这种合作组织是生产合作社。通过组织团体通力合作，在市场交易中降低商贩的牟利，避免自身损失，这种合作组织是消费合作社[②]。这些合作的组织形式被农村合作派予以推广和实践，用以团结农民，重建农村和振兴农业生产。以这些合作组织形式为基础，农村合作派所倡导的农村合作运动是沿着农业合作化、工业合作化与金融合作化三条路径展开的。接下来我们将对此进行系统论述。

2. 农村的农业合作化

薛仙舟在合作运动早期就开始关注农村的建设问题。他较早地讨论了农业合作的方式。他把农业合作社看作中国农业复兴的重要途径。传统的农业是分散的、自给自足的小农生产。农民将一部分粮食留给自己，用作生活或赋税，

---

① 王世颖："农村复兴问题——以合作方式复兴农村"，《农村经济》，1939 年第 3 卷第 5 期。
② 薛仙舟："消费合作"，《合作月刊》，1931 年第 3 卷第 7 期。

另一部分则通过市场销售。随着工业发展，工厂将农民生产的原材料以低价收购，制成工业制成品以高价售出，从中赚取大量利润。但如果农民可以组织起来形成团体，每个人出一点钱，合资购买机器，自己进行生产、销售，就可以免受资本家剥削，从而保证自身利益。"生产者应该可以匀出一部分力量，来尽某些商业的职务，在货物尚未成为商品或工业原料，或尚未到达市场或工厂之前，生产者苟能一度经营商业，不但生产者可以挽回应得之利益，并且工商业，亦能因成本减轻，货色整齐，可蒙着优良的影响，充分盈利。[1]"

王世颖在《农业合作之回顾与展望》一文中认为，（狭义上的）农业合作实为农业生产合作，凡以共同制造，共同贩卖，或共同耕种为主要业务的农业合作社，均在此列。王世颖从三个方面论述了农业合作的功效。首先，合作组织可以使农民"从事好的农事"，有效提高农业生产积极性。通过合作的方式，农民可以共同购买种子、机械，同时共同接受农事指导机关的技术指导。利用合作社的资源，农民可以对农产品进行加工制造，增加产品的附加值，得到农业利益以外的利益。其次，合作组织可以提高农业产业化水平，使农民获得"好的营业"。农业合作将推动农产品标准化生产，特别是农产品区分等级与统一包装，也可以让农民迅速了解市场消息，进行市场决策。此外，农业合作还能聘用专家，教授农民销售产品的技能。再次，合作组织最根本是要给农民"好的生活"。合作社使得农村中有一社交中心互通情感；同时，合作社的主旨是公平交易，将使乡村利益纯朴化，使乡村社会因之而获得了好的生活[2]。

针对中国实际，王世颖认为，农业合作取得显著成效的同时，也存在不少问题。比如在"好的农事"方面是比较成功的，"对农民所融通的资金，大概作购买肥料耕牛及农具等之用……对于农产物生产量的增加，无疑的是大有裨益的"[3]。然而，在"好的营业"方面，成就很有限。由于合作组织规模小、市场缺少联系，农产品标准化效果不佳，合作社也不能很好地发挥运销功能。另外社员之间的关系不能达到和谐无间的程度，社员对合作社缺乏信仰，也使得合作社的功能受到阻碍。最终，王世颖承认，农业合作在30年代还没能从根本上解决农民积贫积弱的问题。要在农村更深入、全面地推进农业合作必须

---

① 薛仙舟："消费合作"，《合作月刊》，1931年第3卷第7期。
②③ 王世颖："中国农村合作之回顾与展望"，《福建省合作通讯》，1939年第4卷第1－2期。

切实推行合作教育，建立合作金融网络，促进农业合作与其他合作形式联系与整合。

3. 农村的工业化与工业合作化

近代以来，中国面临内忧外患，要想实现独立自由，工业化是必经之路。而工业化不仅仅是城市发展的问题，农村建设与农业生产同样面临着工业化的重任。寿勉成认为，中国是一个具有悠久历史的农业大国，百分之八十以上的人民是农民，百分之七十五以上的土地与农业有关，农业对整个社会发展都有至关重要的影响，因此，"为了消灭农村与城市的对立，密切工业农业的联系，平衡社会经济的发展，改造中国经济结构和内容，使今后工业成为全民化"[①]，强调农村工业化是十分必要的。

寿勉成认为，在农村推行工业化，对纠正农民的错误心理有重要意义。和王世颖一样，寿勉成也认为农民存在许多缺陷，如"农民一向抱着靠天吃饭，听天由命，自私自利，散漫无纪，抱残守缺，持盈保泰，粗滥浪费，抽象神秘，同利必仇，异业不聊的心理"[②]。推行农村工业化，可以培育农民"工业化的道德"，比如精益求精、讲求效率、依靠公共规则与行为标准等。同时，农村本身也具备发展工业的有利条件和资源，为推行农村工业化提供了可行性。首先，农村有充足的剩余劳动力，且流动性较小。其次，农村拥有丰富的原料、动力。再次，如果将工业迁往农村，就可以避免资本和劳动力向城市汇聚，就可以避免劳资纠纷等许多社会问题。另外，农民头脑纯洁、农村环境空旷，便于管理。

寿勉成认为，要想实现农村工业化，最正确的路线无疑是合作路线。寿勉成提出了合作路线的一系列好处：第一，合作方式是推行农村工业化的最好组织方式。合作组织是民主的平等的互助的，是人与人的结合而非资本的结合，是用和平手段以消灭剥削关系。因此，只有在农村推行工业合作化，才能实现三民主义社会理想。第二，合作方式能够解决工业走向农村的资金问题。合作社的信用胜过个人信用，便于农业工业化贷款。第三，合作方式的工业可以形成供需合理的体系。通过有计划地设置合作社，使各社运销纵横的关系密切，可以建立一个以消费者利益为前提，以生产为手段而供需得其平衡的体系。此

---

①②　寿勉成："到农村工业化的合作路线"，《广东合作通讯》，1944 年第 4 卷第 21 期。

外，合作方式还可以改进工业技术、提高社员的文化水准，以及促进社员的福利事业①。

王世颖将农村工业化归纳为三种类型：第一种是农民自己利用农村剩余劳动力进行工业生产；第二种是企业家利用农村低廉劳动力进行工业生产；第三种是民族国家动员农村剩余劳动力进行工业生产。王世颖认为，用什么方法来推动农村工业化，这是一个组织问题，因为个人的能力与资源都是有限的。而这三种类型的工业化，都要依靠合作组织来推行。对于第一种类型，合作组织可以提供固定资本，获得廉价原料并可以利用集体贩卖的方式推销工业品。对于第二种类型，合作组织可以通过集体经营提高工作效率、避免劳资纠纷并实现国家工业计划。第三种类型是针对战争等非常时期需要，"通过合作方式进行生产，分散于内地各乡村，一则军民供应可以源源不断……二则沦敌区域之熟练工人可以陆续内移，生活有所……三则奠定了我们的新工业基础"②。

4. 农村的金融合作化

金融是农业经济和农村发展的命脉，1930 年代农村金融枯竭，促进金融合作化对农村建设异常重要。寿勉成认为，金融合作化可以在农村经济建设中发挥撬动作用。首先，金融机构对于有组织的合作社实行放款，不对无组织的农民放款，既可以保证金融机关本身放款安全，又可促使其成为有组织的民众。其次，要开展农村合作运动，就必须对农民进行实地生产教育，而农村生产教育由农村金融机关来办是最有效力的，因为金融机关相比于政府，与农民交流更为密切，也有更多合作经验丰富的指导员。再次，农村中生活最困难的佃农可以得到农村金融组织的帮助，即便佃农因为没有抵押品，也可以靠着信用借到款项，或者用农具或家具来抵押借款③。

在资金放贷方面，寿勉成提出这样几条建议：第一，组织农村金融系统，避免重复放款，调整农村金融机关之间的关系；第二，优化借款条件，在资金中另提出一部分钱，作为无抵押品的信用小借款，以便利佃农借贷；第三，适应农村生产季节性的需要，按照季节放款。此外，农村金融机构要与其他农事机关合作，并严密监督放款的用途，注意合作社不要为绅士所利用，通过转借

---

① 寿勉成："到农村工业化的合作路线"，《广东合作通讯》，1944 年第 4 卷第 21 期。
② 王世颖："农村工业之合作化"，《合作月刊战时版》，1938 年第 6 – 7 期。
③ 寿勉成："农村金融与农村经济的关系"，《农行月刊》，1937 年第 4 卷第 1 期。

从中渔利①。

5. 农村合作的组织建设

推行合作运动，合作组织的建设是一个重大的问题。只有合理的组织管理模式，才能充分动员民众参与合作，才能发挥合作的最大效用，避免合作的失败。薛仙舟在其起草的著名的《中国合作化方案》中曾为全国合作运动拟定了基本的组织发展规划。他认为要搞大规模的全国合作化运动，首先要有一个全国合作社。全国合作社之下，设全国合作社区分社。全国合作社的职能有训练、调查、宣传、实施（具体的合作事业与合作的政治社会化工作）、监察与政府奖励等。在人员组成上，全国合作社社员由低到高分为四个等级：普通社员、基本社员、特别社员与赞助社员。在组织管理上，合作社设委员会与委员会主任，再有委员会推举社长。各部长科长由主任推荐，委员会委任；各科员由部长推荐，主任委任②。

王世颖在《农业合作组织通论》中系统讨论了农村合作运动的组织问题。他十分重视组织建设对合作运动的作用，指出"大凡合作事业之成功，必有赖于健全之组织，组织而健全，则循序已进，成功有望；反之，若组织不健全，纵全力以赴，也不得其果③"。在农业合作社的组织体制上，必须注意到它与其他类型合作社组织的差异性，自身所具有的特殊性。第一，农业合作社的组织规模不宜过大。组织里的各个人都应该相互认识，并有共同单位目标，生产的农产品最好是性质相似。第二，农业合作团体要有明确的组织目标，是为了解决某个具体的困难而组织起来的，这样农民才有合作的需要，才有合作的干劲，也才能切实感受到合作的功效；否则，勉强去干，那一定是徒劳无功的。第三，农业合作社，应该完全由农民自办，互相认识并且互相信托才行，若有非农民参与，可能会丧失合作的意义。"有许多农业合作团体，往往有地方银行家与商家或其他投机者参加组织……不过想用合作的方法，去增进乡村上工业的地位，做他们将来的企图罢了……④"第四，也是至关重要的一点，农业合作社与社员之间，应有一种契约，应该在章程中载明成员的权利与义务。许多农民虽然加入合作社，但并不将生产物送到社里面去交易，只是把合

---

① 寿勉成："农村金融与农村经济的关系"，《农行月刊》，1937 年第 4 卷第 1 期。
② 薛仙舟："中国合作化方案"，《江苏合作》，1936 年第 6–7 期。
③④ 王世颖："农业合作组织通论"，《合作月刊》，1930 年第 2 卷第 9 期，第 10 期合刊。

作社当作抬高市价的工具，最终仍愿意把自己的生产物直接卖给普通商人。"在这个契约或合同的中间，应该与会社一种相当的权限，可以有权管理社员的生产品，并且的确能执行此种机能，使社员个个服从。[①]"第五，农业合作社在管理上，既不能像平常的股份公司一样由经理"独裁"管理，也不能由理事会制定决策，再交由没有权力的经理执行。最好的方法是让经理成为理事会与普通社员之间的中介，"固然需按照理事会之议决案而实行，然同时也可以建议给理事会以种种发展会社的建设计划[②]"。

6. 农村合作的教育与心理建设

农村合作派认为，合作是以中国新的社会思想与组织形式，推行合作运动必须对民众进行合作主义的教育与培训。为了培养合作运动的必要人才，薛仙舟建议设立合作训练院。薛仙舟提出合作训练院有如下目的：第一，直接训练个人改造个人（此指参与合作运动的社会精英），间接训练民众，改造民众。第二，在最短时间内增加人力来实现全国合作化。合作训练院的培训内容主要包括，人格的训练、主义的训练和技术的训练。人格的训练包括意志的训练、性情的训练、习惯的训练、感觉的训练和身体的训练；主义的训练是合作主义思想、民生主义以及社会科学的训练；技术的训练则是指商科合作科等具体技术的训练[③]。

农村合作派加强合作教育的观点，来自于中国农民贫弱涣散、不能团结的认识，并因此把合作教育作为农村合作运动成功的前提条件。寿勉成认为，在对农民进行实地的合作教育与训练时，应在合作社实践中培育农民讲求效率、团结合作、依据公共规则办事的新道德。在推行合作运动的过程中，乡村普遍出现了合作社成员数量日益庞大、合作指导员人手缺乏的状况。针对这一问题，寿勉成提倡利用各个地方学校资源开办合作社社员讲习班。他动员学校的校长教师参与合作社培训，利用寒暑假办班，讲授合作概论合作法规等课程，并指导学员合作社社务、业务以及财务等具体事务。讲习班的教材、伙食由学员自己承担，县政府应授予曾受合作训练成绩合格的校长教师以合作指导权。由此一来，合作培训就能更好地展开，随着农民合作知识的增多，合作运动也

---

①② 王世颖："农业合作组织通论"，《合作月刊》，1930 年第 2 卷第 9 期，第 10 期合刊。
③ 薛仙舟："中国合作化方案"，《江苏合作》，1936 年第 6 – 7 期。

就日益兴旺①。

三、对农村合作派的评价

农村合作派受西方合作主义思想与实践的影响，致力于在农村中推广合作化运动，希望通过将农民吸纳进入合作组织来重建农村秩序，振兴农业生产，进而推动国家的工业化进程，实现当时的"三民主义"理想。农村合作派不仅在理论上对合作化以及农村合作运动的必要性、可行性、途径与功效等问题作了详细的探讨，更借助行政、经济等资源将其乡村建设纲领付诸实践，并在实践中反思和检验农村合作运动，从而产生了巨大的社会影响。首先，农村合作派为国家对工业化路径与治理实践的探索做出了巨大贡献。其次，农村合作派促进了农业合作金融的发展，打击了高利贷势力，保障了农民利益。再次，农村合作派通过倡导合作运动促进了农村商品经济的发展与农业技术的发展，推动了近代农业进步。最后，农村合作派大力宣传合作思想，培育了农民的现代意识，促进了乡村社会进步②。截至1949年，中国"合作社数高达十七万余单位，社员二千四百五十余万人，每一社员代表一户，每户平均以五人计，计有一亿二千余万人，约占当时全国总人口四分之一，其发展之速，成就之大，是世所罕见③"。

但是，农村合作派希望通过开展合作运动复兴农村进而救国救民，将合作看作是解决一切社会问题的良方，也表明了其对合作运动抱有不切实际的过高期待，体现了其乡村建设主张的空想色彩。农村合作派的最终政治理想是实现三民主义，尤其是民生主义，也就是节制资本、平均地权。首先，农业合作社是经济弱者的结合，与工业大资本相比，力量尚十分弱小；在当时的社会条件下，农民大量破产，国家面临着政治、经济等诸多问题，新兴的国民党政权为了延续自己的统治，不得不谋求与大资本的联合，并不能对农业合作社的发展壮大给予足够的支持，因此，农业合作社在与大资本的市场竞争中很难获胜，换句话说，仅仅依靠农民的合作来节制工业大资本基本是不可能的。其次，合

---

① 寿勉成："推进乡镇保合作社社员教育的一个方案"，《广东合作通讯》，1944年第4卷，第5－8期。

② 张士杰："近代农村合作经济的理论与实践研究"，南京农业大学博士论文，2008年。

③ 陈岩松：《中国合作运动发展史（上）》，台湾商务印书馆1983年版，自序，第1页。

作派希望通过农民集体购地实现土地所有权的社会化，这必定触动封建大地主的利益，但是，仅仅通过温和的合作运动是不可能调合这种利益冲突的，如此一来，平均地权也只能沦为一纸空谈。此外，合作派在批判农民"旧道德"，呼吁农民"新道德"的同时，却没能认识到乡村社会规范的合理性，忽视了宗法、宗教对农村社会的影响，从而使自己的主张脱离农民生活实际，不能被广大农民接受。总的来说，合作社作为一种社会组织，其组建与发展不仅仅是人的力量所能为，更需要社会环境、土地关系以及政府制度作保障。农村合作派这种回避政治改革，仅仅从经济生活入手，希望通过创新经济组织改造全社会的想法，带有一定程度的"乌托邦"色彩。

◙ 作者简介

　　南开大学社会学系。

农民合作社提供价值链融资的效果研究

●董翀 钟真 孔祥智

——来自全国百余个农民合作社的证据

随着现代农业的发展，价值链融资越来越成为农业生产经营领域的重要融资形式。本文以互联合约和交易成本理论为基础，通过运用 PSM 方法，对农民合作社提供不同类型价值链融资对其自身发展效果和服务功能效果的影响进行实证分析和讨论。结果发现，农民合作社提供价值链融资对其自身发展和服务功能均有显著的激励作用，而提供不同类型的价值链融资对其发展效果和服务功能效果的影响指标也有很大差异。故应有针对性地引导和支持农民合作社提供适当的价值链融资服务，以实现合作社和社员的互利共赢。

一、引 言

随着我国现代农业的发展和农业价值链的转型升级，金融资源在农业领域供给不足或在农业价值链各环节配置不合理等金融抑制问题越来越成为小农户和中小农业企业发展的桎梏（马九杰，2004；马鑫，2010）。由于在工商业领域取得的重大成功，价值链融资逐渐受到发展中国家的广泛关注（Quiros 2010；Enjiang Cheng，2013）。与传统银行信贷相比，价值链融资通过建立贸易与信贷互联机制，有效解决了传统金融难以忽略的抵押资产不足、担保难以落实、信用基础不完善等问题，能够极大地降低信贷交易费用，帮助农民以较

项目基金：国家社科基金项目（13AZD003、13CJY080），国家自科基金项目（71273267、71203227）和教育部高校博士点基金项目（20120004120002）的阶段成果。

低的成本获得针对性较强的生产性资金支持，以解决生产性投入资金不足、技术服务可得性差等问题，从而控制信贷违约问题（Morduch，1997；Pearce，2003；于华江，2006；余丽燕，2007）。同时，价值链融资提供方也可以借助产品交易和金融服务的互联解决农户的生产性资金不足，一方面，使更多农户加入到产业化中来，以便迅速推广和加速种养业的发展，稳定原料基地；另一方面，统一购买生产资料和提供技术支持能有效降低农业产业化的运行成本，促进价值链的升级（鲍旺虎，谭晶荣，2005；郭红东，2007；马九杰，2014）。

合作社是一种非常有利于节约交易费用的制度安排（马彦丽，2008），因而其参与农村金融服务具有明显的制度优势。一方面，农民合作社非常贴近农村金融需求，适合其需求金额小、偏好近距离提供的特点；另一方面，其可以有效克服信息不对称问题，降低道德风险，控制不良资产产生，即有效帮助农户克服进入商业信贷市场的障碍，提高农户信贷可得性（何广文，2012）。自《中华人民共和国农民专业合作社法》颁布以来，我国在工商部门注册的农民合作社的数量已超过50万家。由于农民合作社具有的制度优势，其提供价值链金融的功能已逐渐受到重视。2008年10月，十七届三中全会通过的《关于推进农村改革发展若干重大问题的决定》中首次提出"允许有条件的农民合作社开展信用合作"；2009年中央"一号文件"提出"抓紧出台农民合作社开展信用合作试点的具体办法""尽快制定金融支持合作社的具体办法"。2014年中央"一号文件"提出："发展新型农村合作金融组织。在管理民主、运行规范、带动力强的农民合作社和供销合作社基础上，培育发展农村合作金融""推动社区性农村资金互助组织发展"。由于现阶段正规金融机构能为合作社所用的信贷品种太少，合作社正规信贷可得性较差（孙晨光，2009；郭红东，2012），价值链融资成为合作社满足自身发展需要、发挥服务功能的重要手段（Enjiang Cheng，2013；马九杰，2013）。

合作社提供包括融资服务在内的各项社会化服务对其发展能力和服务功能的体现都很有裨益。很多学者对合作社提供的产前、产中、产后服务的效果进行了细致丰富的研究，对合作社提供农资供应、产品销售、生产技术指导、培训、金融借贷等服务的效果都进行了系统的分析论证（钟真，2012；郑丹，2012；黄祖辉，2013；楼栋、孔祥智，2013）。然而，已有文献对合作社提供价值链融资服务效果的定量研究还比较少见。合作社提供价值链融资对其自身发展状况和服务功能的发挥是否有显著的促进作用？不同形式的价值链融资其影响方向又有何不同？本文以合作社为社员提供的借款、赊销和农业订单三种价值链融资形式为例，从农民合作社自身发展效果和合作社提供服务功能效果两个角度入手，分析价值链融资的影响效果，并比较不同价值链融资方式间影响效果的差异。

二、理论分析

1. 农业价值链融资与互联合约理论

近年来，价值链融资在工商业和贸易领域获得了巨大的成功，并逐渐被引入到农业领域。价值链融资的一般做法是金融机构将价值链上的核心环节主体与其他上下游环节主体联系起来，通过提供灵活的金融产品和服务，使得金融机构与核心环节主体达成面向价值链其他环节主体的系统性融资安排。

农业价值链融资的理论基础是互联合约理论（Interlinked Contract）。从二十世纪七十年代开始，互联合约理论由 Bhaduri（1973）和 BellandZusman（1976）提出，此后由 Bardhan（1980、1984）、Mitra（1983）、Braverman and Stiglitz（1982）、Basu（1983、1984）、Bell（1988）等学者不断丰富和发展。互联合约制度在农业领域是两个及以上的交易主体（如地主、农民、农产品经销商或职业放贷者之间）将几项交易或合同（如租佃、信贷、劳动力、农产品交易合同）打包成一个总的合同后系统性地进行，其中包含的每一项交易的达成都必须与其他所有交易的达成互为条件。互联合约内的主体之间进行交易有可能会实行偏离市场价格的"折扣"或"优惠"，这就对外界交易者形成了交易的门槛或壁垒，合约内的交易与外部市场被相对隔离开来（Enjiang Cheng, Longyao Zhang, 2013）。农民合作社提供的价值链融资服务可以体现于合作社提供的产前、产中和产后各项服务中，这些服务可以在很大程度上润滑交易，通过扩大销售量或提高销售价格来增加销售收入。

2. 农业价值链融资在合作社与社员间实现的条件

农业价值链融资在合作社和社员间的实现首先基于双方对互联合约制度的需要。对于小农户而言，其参与价值链的优势一方面在于多年从事生产的经验，另一方面在于其与地缘和血缘相关的社会资本，这会直接降低协商成本，提高合作的效率。而小农户最需要的生产资金、先进的生产管理技术正是合作社的比较优势。如果合作社在筹集资金、获得先进生产和管理技术方面具有足够的能力，并愿意为了寻求自身发展而向社员提供各项社会化服务，双方优势互补，才能通过价值链融资合作实现互利共赢，即合作社能够增加经营收益、带动更多社员致富、增加社会影响力，社员则增加生产经营收入、降低生产成本投入、得到更丰富的社会化服务（见图1）。

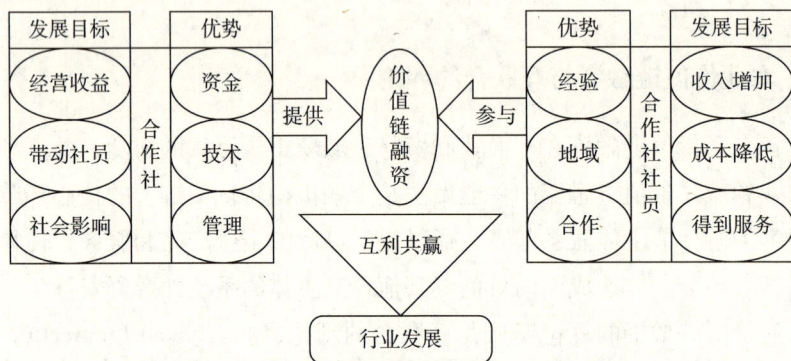

图1　农业价值链融资在合作社与社员间实现的条件

3. 交易成本与合作社提供价值链融资的效果

价值链融资是发生在合作社与其社员之间的一种互联交易制度安排，其交易成本直接影响着交易的效率。如果合作社提供价值链融资的交易成本较高，那么这就会给其发展带来沉重的负担，或者交易无法达成（即不会提供价值链融资）；如果合作社设计了良好的制度安排控制了交易成本（如根据自己的特征提供了恰当的价值链融资形式），那么良好的金融支持会大大促进其功能的发挥，并促进其自身的健康发展。本文中，我们选取合作社资质特征、领办人特征和经营环境特征等因素来体现合作社提供价值链融资的交易成本，选取合作社经营收益和社员规模来体现合作社自身发展效果，选取合作社帮助社员增收、节约成本以及提供社会化服务来体现合作社的服务功能效果。即合作社的特征会影响到合作社是否提供价值链融资，以及提供何种形态的价值链融资，进而影响到合作社的自身发展效果和服务效果（见图2）。

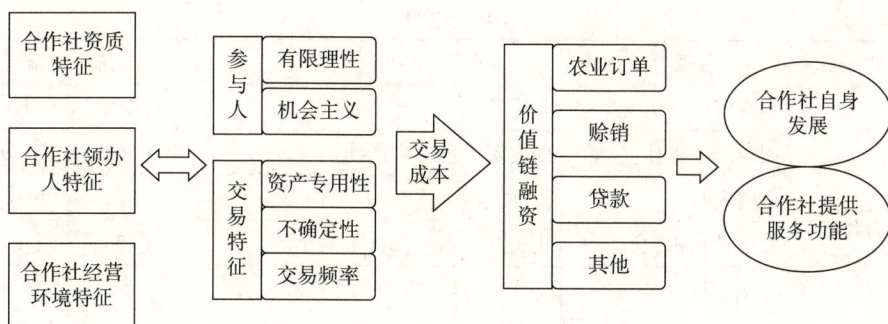

图2　交易成本与合作社提供价值链融资的效果

三、数据来源与样本概况

1. 数据来源

本文使用农民合作社数据来源于 2009 年在山西、宁夏、山东 3 个省进行的农民合作社分层抽样调查。该调查的抽样方式为先在各省将县按照合作社发展程度好、中、差分成三类，在每一类总体中进行随机抽样；然后获得样本县的合作社名单，根据其领办性质将其分为能人领办、企业领办和村集体领办三类，在每一类合作社总体下进行随机抽样。该调查覆盖 12 个县，采用问卷调查结合深度访谈的方式，访问了 120 余家农民合作社。合作社调查问卷采集了包括合作社基本信息、资本与股权、生产经营销售、投资与融资、提供社会化服务类型、周边基础设施等六个方面的信息。通过对调研数据及资料的整理，共获得有关农民合作社的有效样本数据 114 家，其中提供了赊销赊购、农业订单、直接借款、融资租赁等各类农业价值链融资服务的合作社共有 78 家，包括提供借款的合作社 24 家，提供赊账的合作社 50 家，以及提供订单农业的合作社 51 家。

2. 样本特征描述

本文从合作社资质特征、领办者特征、经营环境特征三个方面选取变量对合作社特征进行描述分析（见表1）。

表 1 变量说明

所属变量集	主要指标	变量定义	均值	标准差
合作社资质特征	实有资产（万元）	实际数额	459.7	912.9
	固定资产占比（%）	固定资产占总资产比例	62.3	32.9
	出资人数	实际人数	24.7	61.2
	农民社员占比（%）	农民社员占全部社员的比例	96.4	17.1
	专职人员数	合作社专职工作人员的人数	3.8	6.6
	自有品牌	0＝没有自有品牌；1＝有自有品牌	0.4	0.5
	政府项目	0＝没承担过政府项目；1＝承担过项目	0.32	0.47
合作社领办人特征	领办人性质	1＝能人领办，2＝企业领办，3＝政府领办	1.9	0.9
	领导者学历	1＝初中及以下，2＝高中，3＝大专及以上	1.8	0.8
合作社经营环境特征	从事行业	1＝种植业，2＝养殖业，3＝奶业	1.4	0.7
	合作企业数量	实际数量	4.2	19.2
	固定渠道销售占比	固定渠道销售量占总销售量的比例	34.5	42.2
	贷款需求满意	0＝不满意；1＝满意	0.6	0.5
	基础设施满意	0＝不满意；1＝满意	0.8	0.3

（1）合作社资质特征

根据郭红东（2009）、谭智心、孔祥智（2011）、黄祖辉（2012）等学者的研究成果，合作社资本数量和结构、成员特性、社会认可度等特征都对其经营决策和经营效果存在重要影响。本文选取了合作社实有资产、固定资产所占比例、出资人数、农民社员比例、专职人员数、合作社自有品牌商标数量、是否承担政府项目七个变量作为合作社资质变量。实有资产和固定资产占比用以反映合作社的资本禀赋，出资人数和农民社员比例用以反映合作社的成员异质性程度。合作社专职人员数量、是否拥有自有品牌商标、是否承担政府项目则在一定程度上反映了其现阶段的实力、发展能力和外部支持，即社会认可度。由表 1 可知，样本中合作社实有资产均值为 459.7 万元，固定资产占比均值为62.3%，实际出资人数均值为 24.7 人，农民社员占比均值为 96.4%，合作社专职人员数量均值为 3.8 人，大多数合作社都没有自有品牌或承担政府项目。

（2）合作社领办人特征

合作社领办人是合作社的领导者，其在合作社日常管理决策中拥有突出的影响力，领导者特征会显著地影响团队的创建水平、发展水平与发展路径（徐旭初，2005；邓显勇，2009；黄祖辉，2012）。领办人职业性质和学历直接影响合作社的社会资源可得性，也会影响到合作社成员结构的异质性。本文选取合作社领办人职业性质、学历作为领导者特征变量，用以反映人力资本禀赋。由表1可知，样本中合作社领办人性质是以能人领办居多，学历则是以初中及以下居多。

（3）经营环境特征

经营和制度环境对合作社发展效果有着至关重要的作用。合作社主要产品经营特征会影响合作社提供服务功能的实现程度，基础设施和相关政策制度则起到引导合作社发展、提供宏观环境的作用（苑鹏，2006；黄祖辉，2013）。根据文献，本文选取了五个变量描述经营环境特征：合作社从事行业用来反映合作社经营产品的特性，合作社通过固定渠道销售产品的比例、合作企业数量等变量反映了合作社的销售特征及市场的可能性；贷款需求满足度和基础设施满意度是合作社对与其发展相关的公共服务的评价。由表1可知，样本中合作社从事种植业的占比较大，合作企业数量的均值为4.2个，通过固定渠道销售主要产品的比例均值为34.5%；贷款需求满意度一般，但对周边基础设施的满意度较高。

在合作社特征变量的 T 检验和 Pearson 检验中，合作社实有资产、出资人数、专职人员数、自有品牌拥有率、政府项目拥有率、固定渠道销售占比等6个变量的影响在统计上比较显著，其他变量在统计上不显著（见表2）。

表2　　　　　　　　　　　　　　主要变量特征的统计性描述

主要指标	不提供（36 户）		提供（78 户）		均值差异的 T 检验	
	比例或均值	标准差	比例或均值	标准差	T 值或 Pearson 值	Sig.
实有资产（万元）	159.19	48.22	598.45	120.01	−2.44**	0.02
固定资产占比（%）	57.87	6.75	64.33	3.27	−0.97	0.33
出资人数	8.31	3.47	32.23	8.10	−1.96**	0.05
农民社员占比（%）	94.59	2.85	97.27	1.95	−0.77	0.44

续表

主要指标	不提供（36 户）		提供（78 户）		均值差异的 T 检验	
	比例或均值	标准差	比例或均值	标准差	T 值或 Pearson 值	Sig.
专职人员数	2.21	0.87	4.47	0.80	− 1.69 *	0.09
品牌拥有率（%）	22.22	7.03	53.85	5.68	− 3.28 ***	0.00
政府项目拥有率（%）	16.67	6.30	38.96	5.59	− 2.41 **	0.02
领导者学历						
初中及以下（%）	41.67		41.03			
高中（%）	33.33		33.33		0.01	0.01
大专及以上（%）	25.00		25.64			
合作社性质						
能人领办（%）	44.44		44.87		0.92	0.63
企业领办（%）	13.89		20.51			
政府领办（%）	41.67		34.62			
行业比例						
种植业（%）	62.86		72.37			
养殖业（%）	22.86		14.47		1.32	0.52
奶业（%）	14.29		13.16			
合作企业数量	0.89	0.58	5.67	2.60	− 1.24	0.22
固定渠道销售占比（%）	6.94	4.06	47.22	4.83	− 5.27 ***	0.00
贷款需求满意率（%）	52.78	8.49	58.97	5.61	− 0.62	0.54
基础设施满意率（%）	88.89	5.31	84.62	4.11	0.61	0.55

注：T 检验的前提是同方差假定，*，**，*** 分别代表在 10%、5% 和 1% 的水平上显著。

由表 2 可知，在合作社资质特征中，提供组实有资产的均值是未提供组 3.8 倍，其固定资产占比的均值也比未提供的高 11.2%；提供组出资人数均值为 32.23 人，是未提供组均值的 3.9 倍，可见提供价值链融资的合作社具有明显的资本优势，资本规模大，出资人数多。两组农民社员占比的均值均超过了 94%。提供组合作社的专职人员数均值为 4.47 人，是未提供组的 2 倍。提供组中有 53.85% 的合作社有至少一个自有品牌或商标，是未提供组的 2.4 倍。提供组承担政府项目的比率为 38.96%，是未提供组的 2.3 倍。这在一定程度上反映了提供价值链融资的合作社有更强的品牌意识、经营实力和社会认可度。

在领导者学历变量中，提供组与未提供组中占比最大的都是初中及以下学历，均约为41%；占比最小的都是大专及以上学历，均约为25%左右。在合作社领导者特征中，提供组和未提供组的领办人占比最多的均为能人领办且比例均约为44%；两组领办人性质占比最少的均为企业领办，但提供组企业领办的比例略高，比未提供组高48%，这与企业为了稳定上游生产基地而更有激励提供价值链融资的文献结论一致。

在合作社经营环境特征中，两组合作社从事行业占比最大的均为种植业，提供组略高，其次均为养殖业和奶业。提供组的合作社合作企业数量均值为5.67个，而未提供组仅有不足1个；提供组通过固定渠道销售产品的比例均值为47.22%，是未提供组的6.8倍，这一变量的T检验在1%的水平上显著。相较于未提供组，提供组的合作社具有相对更稳定的销售渠道和更多的交易对象选择。提供组的贷款需求满意率比未提供组高11%，两组对基础设施的满意率接近。

四、模型构建

1. 模型的构建

根据合作社是否提供了价值链融资，本文将样本合作社分为两类：激励组——提供价值链融资的合作社；控制组——未提供价值链融资的合作社。为了合理评估提供价值链融资的效果，本文采用 Rosenbaum and Rubin（1983）提出的"倾向得分匹配"方法（PSM），即找到与激励组尽可能相似的控制组以降低样本选择偏误。PSM 通过一些特殊的方法将多个特征浓缩成一个指标——倾向得分值（propensity score，简称 PS 值），从而实现多元匹配。

"倾向得分"即指在给定样本特征的情况下，某个合作社提供价值链融资的条件概率，即

$$p(X) = Pr[D = 1 \mid X] = E[D \mid X] \tag{1}$$

其中，D 是一个指标函数，若该合作社提供价值链融资，则 D = 1，否则 D = 0。因此，对于第 i 个合作社而言，假设其倾向得分 $p(X_i)$ 已知，则其提供价值链融资的平均处理效果为：

$$ATT = E\left[Y1_i - Y0_i \mid D_i = 1\right]$$
$$= E\left\{E\left[Y1_i - Y0_i \mid D_i = 1, p\left(X_i\right)\right]\right\}$$
$$= E\left\{E\left[Y1_i \mid D_i = 1, p\left(X_i\right)\right] - \right.$$
$$\left. E\left[Y0_i \mid D_i = 0, p\left(X_i\right)\right] \mid D_i = 1\right\} \tag{2}$$

其中，$Y1_i$ 和 $Y0_i$ 分别表示同一个合作社在提供价值链融资和不提供价值链融资两种情况下的效果。

本文通过 Logit 模型获取倾向得分（Dehejia and Wahba，2002）：

$$p\left(X_i\right) = Pr\left(D_i = 1 \mid X_i\right) = \exp\left(\beta X_i\right) / \left[1 + \exp\left(\beta X_i\right)\right] \tag{3}$$

其中，$\exp\left(\beta X_i\right) / \left[1 + \exp\left(\beta X_i\right)\right]$ 表示逻辑分布的累积分布函数，X_i 是一系列可能影响合作社提供价值链融资的特征变量构成的向量，β 为相应的参数向量。通过式（3）可获得合作社提供价值链融资的概率值，即 PS 值。然后将样本合作社等分为 k 组，本文中取 k = 5。在每个细分组中，分别计算激励组和控制组的平均 PS 值，并检验二者之间是否存在显著差异，若存在，则进一步细分组别，并重新进行上述检验，直至在每个细分组中，激励组和控制组的平均 PS 值都相等。

获得倾向得分 PS 值后，我们还需其他匹配方法来解决连续变量 p（X）无法实现激励组和控制组样本之间的匹配的问题，从而估计出对应的平均激励效果 ATT（连玉君，2010）。根据文献，本文分别使用最近邻匹配法（Nearest Neighbor Matching）、半径匹配法（Radius Matching），以及核匹配法（Kernel Matching）获得 ATT 值。

在对平均激励效果 ATT 进行统计推断的过程中，为了克服潜在的小样本偏误对结论的影响，本文采用"自抽样法"（Bootstrap）获得相关统计量的标准误，即从原始样本中可重复地随机抽取 n 个观察值并计算其平均激励效果 ATT；重复进行 K 次（本文中 K = 500），得到平均激励效果 ATT 的 K 个统计量并计算其标准差，即可得到原始样本 ATT 统计量的标准误。

2. 变量选取

根据徐旭初（2009）、程克群（2011）等学者所构建的农民专业合作社绩效评价体系，本文选取了 6 个变量来衡量合作社效果，合作社上年纯收入和社员规模用来反映合作社自身发展效果，社员参与合作社后年均增收额与节约生产资料成本额、合作社参与公共服务、提供社会化服务和培训人次用以反映合作社提供服务功能效果。各变量统计描述见表3和表4。

表3   **合作社自身发展和提供服务功能效果描述**

	主要指标	变量定义	取值	均值	标准差	均值差异的T检验	
						T值	Sig.
自身发展效果	合作社收入（万元）	上年纯收入	Ln（上年纯收入）	264.6	854.8	1.2	0.3
	社员规模（人）	社员数量	人数	292.3	795.7	-1.2	0.3
提供服务功能效果	社员增收（元）	社员参与合作社后年均增收额	ln（社员年主营项增收额）	5923.4	10170.8	1.3	0.2
	社员节约成本（元）	社员参与合作社后年均节约生产资料成本	ln（社员年生产成本节约额）	3157.5	8957.6	0	0.9
	公共服务参与率（%）	合作社是否参与当地公共服务	0-未参加，1-参加过	0.4	0.7	-0.6	0.6
	社会化服务（项）	合作社提供社会化服务项数	连续变量	1.8	1.4	-1.4	0.2
	培训人次（人次/年）	合作社年培训人次数	连续变量	578.9	1639.6	-1.6	0.1

注：合作社收入、社员增收和社员成本节约三个变量在模型中取值为对数值，此处描述的均值为实际值。

表4   **是否提供价值链融资合作社特征对比**

主要指标	不提供（36户）		提供（78户）	
	均值	标准差	均值	标准差
合作社收入（万元）	453.9	339.9	180.9	47.5
社员规模（人）	166.7	53.8	350.2	105.7
社员增收（元）	7938.4	2242.2	4998.5	1184.7
社员节约成本（元）	3187.2	2180.8	3145.7	1275.3
公共服务参与率（%）	36.1	0.1	43.6	0.1
社会化服务（项）	1.5	0.2	1.9	0.2
培训人次（人次/年）	213.3	84.4	752.2	222.6

从表 3 和表 4 可见，在合作社收入方面，提供组合作社的收入均值仅为未提供组的 40%；提供组的合作社社员规模均值为 350.24 人，是未提供组的 2.1 倍。在增加收入和节约成本功能方面，提供组的社员参与合作社后年均增收额均值仅为未提供组的 63%；社员参与合作社后年均节约生产资料成本的均值在提供组和未提供组基本一致。在服务功能方面，提供组参与当地公共服务（如参与当地水电路讯建设等）的比例比未提供组高 21%；提供组提供社会化服务（如帮助统购统销，提供信息服务、技术指导、贷款担保等）的项目种类均值为 1.91 项，比未提供组高 25%；提供组提供相关培训的均值是未提供组的 3.5 倍。

五、实证分析

1. 农民合作社提供价值链融资的效果的分析

表 5 是 PMS 方法估算的合作社提供价值链融资的影响效果，以及采用半径匹配、最近邻匹配与核匹配得到的平均激励效果 ATT，不同匹配方法的结论基本一致，结果具有较好的稳定性。这里我们将样本分为两组：激励组是包括了提供任意一种价值链融资的合作社；控制组是未提供任何价值链融资的合作社。通过回归结果可以看到，对照未提供组，提供价值链融资对合作社收入、社员增收和社员节约成本有负影响；但对社员规模、公共服务参与、提供社会化服务和培训有正影响。

表 5　　　　　　　　　　　农民合作社提供价值链融资的效果

	(1) 合作社收入	(2) 社员规模	(3) 社员增收	(4) 社员节约成本	(5) 公共服务参与	(6) 社会化服务	(7) 培训人次
提供组	-0.25	171.90	-0.50	-0.04	0.06	0.31	569.147
S.E.	(0.76)	(171.74)	(0.31)	(0.46)	(0.15)	(0.29)	(353.37)
ATT 半径匹配	3.32	358.28	7.77	6.78	0.43	1.90	768.46
ATT 最近邻匹配	3.32	358.28	7.77	6.78	0.43	1.90	768.46
ATT 核匹配	3.61	376.91	7.75	6.83	0.45	1.91	800.74
N	48	108	82	60	108	107	106
r^2	0.002	0.009	0.031	0.000	0.002	0.011	0.024

从统计上来看，提供价值链融资对所有变量的影响都没有通过显著性检验。为了进一步弄清价值链融资的影响效果，我们将合作社提供的价值链融资按类型细分为三类，即农业订单、赊销服务和借款服务，分别分析其对合作社的影响效果。

2. 农民合作社提供不同类型价值链融资的效果分析

（1）农民合作社提供农业订单的影响效果

表 6 是 PMS 方法估算的合作社提供农业订单的影响效果，以及采用半径匹配、最近邻匹配与核匹配得到的平均激励效果 ATT，不同匹配方法的结论基本一致，结果具有较好的稳定性。这里激励组是提供农业订单的合作社；控制组是未提供农业订单的合作社。通过回归结果可以看到，对照未提供组，提供订单农业服务对合作社收入仍然是负影响，但对社员规模、社员增收、社员成本节约、参与公共服务、提供社会化服务和培训均有正影响。其中，对帮助社员节约成本和提供培训这两个变量的影响分别在 10% 和 5% 的水平上显著。帮助社员节约成本的 ATT 为 7.09，即对照未提供组，提供农业订单会使得合作社能够帮助社员节约自然对数值为 7.09 的生产成本；培训的 ATT 为 955.79，即对照未提供组，提供农业订单会使得合作社每年培训的人次增加 955.79人次。

表 6   合作社提供农业订单的影响效果（PSM 方法）

	（1）合作社收入	（2）社员规模	（3）社员增收	（4）社员节约成本	（5）公共服务参与	（6）社会化服务	（7）培训人次
提供组	−0.01	229.96	0.03	0.68*	0.08	0.39	667.90**
S. E.	(0.68)	(156.43)	(0.29)	(0.39)	(0.13)	(0.27)	(322.83)
ATT 半径匹配	3.53	430.84	7.93	7.09	0.46	2.02	955.79
ATT 最近邻匹配	3.53	430.84	7.93	7.09	0.46	2.02	955.79
ATT 核匹配	2.79	433.83	7.92	6.92	0.47	2.04	974.67
N	53	108	82	60	108	107	106
r^2	0.000	0.020	0.000	0.049	0.003	0.020	0.040

注：括号内为标准误差，* $p < 0.10$，** $p < 0.05$，*** $p < 0.01$。

根据实证结果可以得出的结论是，合作社提供农业订单能够发挥一定的规模效应，节省交易成本，从而显著帮助社员降低生产成本；合作社提供农业订单可以显著激励合作社提供相关技术培训，因为农业订单的顺利履行需要通过有针对性的培训来帮助和指导农户的生产过程。

（2）农民合作社提供赊销服务的影响效果

表7是PMS方法估算的合作社提供赊销服务的影响效果，以及采用半径匹配、最近邻匹配与核匹配得到的平均激励效果ATT，不同匹配方法的结论基本一致，结果具有较好的稳定性。这里激励组是提供赊销服务的合作社；控制组是未提供赊销服务的合作社。通过回归结果可以看到，对照未提供组，提供赊销服务对社员增收有负影响，但对合作社收入、社员规模、社员节约成本、公共服务参与、提供社会化服务和培训均有正影响。其中，提供赊销服务对公共服务参与、社会化服务和培训的影响分别在10%、5%和10%的水平上显著。参与公共服务的ATT值为0.54，提供社会化服务的ATT值为2.13，提供培训的ATT值为910.27，即相对于未提供组，若合作社提供赊销服务，其参与公共服务的可能性会提高54%，其提供的社会化服务将增加2.13项，其提供的培训将增加910.27人次。

表7 　　　　　　　　 合作社提供赊销的影响效果（PSM方法）

	（1）合作社收入	（2）社员规模	（3）社员增收	（4）社员节约成本	（5）公共服务参与	（6）社会化服务	（7）培训人次
提供组	0.55	180.99	-0.19	0.26	0.23 *	0.57 **	573.19 *
S. E.	(0.67)	(157.59)	(0.29)	(0.40)	(0.13)	(0.26)	(325.12)
ATT 半径匹配	3.84	407.89	7.81	6.92	0.54	2.13	910.27
ATT 最近邻匹配	3.84	407.89	7.81	6.92	0.54	2.13	910.27
ATT 核匹配	3.85	415.69	7.80	6.89	0.54	2.11	915.06
N	53	108	82	60	108	107	106
r^2	0.013	0.012	0.006	0.007	0.027	0.042	0.029

注：括号内为标准误差，* p<0.10，** p<0.05，*** p<0.01。

根据该实证结果可以得出的结论是，提供赊销服务可以显著激励合作社参与公共服务、提供更多样的社会化服务和增加培训人次。相对于农业订单，由于没有直接的信贷与交易的互联作为保障，提供赊销服务的风险更大，必须解决信息不对称带来的道德风险问题。因而提供赊销服务的合作社往往是已深深扎根于当地，对周边环境非常熟悉，对社员情况非常了解，其参与公共服务和增加社会化服务多样性的激励也更显著。

（3）农民合作社提供借款服务的影响效果

表8是PMS方法估算的合作社提供借款服务的影响效果，以及采用半径匹配、最近邻匹配与核匹配得到的平均激励效果ATT，不同匹配方法的结论基本一致，结果具有较好的稳定性。这里激励组是提供借款服务的合作社；控制组是未提供借款服务的合作社。通过回归结果可以看到，对照未提供组，提供借款服务对社员增收、社员节约成本、公共服务参与和提供社会化服务均有负影响，但对合作社收入、社员规模和培训均有正影响。其中，提供借款服务对社员规模的影响在10%的水平上显著。社员规模的ATT值为589.75，即相对于未提供借款服务的合作社，提供借款服务会使得合作社的社员规模增加589.75人。从实证结果来看，提供借款服务对合作社社员规模的扩大有非常明显的激励作用。对合作社来说，相较于农业订单和赊销服务，直接提供借款服务的风险最大。当合作社发展有能力提供借款服务时，这一方面意味着合作社有较强的资金实力，另一方面也说明合作社希望通过这种方式吸引更多的社员加入，达到扩大规模的目的。对社员来说，借款服务不像农业订单和赊销服务那样限制了资金的用途，因其具有更高的灵活性而更受欢迎，因而合作社提供借款服务也增加了有资金需求的农户加入该合作社的激励。

表8　　　　　　　合作社提供借款的影响效果（PSM方法）

	（1）合作社收入	（2）社员规模	（3）社员增收	（4）社员节约成本	（5）公共事业参与	（6）社会化服务	（7）培训人次
提供组	0.11	363.09*	-0.14	-0.34	-0.05	-0.15	365.99
S. E.	(0.88)	(186.21)	(0.39)	(0.51)	(0.16)	(0.33)	(396.83)
ATT 半径匹配	3.49	589.75	7.79	6.51	0.38	1.69	883.22
ATT 最近邻匹配	3.49	589.75	7.79	6.51	0.38	1.69	883.22
ATT 核匹配	3.34	589.75	7.79	6.51	0.38	1.69	883.22
N	48	108	82	53	108	107	106
r^2	0.000	0.035	0.002	0.008	0.001	0.002	0.008

注：括号内为标准误差，* $p < 0.10$，** $p < 0.05$，*** $p < 0.01$。

六、结论与建议

本文通过对 114 家农民合作社提供价值链融资的效果进行分析得出以下结论:虽然从总体上来看合作社是否提供价值链融资对各种效果的影响都不显著,但合作社提供不同类型的价值链融资对其效果却有不同的影响。提供农业订单、赊销和借款三种价值链融资方式对合作社经营收入和帮助社员增收均没有显著影响;但相对于农业订单和赊销,提供借款形式的价值链融资能更显著的影响合作社扩大社员规模;提供农业订单则能显著地帮助社员节约生产成本。在合作社服务功能的效果方面,提供赊销会显著激励合作社参与当地公共事业,也会显著地激励合作社提供多样性的社会化服务;提供农业订单和赊销都会显著地激励合作社增加提供培训的人次,提供农业订单的影响尤为显著。这也回应了一个事实,即为了确保社员能够较好地进行生产经营以便保障履约和还款,合作社有必要向社员提供相关培训。

基于以上研究发现可以看出,合作社提供价值链融资对其自身发展效果和服务功能有显著的激励作用。为了充分发挥农业合作组织提供农业社会化服务的功能,鼓励合作社社员互助式的农业服务的发展,完善我国农业社会化服务体系,一方面,应通过补贴、惠农信贷等多种方式,有针对性地引导和支持农民合作社提供适当的价值链融资服务,充分利用其提供服务贴近农户需求、形式灵活、成本较低廉的优势,增强合作社提供农业社会化服务的瞄准度;另一方面,应以市场化为主导,增加其提供价值链融资服务的激励和主动性,实现合作社健康发展,社员长期受益的良好局面。

◙ **作者简介**

中国人民大学农业与农村发展学院。

【**参考文献**】

[1] Enjiang Cheng, Longyao Zhang, 2013. Literature and Case Reviews on Innovative Value Chain Financing for Agriculture and Food in China and other Developing Countries. International Food Policy Research Institute.

［2］ Fries, R. and B. Akin, 2004. Value chains and their significances for addressing the rural finance challenge. Washington, DC：USAID.

［3］ Galarza, L. J. and B. Jones, 2009. WOCCU Value Chain Finance Implementation Manual：increasing Profitability of Small Producers.

［4］ Armendariz, B. and J. Morduch, 2010. "Rethinking Banking", chapter 1 in Armendariz and Morduch (eds.), The Economics of Microfinance, Cambridge：MIT Press.

［5］ Fries, R. and B. Akin, 2004. Value chains and their significances for addressing the rural finance challenge. Washington, DC：USAID.

［6］ Quirós, R., 2010. Agricultural value chain finance. Paper Prepared for the conference of agricultural value chain finance. Costa Rica, 22 – 24 February.

［7］ Minten, B., K. A. S. Murshid, and T. Reardon, 2011. The Quiet Revolution in Agrifood Value Chains in Asia：The Case of Increasing Quality in Rice Markets in Bangladesh, Discussion Paper 1141, Washington DC：IFPRI.

［8］ McCullough, E., P. Pingali, and K. Stamoulis. (eds.), 2008. The Transformation of Agri – Food Systems：Globalization, Supply Chains, and Smallholder Farmers. London：Food and Agriculture Organization of the United Nations and Earthscan.

［9］ Morduch, J., 1999. "The Microfinance Promise," Journal of Economic Literature, 37 (4), Dec.：1569 – 1614.

［10］ Reardon, T., B. Minten, K. Z. Chen, 2012 (forthcoming). The Quiet Revolution in Staple Food Value Chains in Asia：Enter the Dragon, the Elephant, and the Tiger. ADB and IFPRI.

［11］ PEARCE. Contraet farming, small. holders and rural development in Latin America：The organization of agroprocessing firns and the scale of orrtgrower production. World Development, 2003, (02)：381 – 401.

［12］ Simmons, Phil. Overview of Smallholder Contract Farming in Developing Countries. University of New England, Austrilia, 2003.

［13］ 鲍旺虎, 谭晶荣. 对农业产业化进程中"赊养"经营模式的探讨. 中国农村经济, 2005 (3)

［14］ 程克群, 孟令杰. 农民专业合作社绩效评价指标体系的构建. 经济问题探索, 2011 (3)

［15］ 董翀. 农业贸易信贷参与主体行为选择及影响因素研究. 中国人民大学博士论文, 2012

［16］ 郭红东. 农民专业合作社正规信贷可得性及其影响因素分析. 中国合作经济评论, 2012 (1)

［17］ 何广文. 合作社农村金融服务参与模式及其创新. 中国合作经济, 2012

［18］ 黄祖辉. 农民合作社服务功能的实现程度及其影响因素. 中国农村经济, 2012

［19］ 孔祥智, 钟真, 谭智心. 论发展农民合作社与农产品质量安全问题. 天津商业大学学报, 2010 (7)

［20］ 连玉君. 股权激励有效吗? ——来自 PSM 的新证据. 2010 年中国国际金融年会, 2010

［21］ 楼栋, 高强, 孔祥智. 供应链整合与农民合作社竞争力提升. 江西农业大学学报, 2013 (1)

［22］ 马九杰. 农村金融风险管理与信贷约束问题研究. 北京：中国经济出版社, 2004

［23］ 马九杰. 基于订单农业发展的农业供应链金融创新策略与案例分析. 中国农村金融, 2011 (7)

［24］徐旭初. 农民专业合作社绩效评价体系及其验证. 农业技术经济, 2009 (4)

［25］徐健, 汪旭晖. 订单农业及其组织模式对农户收入影响的实证分析. 中国农村经济, 2009 (4)

［26］袁立璜, 纪梦晨. 基于订单农业下的贸易信贷融资机制研究综述. 世界农业, 2010 (6)

［27］张晓山. 农民合作社的发展趋势探析. 管理世界, 2009 (5)

［28］郑丹, 王伟. 农民专业合作社经营状况分析及对策研究. 中国合作经济评论, 2012 (1)

［29］钟真, 程瑶瑶. 奶农专业合作社的农业社会化服务功能研究. 农业经济与管理, 2013 (4)

当今世界

◎郑良芳

合作经济发展趋势 与 借鉴

本文在介绍世界合作经济广泛蓬勃发展的原因、世界合作经济发展的趋势和特点、合作社的积极作用和各国政府扶持合作社发展的具体措施基础上，对我国政府扶持合作经济发展提出了 14 点具体政策和措施，如果这些政策措施能得到落实，必将对促进我国经济增长、增加出口、增加就业、增加住宅供应、稳定物价和稳定房价起到积极作用。

一、当今世界合作经济的蓬勃发展及其原因

19 世纪以来，在市场经济起步较早的国家，各种类型的合作社广泛地发展起来。目前，合作社已遍布世界五大洲 160 多个国家和地区，参加国际合作社联盟会员组织的社员近 7.8 亿户。发展合作社已经成为世界范围内的一个热门话题。从联合国、国际合作社联盟、国际劳工组织、各国政府官员，到广大农民和城市居民，都在热情关注着合作社事业的发展。

合作社是市场经济发展的必然产物。市场竞争在推动生产力迅速发展的同时，也加剧了社会两极分化，这就必然促进从事弱势产业、处于弱势地位的群体联合起来，兴办合作社，维护自己的权益，改善自己的处境。市场经济越发达，合作经济的发展越广泛。在市场经济发达的国家，合作经济已与公有经济、私有经济成为国民经济的重要组成部分。随着经济全球化的迅速推进和市

此研究报告在内部被财科所以《研究报告》（2013—168 期）上报中共中央政研室、全国人大财经委、全国人大预算委、国务院研究室、国务院发展研究中心、全国政协研究室等单位。送：国务院有关部委、科研单位、财政部各司局。

场竞争的日益加剧，合作社在发展本国经济、参与国际市场竞争、应对经济全球化挑战方面，发挥着越来越重要的作用。

国外农业领域的合作社发展相当广泛。发达国家几乎所有农民都参加了不同类型的农业合作社，有的农户同时参加几个专业合作社。丹麦98%的农民都是农业合作社社员，每个农户平均参加3.6个合作社。法国90%以上的农民加入了农业合作社，全国80万农户中，有130万农业合作社社员。美国每个农户平均参加2.6个合作社。新西兰、澳大利亚、日本、韩国参加农业合作社的农民也达90%以上。发展中国家也有相当多的农民参加农业合作社。南美的巴西、智利80%左右的农户都是合作社社员。印度、孟加拉、斯里兰卡等亚洲国家，入社农民占30%~60%。非洲一些国家，如肯尼亚、坦桑尼亚、毛里求斯、乌干达等，入社农民亦达10%~30%。目前，世界各国农业合作社仍呈持续发展的势头。

世界合作经济所以蓬勃发展的主要原因是：市场经济的发展，加剧社会两极分化，富的越富、穷的越穷，这促使广大穷人、弱势群体联合起来，兴办合作社，改善自己的竞争地位，维护自己的权益。比如，单个农户、单个消费者，单靠个人力量，要搞好产品加工、贮藏、销售、购进消费品，是有困难的。但大家如能组织成合作社，联合起来，就可以办产品加工厂，就可以以批发价购进消费品，社员就能得到各种服务。因为合作社是社员自己的组织，目的是维护社员的利益，使入社社员真正得到好处。这是合作社蓬勃发展的内因。

二、世界合作社发展的趋势和特点

一是世界合作社发展出现了一个重要趋势，那就是农、工、商一体化经营。法国正在形成由生产合作社、收购和销售合作社、物资供应合作社、农业服务合作社组成产供销一体化的合作社企业集团。这些集团将农产品生产、加工、储运、销售及生产资料供应各个环节连成一体，扩大了经营规模，降低了经营成本，提高了综合效益。目前，法国年营业额超过30亿法郎的合作社企业集团已有19家SODIAAL奶业集团年营业额达172亿法郎，以经营肉类为主的SOCOPA集团年营业额为120亿法郎。这些集团已经成为进入国际市场的联合舰队或航空母舰，融入经济全球化的浪潮，显示出强大的竞争能力。

二是世界合作社发展出现了产业化浪潮，产业化程度高，市场竞争力就强。比如荷兰耕地面积只相当于我国的 2%，而农产品出口额仅次于美国、法国，居世界第三位。荷兰已形成花卉园艺、奶牛、猪鸡饲养三个产业带，每个产业带都在合作社的基础上，形成从信息搜集、产品开发到加工销售，形成完整的产业链，产业链从国内延伸到国外，具有很强的市场竞争力。目前，农产品出口名列前 10 位的国家，合作社均占 50% 以上的市场份额。这说明发展农业合作社，推进农业产业化，已经成为提高农产品国际竞争力的必然趋势和战略抉择。

三是世界合作社发展进入注重"农业质量革命"绿色发展的阶段。近几年，法国政府依托农业合作社，正在推进以原产地监控命名产品、红色标记产品、有机食品标记产品、认证合格产品 4 项标准的"农业质量革命"。凡是加贴法国"NF"质量标志的产品，在全部欧盟成员国市场均畅通无阻，有效地提高了农产品的国际竞争力。

四是世界合作社发展形式越来越多，涉及的领域也越来越广，几乎遍及城乡每个角落。在农业、工业、商业各个行业，生产、流通、金融、保险、教育、医疗各个领域，合作社都在广泛发展，已成为保护弱势群体、促进社会经济协调发展的重要力量。

现对各类合作社分别予以介绍。

（1）农业合作社

美国的农业合作社是农业生产者为了获得持久的竞争优势，自愿组织起来为自己利益服务，成员必须生产农产品，并由其使用者拥有和控制的法人实体。合作社的唯一目的就是以会员的使用为基础，为会员提供并分配利润。美国政府视农业合作社为具有某种社会福利性质的非营利组织，1922 年《凯普—沃尔斯蒂德法案》是农业合作社最重要的立法，确认了美国农业合作社的基本规范和合法地位，给予了农业合作社有限的反托拉斯豁免，允许农业生产者一起行动并成立共同的推广代理机构，这对合作社特别是大型合作社的发展起到了很大的推动作用。同时，给予税收优惠政策，对合作社与社员交易而获得的赢利只征一次税，或者是在获得收入时按公司税征收，或者当分配给社员时按个人税征收。目前，美国农场主加入合作社的约占总数的 82%，有的农场主甚至同时参加几个合作社。2009 年末，美国有农业合作社 2389 个，会员 220 万人，全年净营业额 1477 亿美元，税前净收入 44 亿美元。美国、日本、荷兰、西班牙等国的农业合作社在农业科技推广中都发挥着重要的作用。在美国，由合作社加工的农产品占农产品总量的80%，且70%左右农产品出口由合作社完成，可见合作社在美国的重要地位。

（2）农机合作社

"农机环"是德国的农机合作组织，约一半农户加入了农机环，参与共同使用农业机械的农民自愿参加农机合作组织，政府对农机合作组织给予扶持：一是对农民合作购买大型农机给予资金补贴等优惠待遇；二是对合作组织提供必要的办公设施，如电脑等；三是培训合作社负责人，提高他们组织服务的能力。在战后法国农业现代化的进程中，为解决购买昂贵设备的资金困难，农民自发组织了集体购买和共同使用农机的"居马"（CUMA）合作社，机具使用费比个人购机使用成本降低了40%。法国共有1万多个"居马"，分布在全国各地，合作社的收入来自社员交纳的会费和农机服务费。

（3）日本"农业协同组织"

日本农协是按照农民自愿的原则登记成立的，集生产、供销、融资为一体的合作经济组织，这是日本农协的优点。商业银行基于利润和贷款安全考虑，不愿意贷款给农协和农户，而农户、农协缺乏资金难以发展；生产合作与信用合作在发展农业生产、增加农民收入等方面的目标是一致的，两类组织一体化有利于这些目标的实现。《农业协同组合法》《农林中央金库法》等法律规范详细规定了农协的经营范围、监管事项和权限等，为农协金融的稳健运营提供了法律保障。农协作为联系政府与农民的桥梁，承担着贯彻实施日本政府农业保护政策的职能。例如，日本的五种政策性金融贷款有四种贷款委托农协的金融信用部门承办，政府给予贴息。农林中央金库在初创期，政府给予了很大的资金支持。日本1947年颁布的《农业协作组合法》规定了农协"以提高农业生产能力，提高农民的社会经济地位，实现国民经济的发展"为目的，在坚持农民自愿、自主、互助互利原则基础上，与国家农业政策、财政资金紧密配合，并表现出强度的政府干预特征。日本农村金融运作体系中的政府金融体系强大到可以随时取代其他金融运作体系，并保障本国金融运作的稳定。

（4）消费合作社

由于消费合作社可将商业流通环节的利润转让给低收入的消费者，减少商业资本的盘剥，因而受到普通市民的欢迎。在欧、美、澳以至亚洲，到处可以看到消费合作社办的批发市场、配送中心、零售商店、连锁超市。英国是消费合作社起源最早的国家，消费合作社的零售商店遍布全国各地，经营品种达2.5万种（带有COOP商标），堪称英国最大的零售企业。同时，经销的商品70%来自于合作社。

西欧有些国家，参加消费合作社的居民占1/2以上。瑞士米格罗、可普两家消费合作社，销售额分别居全国零售业第一、第二位。近年来，各国的消费合作社出现了合并的趋势，甚至在一些国家之间消费合作社也开始合并。最近，瑞典、丹麦、挪威三国最大的消费合作社联合组建北欧合作社，实现消费合作社的跨国发展。合并后的合作社经销额占北欧市场30%。瑞士的"米格罗"消费合作社从1970年起经营"米格罗—健康"商品，瑞士生产的蔬菜、水果2/3是"米格罗—健康"商品，价格比普通商店便宜近20%。除了为社员提供优质廉价商品及其他服务外，还按章程每年捐赠约1亿美元，用于瑞士社会、文化和经济等领域的建设。

（5）住宅合作社

住宅合作社在许多国家发展也很普遍。城市里的低收入阶层，买不起房，租房租不到，自己盖房又盖不起来，于是联合起来成立住宅合作社，大家集资建房，实现居者有其屋。葡萄牙史多普市一个工业区，许多外地工人来这里做工，没钱买房，临时盖棚户房，既不便久住，又影响市容。后来这些工人成立了住宅合作社，民主选举社长，大家凑钱购买建筑材料，周末参加劳动，劳动报酬可抵顶买房款。这个合作社先后建成400套住宅，每套130平方米，按成本价卖给社员，售价比房地产开发商建造的低30%以上。从欧洲国家来看，德国住宅合作社发展最为广泛，合作社建造的住宅占全国新建住宅的30%以上。美国住宅合作社也很发达。在纽约有60万套合作社住宅为近200万的居民提供住所服务。纽约的合作社住宅可满足不同收入水平居民的需要。在美国，较早的住宅合作社模式是由美国服装工会于20世纪20年代创建的。纽约的工会组织于1951年成立了联合住宅基金会，并承建了面向中低收入阶层的合作社住宅。在后来的50年中，纽约工会组织成为引领美国住宅合作社的先锋。1965年联合住宅基金会建立了一个拥有5860套住宅的合作社，并将命名为罗虚戴尔村，使住宅合作社的发展达到了一个高潮。

（6）信用合作社

目前，世界上已有125个国家建有信用合作社或合作银行，有近3亿社员、5万多亿美元资产。国外信用合作社为什么能广泛发展起来？这与信用合作社特殊的社会功能密不可分。商业银行的宗旨是追逐盈利最大化。如果单纯依靠商业银行调节社会资金，必然会使资金流向优势产业、优势人群，从而导致城乡发展失衡。信用合作社恰好弥补这一缺陷。农村信用社募集的资金主要用于农村，满足农民社员生产生活需要。城市信用合作社或合作银行，则主要为城市中低收入阶层提供服务，有利于改善他们的生产生活条件。如法国农业信用合作社是从事农业信贷业务的主要机构，提供全国80%的农业贷款和90%的农业贴息贷款，农业信用合作社在法国银行业颇具盛名。在印度有13.9万个信用合作社，提供的信贷占全国农业信贷总额的46.3%。在美国，信用合作社是拥有社员最多的合作社组织。全美12000多个信用合作社的社员多达7000万人，而且继续呈强劲增长之势。信用合作社吸收的存款占消费者存款份额的比例由1991年的6.8%增加到1996年的8%。信用合作社在消费贷款市场份额达到13%，占汽车贷款份额的19%。

（7）保险合作社

保险合作社主要为农民和中低收入阶层以及其他形式合作社提供服务，政府支持和鼓励其发展，保险的险种和服务区域基本上不受限制。英国在1867年即成立了保险合作社，从事房产、室内财产、机动车、人寿等保险业务，拥有客户360多万个，成为英国最大的保险公司。法国互助保险合作社主要为农民和其他合作社提供各种保险，70%的农户参加，成为全国主要保险机构，有力防御了农业的市场风险和自然风险，促进了农业的稳定发展。韩国农协的合作保险还通过利用保险金开展各种福利活动，改善农村的生活环境，提高社员的生活标准。例如，参加合作保险的农民，到农协指定的医院就诊，可以享受医疗费用20%的折扣优惠。

（8）美国的城市合作社

美国的合作经济已成为城市经济不可分割的重要组成部分，成为广大民众信得过、靠得住、用得上和保护民众权益的利器。美国城市合作经济的繁荣和发展表明：支持和鼓励千百万民众以合作社形式在企业共同劳动，可增加居民收入，提高生活水准。在美国还有众多的工人合作社，它们在稳定雇员就业、推进民主管理、调动员工积极性和提高劳动效率、企业盈利水平和增加职工收入等方面发挥着重要作用。

(9) 各种服务合作社

一个人的经济承受能力是有限的，而需要又是多种多样的，这是一对矛盾。为了解决这一矛盾，人们根据各自的需要，自发组成了各种形式的合作社。如医疗合作社、旅游合作社等。学生为了降低学习期间的学习和生活成本，联合建立了学生合作社。城市的失业者，为了解决工作上的出路，联合建立了出租车合作社。上班母亲族为给自己的孩子安排一个好的托管和教育场所，联合建立了幼儿园合作社。其他还有殡葬合作社、健身合作社等。美国的医疗合作社，跨入美国十强。1993 年《货币》杂志公布了十大卫生维护组织 HMO 名单，其中有两个就是医疗保健合作社。在圣保罗—明尼阿波利斯市，约有 75% 的居民加入了合作医疗项目，其居民参与程度居美国大都市之首，从而大大降低了医疗成本。

三、世界合作社发展的种类

从服务内容看，大体分为两种类型。

一类是专业性的合作社。专业性合作社围绕某项专业生产，提供系列化服务；或围绕农业生产链中的某个环节提供专业化服务。这类合作社多分布在欧、美、澳洲等人少地多国家。这些国家农户经营规模较大，每个农户基本上只从事一项专业生产，农业合作社的服务是围绕专业生产展开的。许多专业合作社产前、产中、产后服务紧密衔接，生产、加工、销售连成一体，形成完善的产业链条。这是近几年国外农业合作社发展的重要趋势。丹麦即是一个突出的例证。丹麦的农业以畜牧业为主，畜牧业又以养猪业为主，被称为"猪肉王国"。许多农户围绕生猪饲养、加工、销售建立专业合作社。合作社办屠宰加工厂、饲料加工厂、良种繁殖场和科研所。全国最大的屠宰加工厂就是合作社办的，年屠宰量达 270 万头，加工成数百种分割肉和肉制品，75% 销往国外，加工增值利润大部分返还给社员（注意：我国的公司加农户，公司的利润是不可能返还给农户的）。有些土地面积辽阔的国家，如美国、加拿大、澳大利亚，农户经营规模相当大，合作社的服务更带有专业性。这些国家的农户，分别组建农资供应合作社、产品销售合作社、储运加工合作社。美国农业合作社中，销售合作社占 53%，供应合作社占 38%。这种生产、加工、销售一体化经营的合作社，使农民生产的产品有了稳定的销路，又能够使农民获得加工销售的利润，保证农民致富。

另一类是综合性合作社。综合性合作社则对入社农户从农资供应到产品销售，从生产到消费，从信贷、保险到医疗、培训，提供全方位的服务。这类合作社多分布在人多地少、农户经营规模较小的亚洲国家。日本、韩国的农业协同组合（简称"农协"）就是突出的代表。在日本，农协对农户的服务是相当周到的。每年年初，农协发给农户一张"营农计划表"，农户需要的种子、化肥、农药等均填在表上。农协根据各户的需求，统一向工厂订货，并送货到户。在全国农用物资销售中，由农协供应的化肥占90%，农药占79%，农机具占78%，燃料占80%。由于订货批量大，价格亦比较低。农民生产的产品也委托农协到批发市场销售。农协不仅吸收会员存款，而且承担对会员的生产、生活贷款，承办农民生产、生活、生命、财产保险。农协的盈余中，信贷收入占40%，保险收入占20%，购销收入占30%，对农民的其他服务都是无偿的。凡此种种，使农民将自己的生产、生活同农协紧密联系在一起，农协也在为农服务中不断壮大自己的实力。

四、合作社发展的积极作用

2011年11月，在墨西哥坎昆的国际合作社联盟大会上，东道国墨西哥总统费利佩·卡尔德龙、联合国秘书长潘基文和国际劳工组织总干事胡安·素马维亚先生分别以讲话录像的形式祝贺大会召开，他们对国际合作社联盟大会的召开表示最热烈的祝贺。他们表示，全世界各国的合作社运动对人类社会作出了巨大贡献，惠及数十亿人口，合作社运动解决了各国许多人口就业问题，缩小了城乡、贫富差距，为建立一个更美好的世界作出了杰出的贡献。具体来说有以下几个方面。

一是促进了经济发展。在哥伦比亚，7300个合作社对GDP的贡献，从2005年的5.25%，增加到2006年的5.37%、2007年的5.61%。在新西兰，国内生产总值的22%是由合作社企业创造的。在肯尼亚，合作社对GDP的贡献达到45%。在越南，合作社的贡献占到国内生产总值的8.6%。我国如能组织发展合作经济，必将能拉动经济持续增长。

二是合作经济发展为城乡居民提供了众多就业岗位，增加了居民收入，缩小了贫富差距。合作社运动把世界上超过8亿人带到了一起。据联合国估计，在 1994 年合作社企业共为 30 亿人或世界人口的一半提供了可靠的生计。这些企业在社会中发挥着重要的经济和社会作用。据中国工合国际委员会资料反映，合作社为全世界提供了 1 亿多个职位的就业，约为跨国企业的 20% 多。在法国，21000 个合作社提供了 40 多万个工作。在德国，8106 个合作社为 44 万人提供了工作。在哥伦比亚合作社运动共提供了 512400 个职位。在新西兰合作社共提供了就业岗位 25 万个，占全国 440 万人口的 5.68%。如果我国合作社发展也能达到新西兰水平，我国就业岗位就能增加 7384 万人。这是一个极为可喜的数据。

三是合作社是开拓国际市场的重要推手。在法国农产品和食品出口中，合作社占出口谷物的 45%，鲜果 80%，家禽 40%。合作社已成为广大农户与全球化大市场联系的桥梁。在巴西，合作社承担了农业联合企业总出口的 6%，巴西合作社向 137 个国家出口了 750 万吨农产品，约值 28.3 亿美元。在新西兰合作社占奶产品出口市场的 95%。被誉为"世界当代合作社成功典范"的西班牙蒙德拉贡联合公司，2004 年，MCC 全球营业额高达 191.41 亿欧元，成为欧洲乃至世界最大的合作社集团。加拿大出口西方市场的多半粮食和油菜籽、60% 的牛奶制品、40% 的家禽和蛋类产品，都由农业合作社提供。我国如能广泛发展合作经济也必将能大幅度增加出口。

四是合作社为平抑物价作出了重要贡献。在新加坡，全国职工总会创办的合作社，为平抑物价作出了积极贡献。新加坡合作社覆盖社会经济、文化生活的方方面面，提供的商品和服务均以低价面市。平价合作社市场占有率高达 52%，且价格低于市场平均价位，自主品牌价格就更低了。在平价合作社里，有 2000 多种商品是自主品牌，其价格比同类产品的其他品牌低 10% ~ 15%。低廉的价格和庞大的市场份额对平抑新加坡物价起到了至关重要的作用。我国如能大量发展合作经济，也必然会对稳定物价起到积极作用。

五是合作社能为弱势群体提供廉价住宅、平抑房价的强有力的竞争者。德国住宅合作社发达，住宅合作社有 1188 个，住宅合作社提供住宅占总数的 10%，对德国的住宅建筑事业发展和平抑房价作出了很大贡献。目前，西班牙共有 2 万余家住房合作社，承担着全国近三分之一的住房建造工作。西班牙政府对建房合作社的成员资格实行严格控制。按照规定，只有年收入不足全国最低收入 5.5 倍的家庭，才有资格成为合作社成员。在税收上，政府对合作社予以优惠。更为重要的是，政府为合作社提供廉价甚至是免费的地皮，西班牙大约50%的建房合作社就获得了政策优惠的地皮。而廉价的地皮降低了合作社建房成本。建房合作社使西班牙的低收入群体顺利获得了廉价住房，帮助政府妥善解决了住房问题，功不可没。加拿大共有2100家住房合作社，账面资产达57亿加元。约9万个住户、25万人住在由住房合作社提供的房屋中。住房合作社房价比市政或非营利房低19%，比国家与省政府房价低71%。我国如能早组织居民发展住房合作社，房价就不可能涨个不停。

五、政府对合作社的大力支持，是合作社广泛发展的重要条件

许多发达国家和发展中国家的政府，把发展合作事业作为改变本国农业的弱势地位和改善低收入阶层生活状况的重要途径，把合作社看成是连接城乡居民与政府的桥梁纽带和稳定社会的重要力量。有些国家已形成关心合作社就是关心广大群众利益，扶持合作社就是扶持低收入阶层的共识，采取有效的政策和措施，促进合作社的健康发展。

各国支持合作社的政策和措施主要有以下几个方面。

①制定合作社法，明确合作社的法律地位，保护合作社的合法权益，为合作社的发展创造宽松的社会环境。目前，全世界已有150多个国家制定了合作社法或合作社示范章程。这些法规对合作社的性质、宗旨、地位、组织机构、经营管理、社员权利义务等，都作了明确的规定，为社员制定了行动准则，使政府、合作社和社员均有法可依，把合作社发展纳入法制化轨道。早在1895年瑞典就制定了合作社法，以后又不断修订，为合作社的广泛发展提供了法律依据，促使合作社渗透到社会生产、生活各个领域，瑞典也因此被称为"合作社国"。

②政府财政对农业的巨额补贴。比如，美国财政在1998～1999年期间对农业的补贴金额高达225亿美元，2000年财政补贴也达225亿美元，平均每个劳动力所得到补助相当可观。以美国主要农业州——伊利诺伊州为例，在2000年，农民的平均净收入为5万美元，政府的支持为5.5万美元；2005年农民的平均净收入为4万美元，政府支持为5万美元。无论农民收成好坏，政府都予以支持，收成不好的年份政府支持较多。这说明在市场经济的美国，也离不开政府调控产业政策的作用。大量的农业补贴直接降低了美国农产品的生

产成本，促进了美国农业的发展。近几年，伊利诺伊州农民平均收入为 15.4 万美元，为非农人均收入的 2 倍多（当地非农民的年均收入约为 6 万美元）。法国是欧盟农业补贴的最大受益国，农业收入的三分之一以上来自欧盟的补贴，同时法国政府也列出巨额预算补贴农业和农村发展。法国农业补贴项目繁多，归纳起来主要有三类：一是农业生产补贴，包括农牧产品生产直接补贴和稳定农牧产品市场补贴；二是农村发展补贴，包括农业社会保障福利补贴、农村发展计划补贴等；三是林业持续管理补贴，包括对林业生产行业的补贴和对林地整治与保护的补贴。

③在税收上对合作社实行优惠。鉴于合作社是弱势群体的联合，许多发达国家和发展中国家，在税收上实行减免政策。法国政府规定，农业供应和采购合作社、农产品加工、储藏、销售合作社，免交相当于生产净值 35% ～38% 的公司税，谷物合作社及其联盟免交一切登记和印花税。美国税法规定不以营利为目的而设立的经济团体、商业公会、不动产公会、贸易公会……为非征税团体，早在 1937 年美国国会根据信用社的合作性、民主构架、所有权和控制权均归属会员等特征做出免征税收的决定。在以后修订的《联邦信用社法案》中明确规定，对信用社免征一切税赋。1916 年通过的《合作税则》规定，对公司组织的合作社的净收入按照单一税制原则征税，或按合作社企业征税，或按成员户征税，而对以互助为基础从事经营活动的农业和园艺协会实行免税。日本政府也规定免征农村合作金融机构的营业税、所得税、固定资产税，允许分红进入成本。西德税法规定：复兴金融金库、农业中央金库、农业地区银行及德意志互助合作金库等均为非征税法人。菲律宾税法规定：不以营利为目的的，没有资本股份的互助储蓄银行及互助银行，专为合作社社员相互间的利益为目的，由基层组织进行活动的互助合作社等均为非征税法人。

④美国农业现代化还由于有完善的金融服务体系，特别是有强有力的政策性金融服务机构。美国有一个按照农业需求合理分工的农村金融服务体系，主要有三大部分：一是商业银行（占 40%）。美国联邦储备银行规定，凡农业贷款占贷款总额的 25% 以上的商业银行，可以在税收方面享受优惠；美国农业信贷管理局为防止商业银行出于盈利目的而将农贷资金移到其他领域，联邦法律规定对部分商业银行的农贷利率提供利率补贴。二是农村信用合作系统（占 31%）。美国以法律形式规定对信用社的优惠政策：①免征各种税赋；②建立信用社存款保险；③信用社不交存款准备金；④信用社可以参照市场利率

自主决定存贷款利率。三是政府农贷机构（占29%），包括农民家计局、商业信贷公司、农村电气化管理局三个机构。此外，联邦银行贷款体系、美国进出口银行、小企业管理局也分别在相应领域构建农村政策性业务的补充，这属于严格的政策性农村金融。美国农业部设有农民家计局，也称农户信用管理局，主要是向不能从商业银行借到低利率的青年农民提供适合农业生产周期的借款，帮助他们在农村创业，贷款利率低，期限较长，如购置农场贷款期限达40年之久，经营农场贷款期限达7年。农民家计局还提供灌溉排水、水土保持与开发、房屋建筑等贷款。商品信贷公司是1933年根据国家复原法案建立的，职能是供应农产品抵押借款，保持农产品平衡，平抑、稳定农产品价格和收益。农村电气化管理局成立于1935年，隶属于美国农业部，资金来源由政府提供。后设立了农村电气化及电话周转基金，主要业务是对农村电业合作社和农场等借款人发放贷款，用于农村电气化，贷款期限可达35年，利率极为优惠。还有美国联邦土地银行，依据《联邦农业信贷法》于1916年成立，主要为农村地区提供长期不动产抵押贷款，期限为5~40年。

⑤许多国家对合作社给予一定的资金扶持。法国政府规定，农业合作社可设立合作社发展基金，发放基金券。一个新的合作社成立，政府给予2.4万~3万法郎的启动经费。共同使用农业机械合作社（居马）成立时，政府给予2.4万~3万法郎的启动费。对于合作社购买的机械，根据类型不同，提供相当于购买额的15%~25%的无偿资助。政府还对合作社提供特别贷款，根据不同条件，贷款期限为9~12年，年利率为3.4%~4.7%。孟加拉国对实施政府农业发展项目和海外援助的合作社，给予注册资金40%的扶持资金。越南政府规定，合作社除向商业银行借贷资金外，还可以申请借用社会经济计划资金、国家就业资金、国家投资资金，接受和实施国家的有关投资项目。韩国90%以上的政策性农贷通过农协向农民发放。西班牙政府对合作社的投资实行低息贷款和无偿补贴；合作社兴办乡村工业，政府给予补贴；工人失业后，如愿意参加合作社并将两年的失业救济金一次性交给合作社，又能得到政府5000美元的补贴。这些扶持政策有力地促进了合作社的发展。

⑥政府允许信用社组织中央信用社。比如从美国信用社系统管理架构来看，美国37家地区性联社中，有35家于1974年出资组建了美国中央信用社（U. S. Ccentral），成为美国信用社的"中央银行"。美国中央联社行使联社之间和联社与其他金融机构之间的中介职能，以及联社之间的资金调剂职能，不

行使行业管理和监管职能。美国中央联社为批发式金融机构，帮助信用社融通资金，为信用社富裕资金寻找投资渠道并将投资收益回馈给信用社，享有信用社投资产品58%的市场份额。由于美国实行开放的联合组织体系，基层信用社只要缴纳会费、遵守章程，可以不受地域和行政区划限制加入全美任何一个信用社联合组织——联社，因而使得联社之间充满竞争活力。联社通过计算机技术、资金清算、投资代理等形式为社员信用社提供服务。实力强、服务好、风险低、回报高的联社对信用社的吸引力就大。因此，成立于1969年的美国西部联社现有资产总额133亿美元、社员信用社900余家，已接近中央联社的规模，开始挑战中央联社的地位，与其争夺社员信用社和联社的服务和投资市场，同时信用社相互已经实现业务联网，资源共享，对信用合作社的发展和竞争力有很大裨益。美国信用社的联盟机制在很大程度上保障了信用社的经营活力和竞争力。

⑦印尼启动现代化合作社纲领。印尼合作社与中小企业部宣布，将与电信公司合作，从2012年开始，启动"印尼现代化合作社纲领"，计划用3年时间在全国各地发展10万个现代化合作社，惠及广大农村和农民。现代化合作社的主要特点是大力发展农村电子商务系统，通过互联网和现代信息技术，在农业生产、低息小额贷款、种子农药化肥购买、农产品销售、三农保险、农业技术推广、土地监管、数字化集成会计机制等领域，推广现代化的电子科学管理。"印尼现代化合作社纲领"不仅将给广大农村和农民带来直接的经济效益，同时，也有利于农村基层组织、各级政府、企业三者之间的沟通、监管和协调。

⑧越南建立有合作社联盟。越南合作社联盟已有60多年的发展历史，但合作社真正得到发展还是在1997年颁布《合作社法》之后，包括产权界定、人员编制等问题都已经走上正轨，中央、省级合作社是由国家财政拨款的事业单位，占全部合作社总数的2/3左右，其职工属于公务员；最基层的合作社没有财政拨款，自负盈亏，占全部合作社的1/3左右。目前越南合作社联盟包含了17500个合作社，合作社下属30多万个合作小组。

⑨国外政府重视开展对合作社的教育和培训。在美国，政府在合作社培训中主要是编制各种培训资料发给合作社，并与其他教育机构进行合作，联邦政府、州政府直接提供合作社培训项目，培训内容重点是增强人们对于合作社原则和实践的理解，将合作社的组织原则在农村各类事务中更广泛地应用。在美

国政府的推动支持下，构建了以农业高等院校为主导的合作社教育体系，联邦政府农业部设有农业合作推广局，各州有推广服务中心，各县有推广站和农民组成的推广顾问委员会。意大利中央政府和省政府提供合作社运行所需的技术支持和培训，无偿在学校或社区举办普及和促进合作社发展的培训课程。丹麦合作社教育形成了一个十分完整的体系，包括初等教育、城市学生的预备课程、农业基础技术教育、高等教育和成人农业连续教育四个层次，丹麦的中小教育中就包含有合作社知识的普及。欧洲许多国家在从事农业或创办合作社方面都采取了严格的资格认证制度。

六、对我国发展合作经济的政策建议

世界合作社的发展历程表明，合作社是适应市场经济要求的经济组织形式、生产力配置形式和利益实现形式，市场经济越发达，合作经济就越发展，合作社永远是富有生命力的朝阳产业。我们必须要借鉴世界各国政府扶持合作社发展的政策措施经验，扶持这个朝阳产业加快发展，以帮助弱势群体早日实现脱贫致富。现对我国政府扶持合作经济发展提出以下十四点政策建议。

①建议政府和有关立法部门借鉴世界各国制定《合作社法》的经验，特别是可借鉴我国台湾国民党公布的《合作社法》和刘少奇同志在1950年7月主持起草的《中华人民共和国合作社法（草案）》，尽快在我国出台适用于各种类型合作社发展的《合作社法》，明确合作社的法律地位，保护合作社的合法权益，以确保城乡广大弱势群体依法调动内生动力，抱团合作发展生产、加工和商品销售业，以实现脱贫致富。我国目前发展的农民资金互助社、住宅合作社、消费合作社、小微企业商业合作社等，由于尚未出台《合作社法》，这些合作社至今面临在法律上注册无门，更谈不上享受免税等优惠政策待遇。

②建议借鉴国外政府制定对合作社优惠税收政策、扶持合作社发展的成功经验，我国财税部门也应及早出台扶持合作经济发展的优惠税收政策。我们建议：应借鉴美国、日本、菲律宾税法规定，对我国不以营利为目的的各类合作社，包括农民专业合作社、农机合作社、农民资金互助社、消费合作社、住宅合作社、各种服务合作社均免征一切税赋，以促进各类合作社大发展。

③建议借鉴美、法等国对农业采取巨额补贴政策，继续加大强农惠农富农

的政策体系。要在强化 2004 年以来取消农业税、推行"种粮直接补贴、良种补贴、农机补贴和农业生产资料补贴"等基础上，进一步加大对农业补贴力度，强化政策对农业的财政资金支持。要结合国情农情，考虑世贸组织规定，在补贴对象上继续突出和强化关键区域、重点品种，在补贴环节上实现由流通领域转向生产领域，在补贴方式上由价格支持向收入支持转变，通过补贴要使农民收入实现比非农居民收入为高的目标，以促进农业加快发展。

④建议推进金融体制改革，建立完善的金融体系，重点要大力发展农民的资金互助社（即真正的以农民为主体的合作金融）。我国现在的金融体制，有强大的商业性金融和政策性金融，唯独缺乏强大的合作性金融。2008 年，十七届三中全会通过确定"建立现代农村金融制度……，加快建立商业性金融、合作性金融、政策性金相结合……农村金融体系"、"允许有条件的农民专业合作社开展信用合作"这一重要内容，但至今并未付诸实行。目前农民为主体的资金互助社，到 2012 年底只发展了 49 家，实在是微不足道。要知道农民专业合作社没有农民的资金互助社这个金融核心的扶持是寸步难行的。美国农业所以能实现现代化，是同美国农业有强大的信用合作社的扶持（占 31% 份额）分不开的。我国的有关政府部门就是不给农民以资金融通的自主权，这是难以使农民实现脱贫致富的！

⑤借鉴世界各国发展合作经济能增加大量就业岗位的成功经验，我国政府必须要毫不犹豫地大力发展合作经济。要力争把合作经济发展到新西兰的水平，这样就能实现增加就业岗位 7384 万个。

⑥借鉴新加坡合作社平抑物价的成功经验，我国政府必须要大力扶持合作社的发展，通过发展合作社竞争战胜国内外大超市垄断市场的局面，才能确保降低市场物价水平，才能确保我国弱势群体减少被超市盘剥 10% ~ 20%，才能确保社会和谐发展和全面建成小康社会。

⑦借鉴西班牙等国家发展建房合作社解决了低收入群体住房问题的成功经验，建议我国政府也要大力扶持弱势群体，通过发展建房合作社，解决低收入群体的住房问题，又能达到平抑房地产市场房价不断上涨的被动局面。

⑧借鉴国外发展合作经济的经验，特别是美国信用社联盟机制的经验，建议《合作社法》中明确允许各种不同类型的合作社可以建立联合总社，可允许建立跨区域的合作社或多种要素联合的合作社，以使合作经济能跨地区、跨行业抱团发展，以切实增强其竞争力。

⑨借鉴国外发展合作经济的经验，建议《合作社法》中要允许农民专业合作社领导下可自办农副产品加工和销售产品公司，以确保农民能获得农产品加工和销售利润，使农民能富裕起来。比如美国100个最大的合作社均自办有加工和销售产品的公司，1995年全部利润中，返还给社员的占71%，其他公共积累、股本分红等占21%。我国现今的公司加农户，公司经营目标是追逐盈利最大化，是不可能让利给弱势农民的。为此，我国制定的《合作社法》中，也应明确允许农民专业合作社可自办农副产品加工和销售公司，以确保农民脱贫致富。其道理是显而易见的：因为无工不富！

⑩借鉴英国建立有促进合作社发展的共同发展基金，建议我国有关部门也应采取措施建立促进合作社发展的共同基金，以扶持城乡合作经济加快发展。

⑪借鉴越南建立合作社联盟经验，建议我国制定的《合作社法》中，应允许建立全国合作社联盟，其任务是沟通合作社与政府部门之间的关系，反映政府扶持合作社政策的落实情况，反映合作社发展中遇到的困难和问题；向合作社提供金融、法律和管理方面的咨询、指导服务，为合作社社员提供科技、管理等技能培训与教育，开展合作社财务报表的核查、审计，推动合作社间的国内外合作等。

⑫借鉴印尼启动现代化合作社纲领的经验，我国也应推出"中国现代化合作社纲领"，用若干年时间在全国各地发展上百万个现代化合作社进行试点，试点的合作社必须通网络、有电脑和电脑操作员，现代化合作社主要特点是发展农村电子商务系统，在产供销、存贷、保险、农业技术推广等方面实现电子化科学管理，提高经营效益。

⑬借鉴国外政府重视开展对合作社的教育和培训的经验，我国政府必须采取强有力的措施补上这一课。新中国成立后，在"左"的影响下，合作经济未能发展起来，在小学、中学、大学中均不进行合作社的理论和实践教育，在大学中取缔了合作经济系。现今要发展合作经济，严重缺乏从事能胜任的合作经济人才。对此，我国应借鉴丹麦建立合作社完整的教育体系的成功经验，采取强有力的补救措施，大力发展合作社的教育体系，加快培训合作社人才，才能确保合作经济的健康发展。

⑭为加强对城乡合作经济发展的统一领导，建议由国家发展改革委牵头，组成由工商行政管理部门、财税部门、农业部、社保、金融等部门参加的城乡

合作经济发展的领导小组，统一领导和解决合作经济发展中的立法和政策优惠等问题，确保合作经济能健康较快发展，以确保小康社会的全面实现。

■　**作者简介**

中国农业银行研究部兼体改办原主任，中国人民银行研究生部和西南财经大学兼职教授，中国管理科学研究院金融发展研究所高级研究员，中国金融学会原副秘书长，中国合作经济学会常务理事，中国老教授协会财经管理分会成员。

【参考文献】

［1］合作经济研究与实践. 北京：中央文献出版社，2004

［2］从 2003 年到 2013 年 8 月的《城镇合作经济信息》上的有关资料

［3］从 2003 年到 2013 年 8 月的《合作经济调研》上的有关资料

農本

第四篇
农村制度与发展

农村集体产权制度改革面临的

问题与对策

◉ 宋洪远　高　强

　　推进农村集体产权制度改革是深化农村改革的重要内容，对于壮大农村集体经济、增加农民财产性收入，建立城乡要素平等交换关系、加强党在农村的执政基础，具有重要而深远的意义。农村市场经济体制的发展，不仅丰富了农村市场的交易行为，形成了更为复杂的成员身份及利益关系，也提出了建立明晰的产权制度的要求。现阶段我国农村集体产权制度改革取得了一定的进展，但由于现行法律、政策等制度性约束，各地在推进改革过程中都遇到一些亟待解决的关键问题。推进农村集体产权制度改革，需要在成员资格认定、规范股权管理、完善治理结构、培育发展产权市场以及调整完善现行法律法规和政策规定等方面加快试点试验，促进农村集体经济健康发展。

　　产权是所有制的核心。健全归属清晰、权责明确、保护严格、流转顺畅的现代产权制度，是激发农业和农村发展活力的内在要求。党的十八届三中全会决定提出"完善产权保护制度"，"赋予农民对集体资产股份占有、收益、有偿退出及抵押、担保、继承权"，"建立农村产权流转交易市场，推动农村产权流转交易公开、公正、规范运行"，这是对农村集体产权制度改革提出的新要求，也是赋予农民更多财产权利的新举措。推进农村集体产权制度改革是深化农村改革的重要内容，对于壮大农村集体经济、增加农民财产性收入，建立城乡要素平等交换关系、促进新型城镇化健康发展，巩固党在农村的执政基础、推进农村全面小康建设，具有重要而深远的意义。

　　20世纪90年代初，朱希刚和陈凡（1993）对如何构造农村的产权制度进行了理论分析。他们指出，当代中国农村产权制度的重新构建，必须既符合效率标准，又符合共同富裕标准。在这种条件下，股份合作制成为一种理想模式。中国农村产权制度改革既深受西方财产权理论的影响，又具有特殊性。中国农村产权制度的起点是从土地集体所有权中分离出承包经营权，并将其物权化，从物权法定原则转向物权效率原则，侧重于承包经营权与经营的分离，重在通过权利运行方式实现法定物权的经济功能（秦小红，2014）。农业部课题组（2014）结合各地实践，从资产界定、成员资格、股权管理以及市场建设等方面，对农村集体产权制度改革若干问题进行了较为深入的分析。

实践探索的进程快于理论研究速度。国内学者更多地从地区经验入手，分析我国农村集体产权制度改革的特征与问题。王宾和刘祥琪（2014）集中对北京市农村集体产权制度股份化改革的政策效果进行了讨论。方桂堂（2014）通过对北京市昌平区的案例分析，指出推进农村集体经济产权制度改革，引导和支持改制后的新型集体经济组织健康发展，是促进农民增收的重要途径。王习明（2011）、张晓雯（2010）对成都市农村产权制度改革实践进行了考察。付明星（2010）以武汉市农村综合产权交易所为例，提出推动农村产权改革，国家应高度关注，并从政策法规、布局规划、配套服务等层面加以推动。

浙江省推行农村集体产权制度改革较早。农业部农村经济体制与经营管理司调研组（2013）发现，在以村为单位开展这项工作中，农村集体资产量化以经营性资产为主，成员资格界定兼顾户籍与劳动贡献，股权管理采取动态和静态两种模式。温州的农村集体产权制度改革主要侧重于集体资产所有权归属的界定、集体组织成员资格的认定、分配比例核定和内部治理结构等方面，而深圳和苏州还着力谋求股份经济合作组织的法律身份和市场主体地位（马永伟，2013）。关锐捷等（2012）亦提出，立法进程滞后是制约农村集体经济组织发展的重要因素，建议尽快赋予农村社区集体经济组织法人地位，营造与其他各类所有制经济主体同等受法律保护的体制环境。

2014年9月29日，习近平在中央全面深化改革领导小组第五次会议讲话中指出，积极发展农民股份合作、赋予集体资产股份权能改革试点的目标方向，是要探索赋予农民更多财产权利，明晰产权归属，完善各项权能，激活农村各类生产要素潜能，建立符合市场经济要求的农村集体经济运营新机制。中央审议通过了有关农民股份合作和农村集体资产股份权能改革试点方案，标志着我国布局农村集体资产产权试点工作即将全面展开（高云才，2014）。2014年12月30日，国务院办公厅发布了《关于引导农村产权流转交易市场健康发展的意见》。2015年"一号文件"再次对推进农村集体产权制度改革作出了明确部署，要求探索农村集体所有制有效实现形式，创新农村集体经济运行机制。对非经营性资产，重点是探索有利于提高公共服务能力的集体统一运营管理有效机制。对经营性资产，重点是明晰产权归属，将资产折股量化到本集体经济组织成员，发展多种形式的股份合作。中央的这些决策部署为我国推进农村集体产权制度改革指明了方向，也意味着我们亟需加快进行农村集体产权制度改革的理论探讨与政策设计。

一、加快推进农村集体产权制度改革势在必行

近年来，随着工业化、城镇化进程的加快，农村特别是城郊结合部和沿海发达地区的农村，集体经济组织资产规模、成员身份及组织构成都出现了新的变化。经过几十年的发展，农村集体积累了大量资产。截至 2013 年底，村级集体经济组织账面资产总额为 2.4 万亿元，村均 408.4 万元[①]。然而，这些农村集体资产的 75% 左右处于"共同共有"状态，陷入"人人所有、人人无份"的困境。同时，集体资产的管理相当薄弱，"所有者缺位"问题突出，致使集体资产面临流失的严重危险。

随着农村集体经济组织成员转为城镇居民的数量增多，进入较富裕地区城镇的农村流动人口增加，部分地区村集体经济组织成员的构成日趋复杂，使得成员产权虚置的弊端更加突出，导致了农民的收益边界模糊、分配标准缺乏，农民的合法权益极易受到侵犯。这些都需要通过推进农村集体产权制度改革加以明晰和妥善解决。

自党的十四大将社会主义市场经济体制确立为改革目标以来，我国农村集体经济产权制度改革的要求也越来越迫切。农村市场经济体制的发展，不仅丰富了农村市场的交易行为，形成了更为复杂的利益关系，也提出了建立明晰的产权制度的要求。当前，国家正在大力实施新型城镇化战略，农民的财产意识、法律意识不断提升，亟需通过农村集体产权制度改革，在维护农民合法权益的同时，发展壮大集体经济。

---

① 数据来源：《2013 年全国农村经营管理统计资料》，农业部。

二、现阶段我国农村集体产权制度改革的实践与进展

20 世纪 80 年代以来，广东、北京、上海、浙江等部分省市就开始率先进行农村集体产权制度改革探索。2007 年，农业部《关于稳步推进农村集体经济组织产权制度改革试点的指导意见》下发后，各地开始加快推进以股份合作为主要形式，以清产核资、资产量化、股权设置、股权界定、股权管理为主要内容的农村集体产权制度改革。目前，全国有 14 个省份下发了指导农村集体产权制度改革的文件，27 个省份开展了改革试点（徐刚等，2014）。从 2009 年到 2013 年，全国完成农村集体产权制度改革的村数由 1.07 万个增加到 2.8 万个，量化资产总额由 2210.6 亿元增加到 3671.2 亿元（见表 1）[①]。与此同时，量化设立的股东个数与村累计分红数也快速增长。总的来看，已完成农村集体产权制度改革的村集体经济组织主要呈现出以下三个特点。

1. 发达省区市农村集体产权制度改革较快推进

截至 2013 年底，分省来看，北京、江苏、浙江、山东、广东 5 省市完成产权制度改革的村占全国完成村数的 85.5%，比上年提高 4.8 个百分点；江苏、广东两省以组为单位完成产权制度改革的组占全国完成组数的 67.3%[②]。以北京市为例，截至 2013 年底，全市完成产权制度改革的村达到 3854 个，占集体经济组织总数的 97%，全市有 320 多万名农民成为农村集体经济组织的股东（郭光磊，2014）。

2. 村级资产逐步量化，法人治理结构陆续建立

调查表明，已完成农村集体产权制度改革村的村级账面净资产逐步实现折股量化。截至 2013 年底，已完成农村集体产权制度改革的村量化资产总额为 3671.2 亿元，比 2012 年增长 1.5%，占村级账面净资产总额的 25.3%[③]。以

[①]　数据来源：历年《全国农村经营管理统计资料》，农业部。
[②]　数据来源：《2013 年全国农村经营管理统计资料》，农业部。
[③]　《2013 年全国农村经营管理统计资料》，农业部。

"三会四权"① 为标志的法人治理结构陆续建立。

3. 建立和完善了农村集体资产收入分配制度

改制后，按股分红分配方式逐渐取代福利分配成为主要分配方式。然而，统计数据表明，近几年的村级当年每股分红波动较大。2009～2012 年平均每股分红金额从 662 元下降到 346 元，2013 年又大幅度回升，平均每个股东分红525 元，比 2012 年增长 51.7%②。总体来看，这些地区的探索为建立"归属清晰、权责明确、利益共享、保护严格、流转规范、监管有力"的农村集体产权制度奠定了基础。

表 1　　　　　　　　　　农村集体产权制度改革进展情况

项目	2009 年	2010 年	2011 年	2012 年	2013 年
完成产权制度改革的村数（万个）	1.07	1.29	1.66	2.4	2.8
量化资产总额（亿元）	2210.6	2528.1	3295	3618.6	3671.2
量化设立股东个数（万个）	1063.8	1718.6	2315.7	3710.2	3830.3
完成产权制度改革的村累计分红（亿元）	365	440.6	548.7	812.8	924.1
平均每股分红（元）	662	511	492	346	525

注：本统计为对 30 个省市区（不含西藏）农村经营管理情况统计年报数据的审核汇总结果。
资料来源：历年《全国农村经营管理统计资料》，农业部。

三、农村集体产权制度改革中亟待解决的关键问题

我国农村集体产权制度改革取得了一定的进展，也积累了一些好的经验和做法，但由于现行法律、政策等制度性约束，各地在推进改革过程中都遇到一些亟待解决的关键问题。对于这些问题，需要深入探讨，逐步统一认识，推动出台相关政策法规。

1. 如何划定集体资产折股量化范围

划定集体资产折股量化范围，首先要确定"集体"的边界。从目前来看，

---

① "三会"指股东会、董事会、监事会，"四权"指出资者所有权、法人财产权、出资者监督权、法人代理权。

② 历年《全国农村经营管理统计资料》，农业部。

"集体所有权"落实到哪一个层级的集体不清楚。人民公社时期,农村土地和其他集体资产实行"三级所有,队为基础",生产队一级是农村土地所有权的主体。农村实行家庭联产承包责任制以后,集体土地所有权主体究竟落实到哪一个层级,法律上并没有统一明确的规定。《土地管理法》第 10 条规定:"农民集体所有的土地依法属于村农民集体所有的,由村集体经济组织或者村民委员会经营管理;已经分别属于村内两个以上农村集体经济组织的农民集体所有的,由村内各该农村集体经济组织或者村民小组经营管理;已经属于乡(镇)农民集体所有的,由乡(镇)农村集体经济组织经营管理。"目前,我国存在着村民小组、村集体经济组织和乡镇集体经济组织三种形态。在实践中,农村土地集体所有制的"集体"边界已悄然发生变化:在一些地区土地的最终权属已从生产队(村民小组)一级过渡为生产大队(行政村)一级。当农村土地的权属及用途发生变化(如农地被征用)时,尤其是涉及利益分配问题时,这种所有制变迁的后遗症往往就会凸现出来。对于此类问题,目前在理论上并没有得到很好的回答,在实践中也没有找到有效的解决办法,迫切需要在今后的改革中进行探索和实践,并纳入到立法议题中。

1995 年《国务院关于加强农村集体资产管理工作的通知》规定,农村集体资产是指归乡、村集体经济组织全体成员集体所有的资产。属于组(原生产队)集体所有的资产,仍归该组成员集体所有。各级农村集体经济组织按照集体土地所有权归属和集体资产产权归属,依法经营管理本组织集体所有的资产,任何公民、法人和其他组织都不得侵犯。因此,农村集体产权制度改革不能打破原有集体经济组织的界限范围。集体资产的范围有狭义与广义之分:狭义的集体资产仅指集体账面资产,包括经营性资产和非经营性资产;广义的集体资产还包括土地等资源性资产,资源的使用、处置、经营收益分配也是集体资产管理的重要内容。可见,农村集体资产可以划分为经营性资产、非经营性资产和资源性资产三类。对于集体资产折股量化的范围,在中央没有制定统一标准之前,对这三类资产既可以分类量化,又可以同步量化,还可以有序量化。各地可以先量化经营性资产,暂不量化非经营性资产和资源性资产。资源性资产可以不量化,但因土地被征用等集体经济组织所得的土地补偿费和集体资产置换增值等增加的收益,应及时足额追加到集体资产总收益中,以保障成员的集体收益分配权(课题组,2014)。

2. 如何界定集体经济组织成员资格

农村集体组织是由其成员构成的，然而目前农村集体经济组织的成员资格尚未界定清楚。2003 年实施的《农村土地承包法》首次提出了农村集体经济组织成员的权利。2007 年《中华人民共和国物权法》第 59 条规定："农民集体所有的不动产和动产，属于本集体成员集体所有。"但农村集体经济组织的成员如何界定，法律并没有明确的说法。从实践来看，农村集体经济组织成员资格界定多数处于乡村自我管理的状态，受当地乡规民约、传统观念和历史习惯等因素影响较大，"乡土"色彩较浓（课题组，2014）。

随着经济社会的快速发展，城乡、地区之间的人口流动日益频繁。在集体组织成员资格界定过程中，农村居民在身份、户口、土地等方面呈现出多样化、复杂性特征，诸如享有土地承包经营权但户口转出仍在本村生活耕种、嫁入嫁出未转户、干部身份但户口为本村并常住且还享有土地承包经营权、学生毕业后无正式工作在外打工但户口迁回本村等情况。这些人员的特殊情况使村委会在认定成员身份的工作中很难进行准确把握和界定。尤其是，村组集体经济组织"成员"与"村民"的身份不再完全合一。《村民委员会组织法》规定，有权参加村委会选举的可以列入村民名单的也包括"户籍不在本村，在本村居住一年以上，本人申请参加选举，并且经村民会议或者村民代表会议同意参加选举的公民"。很多情况下，尤其在发达地区，"村民"的范围要大于村组集体经济组织"成员"的范围。2013 年中央"一号文件"提出，要"探索集体经济组织成员资格界定的具体办法"，但目前有关部门还没有出台具体的实施办法。

各地主要通过三种方式对集体经济组织成员资格进行界定：一是出台地方性法规或政府规章，以浙江、广东为代表；二是制定地方规范性文件，以上海为代表；三是按照村规民约决定（徐刚等，2014）。在具体实践中，上海市闵行区的经验值得参考和借鉴。为确保农村集体经济组织产权制度改革起点公平和机会均等，并得到广大农民群众的认可与拥护，上海市闵行区明确把集体经济组织的成员范围，界定为 1956 年 1 月 1 日到推进改革期间，户口在村、劳动在村的 16 周岁以上的人口。农龄的计算时间，自正式参加集体经济组织开始，到征地转居或其他情况离开村队就业时结束。在历史上曾经为集体经济积累做过贡献的人，包括已经死亡、婚嫁、改变农民身份者甚至插队知青等均被考虑在内，最大限度地兼顾了规则公正和结果公平。

3. 采用哪种集体资产折股量化方法

由于农村集体资产构成具有复杂性、成员资格具有模糊性、村级组织具有多样性等特点，各地关于农村集体资产折股量化的方法也多种多样。上海市闵行区针对不同类型的村，在农村资产量化改革中采取了不同的形式：一是在撤制村，对集体资产实行全额折股量化。二是在不撤制村，对集体资产实行部分折股量化。一些村将经营性资产折股量化，而对土地和非经营性资产实行入台账不量化，在使用时提取资源占用费，由原所有集体成员共同享有。三是在以农业为主的地区，实行土地承包经营权折股量化。如上海市闵行区浦江镇的5个村，采取土地承包面积入股的方式，每亩为一股，收益来源主要为土地流转费用。针对上海市闵行区的探索和实践，各地可以进行参考和借鉴，也可以根据自己的情况探索新的途径和方法。集体资产股权设置应以个人股为主，是否设置集体股，归根结底要尊重农民群众的选择，由集体经济组织通过公开程序自主决定。

在股权管理方面，应尽快研究出台《农村新型集体经济组织股权管理办法》，对人员界定、股权结构、增资扩股以及新增资产股份量化等问题作出明确规定。通过股权管理做大做强集体经济，增强集体经济的竞争能力、发展活力和对成员的服务能力。尽快研究出台《农村新型集体经济组织收入分配管理办法》，对于改制后的集体经济组织收入分配进行规范，逐步缩小集体福利分配的范围。在把集体财产权转变为共同持有股份的时候，对集体组织共同的持有股份应分配给集体成员持有。对实行股份合作制进行集体产权制度改革的，对股份分红征收的税收给予返还或减免，切实减轻农民负担。

4. 改革后的集体资产管理组织如何构建

对于完成产权制度改革的新型集体经济组织，如何明晰和确定农村集体产权制度改革后的组织形式，各地的做法主要有三种：一是成立村级经济合作社，由县级以上人民政府确认并颁发证书；二是依据农民专业合作社法，登记为社区股份合作社；三是按照公司法，登记为企业法人。此外，还有一些实行农村集体产权制度改革的集体经济组织，仍依托原有的集体经济组织开展生产经营活动。

上海市闵行区则根据撤制村、不撤制村、城中村等不同类别，采取组建社区股份合作社、股份有限公司、有限责任公司、村经济合作社等多种组织形式。从目前来看，由集体经济组织成员入股，采取股份合作制，对集体资产使用、管理和分配是一种有效形式。这种形式对解决目前集体资产由少数村干部支配和实际控制、多数村集体组织成员不能分享收益等问题具有重要意义。借鉴闵行经验，农村集体产权制度改革要区分不同地区的资产状况和经济发展水平，分类指导，有序推进，应针对广大农区、经济发达地区以及村改居地区等不同情况，探索实施适合本地区发展水平及经济特征的法人形式。

四、深化农村集体产权制度改革的对策措施

党的十八届三中全会决定提出了保障农民集体经济组织成员权利，积极发展农民股份合作，赋予农民对集体资产股份占有、收益、有偿退出及抵押、担保、继承权的改革任务。最近，中央又对农民股份合作和农村集体资产股份权能改革试点工作作出了明确部署。农村集体产权制度改革是一项重大变革，事关农村经济发展和社会稳定大局。加快推进农村集体产权制度改革，需要做好以下几个方面的工作。

1. 民主确定成员资格认定标准

按照中国现行法律，村集体所有的土地是由村集体成员共同拥有而非由村集体管理组织实体拥有。尽管《物权法》在明确村集体成员与村集体管理组织实体在所有权上的关系时，规定了被授权代表集体成员的村集体管理组织实体可以行使所有权，但是对这一规定存在的普遍误解是，村集体所有权就是村集体管理组织实体拥有的所有权。因此有必要在对集体产权制度进行改革的过程中，进一步明晰和确定集体经济组织的成员资格，澄清集体所有权主体和行使主体之间的关系。明晰和确定集体经济组织成员资格，对于推进农村集体产权改革具有重要意义。集体经济组织成员身份界定应在坚持尊重历史、权利义务对等、标准一致、程序公开的基础上，统筹考虑户籍关系、农村土地承包经营权情况、对集体积累作出的贡献以及有关法律政策规定等条件，由集体经济组织全体成员民主决定。同时，还应妥善处理外嫁女、义务兵、迁入户等特殊群体的成员身份界定问题，防止多数人侵犯少数人权益。

2. 规范农村集体资产股权管理办法

应尽快出台《农村新型集体经济组织股权管理办法》，对人员界定、股权结构、增资扩股以及新增资产股份量化等问题作出明确规定。通过股权管理做大做强集体经济，增强集体经济的竞争能力、发展活力和对成员的服务能力。尽快研究出台《农村新型集体经济组织收入分配管理办法》，对于改制后的集体经济组织收入分配进行规范，逐步缩小集体福利分配的范围。在把集体财产权转变为共同持有股份的时候，对集体组织共同的持有股份应分配给集体成员持有。对实行股份合作制进行集体产权制度改革的，对股份分红征收的税收给予返还或减免，切实减轻农民负担。现阶段，集体资产股权设置应以个人股为主，是否设置集体股，归根结底要尊重农民群众的选择，由集体经济组织通过公开程序自主决定。但当一些农村完成"村转居"，集体经济组织的社会性负担逐步剥离后，应当取消集体股以达到产权的彻底清晰。

3. 完善农村集体资产法人治理结构

科学合理的法人治理结构，是实行民主决策、民主管理、民主监督的保障。应研究制定《农村新型集体经济组织章程》，建立包含股东大会、理事会、监事会的"三会"治理结构，以及包含法人财产权、出资者所有权、出资者监督权、法人代理权的"四权"制衡机制。我国《公司法》规定，股份制企业应当把利润作为红利分配给股东。但多数地区的村集体经济组织提取了30%的利润，只把70%的利润分配给了股份持有人。针对上述问题，推进农村集体产权制度改革，要依照现行法律的规定，规范利润分配行为。此外，还应当改善法人治理结构的外部体制环境，理顺村党支部、村委会与新型集体经济组织之间的关系，使农民群众真正成为集体经济的投资主体、决策主体和受益主体，成为集体经济组织名副其实的主人。

4. 培育和发展农村集体产权市场

建立农村集体产权流转交易市场，是构建归属清晰、权责明确、流转顺畅的现代农村产权制度的重要内容，也是巩固集体产权制度改革成果、赋予农民更多财产权利的重要保障。一是加快开展农村集体土地所有权和集体经营性建设用地使用权确权登记颁证，赋予和维护农民和集体对土地应该拥有的财产权利。二是探索建立农村集体经营性建设用地与国有土地同等入市、同权同价机制，加快农村集体产权流转交易平台建设。三是探索实行征占地集体留用制度，为集体经济发展转型提供制度保障。四是积极探索农民宅基地集约化使用办法，保障农民拥有稳定可靠的资产收益。

5. 调整完善现行法律法规和政策规定

2014 年中央"一号文件"提出的"推动农村集体产权股份合作制改革，保障农民集体经济组织成员权利"的部署和要求，是对近些年来农村集体资金、资产、资源管理中积累的问题和基层各种改革尝试的积极回应。从法律规定看，农村集体经济组织有法律地位，有独立的财产，有独立的民事权利和民事行为能力，具备了作为法人的实质性要件。然而，当前现行的法律法规和政策规定与农村集体资产管理和改革的要求存在着矛盾和冲突，已成为制约农村集体产权制度改革的制度障碍。只有解决好农村集体"三资"管理现状、政策要求与法律法规之间的衔接问题，农村集体产权制度改革的方案才能得以顺利实施并取得良好的效果。按照党的十八届四中全会提出的"实现立法和改革决策相衔接，做到重大改革于法有据、立法主动适应改革和经济社会发展需要。实践证明行之有效的，要及时上升为法律。实践条件还不成熟、需要先行先试的，要按照法定程序作出授权。对不适应改革要求的法律法规，要及时修改和废止"等要求，有关部门要抓紧研究提出指导意见和实施办法，推动修订相关法律法规。各地要按照中央的统一部署和要求，规范有序地推进农村产权制度改革。

◘ **作者简介**
农业部农村经济研究中心。

【参考文献】

[1] 高云才. 农村集体资产产权改革将展开农民获更多财产权利. 人民日报, 2014 – 10 – 19

[2] 徐刚，李春艳，霍然. 集体产权制度改革权利为重. 农村经营管理, 2014（3）

[3] 郭光磊. 北京农村研究报告 2013. 北京：社会科学文献出版社, 2014

[4] 课题组. 对农村集体产权制度改革若干问题的思考. 农业经济问题, 2014（4）

[5] 王宾，刘祥琪. 农村集体产权制度股份化改革的政策效果：北京证据. 改革, 2014（6）

[6] 关锐捷，郑有贵，赵亮. 加快农村社区集体经济组织立法进程势在必行. 农村经营管理，2012（1）

[7] 张晓雯. 成都市农村产权制度改革实践与启示. 农村经济，2010（11）

[8] 秦小红. 西方财产权理论的谱系及其对中国农村产权制度改革的启示. 江西财经大学学报，2014（2）

[9] 方桂堂. 农民增收的多维路径及当下选择：北京个案. 改革，2014（3）

[10] 马永伟. 农村集体资产产权制度改革：温州的实践. 福建论坛（人文社会科学版），2013（6）

[11] 付明星. 关于农村产权制度改革的思考——武汉市农村综合产权交易所的实践. 农村工作通讯，2010（13）

[12] 农业部农村经济体制与经营管理司调研组. 浙江省农村集体产权制度改革调研报告. 农业经济问题，2013（10）

中国农村集体经济组织产权制度改革若干问题思考

◉ 方志权

推进农村集体经济组织产权制度改革是农村改革发展中的一个具有方向性的重大课题。中国农村集体经济组织产权制度改革取得初步成效，但由于缺少法律法规和相关配套扶持政策的支撑，在推进过程中遇到了不少瓶颈问题和制约因素。在思想认识方面，要通过有针对性的宣传，实行"一把手"工程，建立目标考核制度；在农村集体资产量化范围方面，各地可以先量化经营性资产，暂不量化非经营性资产和资源性资产，待条件成熟后再逐步扩大。在成员资格界定方面，鼓励地方根据实际情况，制订文件，规定标准，积极探索。在股权（份额）设置方面，应以农龄为主要依据，并充分尊重群众选择，由集体经济组织通过公开程序自主决定。完成产权制度改革后所建立的新型集体经济组织，可因地制宜选择有限责任公司、社区股份合作社和经济合作社等多种形式，各级政府和相关部门应积极予以支持。

农村集体经济组织产权制度改革是集体经济组织在坚持农民集体所有的前提下，按照股份合作制的原则，将集体资产折股量化到人，由农民共同共有的产权制度转变为农民按份共有的产权制度，农民变股民，按份享受集体资产收益的分配制度。作为我国农村经济体制的一种创新，这项改革将有效保障农民财产权利，激发农业农村发展内在活力，对促进城乡要素平等交换、建立城乡发展一体化体制机制具有重要的现实意义和深远的历史意义。

中国农村集体经济组织产权制度改革始于20世纪90年代经济发达地区，进入新世纪后，随着工业化和城镇化进程的加快，各地加大了推进农村集体经济组织产权制度改革的力度，明确集体资产的产权归属，改变集体资产名义上

"人人有份"、实际上"人人无份"的状态，真正做到"资产变股权、农民当股东"，农民开始享有稳定的分红收益。

据农业部 2013 年度报表统计资料①，截至 2012 年年底，全国共有 30 个省（区、市）的 3.2 万个村开展了产权制度改革（其中，已完成改制的村 23092 个），占全国总村数的 5.3%。改制村当年股金分红 188.5 亿元，农民人均分红 387.9 元。按省分析，2012 年，北京、广东、上海、江苏和浙江 5 省（市）完成改制的村占全国完成改制村数的 80% 左右。其中，上海市松江区 14 个乡镇、107 个村已全部完成改制，共量化集体资产 328.2 亿元，认定集体经济组织成员 57 万人，在全国率先以区为单位完成了镇村两级农村集体经济组织产权制度改革。2013 年部分省（市）农村集体经济组织产权制度改革情况如表 1 所示。

表 1   2013 年部分省（市）农村集体经济组织产权制度改革情况

地区	起始时间（年）	占总村数（%）	户均分红（元）	主要法规规章和政策文件
北京	1993	95	约 1500	《北京市农村集体资产管理条例》（1998 年 11 月）
广东	1991	20	约 1000	《广东农村集体经济组织管理规定》（2006 年 7 月）
江苏	1998	33	约 1000	《江苏省农民合作社条例》（2009 年 11 月）
浙江	1993	30	约 1000	《浙江省村经济合作社组织条例》（2007 年 11 月）
上海	1992	15	约 3000	《关于加快本市农村集体经济组织改革发展的若干意见（试行）》（2012 年 3 月）

注：北京、广东、上海、江苏和浙江 5 省（市）为推进农村集体经济组织产权制度改革出台了不少地方性的政策法规，本表列举的是有典型代表性的法规和政策文件。

中国农村集体经济组织产权制度改革，按改制层面来分类，可分为村级改制和乡镇级改制，以村级改制为主；按改制时间来分类，可分为撤销行政村后改制和不撤销行政村建制直接改制，以撤村后改制为主；按资产构成来分类，可分为存量折股型改制和增量配股型改制，以存量折股型改制为主。从各地的实践看，改制的主要做法是将农村集体经济组织的经营性实物资产和货币资

① 农业部农村经济体制与经营管理司：《2013 年全国农村集体经营管理统计汇编》，2013 年 5 月。

产，经过清产核资和评估以后，按照劳动年限折成股份量化给本集体经济组织成员，同时提取一定比例的公益金和公积金（集体股），主要用于村委会或社区公共管理和村民公共福利事业支出，并实行按劳分配与按股分红相结合的分配制度。

中国推进农村集体经济组织产权制度改革的核心内容主要有三项：一是对农村集体经济组织进行清产核资和资产评估。这是推进农村集体经济组织产权制度改革的基础性、前置性举措。在区、乡镇、村不同层级设立工作小组，负责指导、协调和实施农村集体经济组织的清产核资工作，妥善处理账物不符、坏账核销等遗留问题，并明确清产核资、资产评估以及资产评估报告的确认等相关程序和具体规则，为推进农村集体经济组织产权制度改革奠定基础。二是认定农村集体经济组织成员，开展"农龄"统计①。为确保农村集体经济组织产权制度改革"起点"公平，得到广大群众的认可与拥护，必须明确集体经济组织成员的范围。三是农村集体资产股份量化到人，明晰产权。对集体资产因地制宜地采取全部资产折股量化、部分资产折股量化或者土地承包经营权折股量化等形式量化到人。对于插队落户、返城知青等人员，原则上以股权的形式兑付量化资产。农户量化后的资产股份，根据情况采取全额入股、按成员资格全额或部分入股、按"农龄"分档入股、存量资产与增量资产合并入股等不同形式，入股改制后的农村集体经济组织。这样，农村集体经济组织中的成员真正成为了股民。

总结各地的实践经验，在推进农村集体经济组织产权制度改革过程中，必须守住"一个坚持、三个做到、四个有利于"的底线，即：坚持集体资产所有权，做到公平公正、公开透明、程序严密，有利于城乡要素资源均衡配置和平等交换，有利于激活农村资源要素和激发农村集体经济活力，有利于保护农民财产权利，有利于形成农业经济发展和农村社会稳定的内生动力。在此基础上，遵循以下原则：一是依法依规。推进农村产权制度改革应遵循《物权法》、《土地法》、《土地承包法》、《婚姻法》、《继承法》等法律的相关规定，以及地方性法规和指导性意见的相关规定，同时要注意兼顾不同法律、政策之间的兼容性和关联性。在改革过程中，各改制单位始终坚持改革必须依法依

---

① "农龄"是指农民为集体经济组织工作的时间。"农龄"是由"工龄"衍生而来，其长短反映了农民对社会和农村集体贡献的大小和知识、经验、技术熟练程度的高低。

规，有政策的按政策要求办，没有政策依据的，由村民集体经济组织成员代表大会讨论通过。二是因地制宜。面对千差万别、参差不齐的农村经济和社会发展情况，推进农村产权制度改革不能搞"一刀切"，实践中，各地应依据经济社会发展情况，因地制宜地选择符合自身实际的改革形式和路径。三是因事制宜。一个村庄有一个村庄的历史，个体情况更是复杂多变，只有农民自己才对自己的事情最有发言权。因此，推进农村产权制度改革可按照"一村一策"、"一事一策"的办法，将权利交给村民自己，通过合法性、公开性、民主性相结合，做到"复杂问题民主化、民主问题程序化"。四是维护利益。在推进产权制度改革过程中，不仅要给群众看得见、摸得着的眼前实惠，更要考虑长远，注重从根本上为农民谋福利。围绕保护农村集体经济组织成员利益，一方面要更加注重体制和机制的创新，构建农民增收长效机制；另一方面要更加保护和激发农民群众的创新热情和创造能力，保持推动农村改革发展的强大活力。

当前，中国各地在推进农村集体经济组织产权制度改革的过程中，普遍存在着几个突出的问题。

一、关于思想认识问题

基层干部对推进农村集体经济组织产权制度改革存在的思想认识问题，比较有共性的有"五怕"：一怕难。农村集体经济组织产权制度改革是一项较复杂的系统性工作，政策性很强，没有现成的经验可以参照，工作难度很大。二怕烦。农村集体经济组织产权制度改革程序复杂，工作量大，势必更多牵扯工作精力，难免存在怕烦情绪。三怕乱。农村集体经济在发展过程中或多或少遇到过这样那样的问题，不少问题都是历史形成的，基层干部不愿去捅"马蜂窝"。四怕失权。开展农村集体经济组织产权制度改革要求建立完善的组织治理结构，凡涉及集体资产和集体经济组织成员切身利益的重大事项，都必须提交成员（代表）会议讨论。一切权利运作都要在阳光下进行，基层干部因改革后失权难免会有失落感。五怕失利。长期以来，相对于财政资金，乡镇、村领导对集体经济收入的支配权更大，基层干部对推进农村集体经济组织产权制度改革没有积极性。

除上述"五怕"以外，乡镇、村干部反映最突出的是改制后集体经济组织成员普遍对股份（份额）分红期望较高，没有分红的盼分红，已经分红的希望分红比例能每年递增，而且村与村之间、乡镇与乡镇之间集体经济组织成员还会互相攀比，这对基层干部造成了较大的压力，不少乡镇、村干部都提出，担心改制后分红达不到集体经济组织成员的预期，会影响自己的威信和日常工作的开展。在村一级，村干部还提出，改制前村委会和集体经济组织的社会管理、公共福利、帮困救助等方面的开支都是"混账、混用"，而改制后细化并落实这些开支，困难很大。在乡镇一级，主要问题是土地补偿费不少已被乡镇用于开发建设，因此，乡镇对改制工作能拖则拖，工作积极性明显不高。上述推进农村集体经济组织产权制度改革中遇到的现实问题，并不是孤立存在，而是互相交织、互相影响的。对此，要针对不同问题，寻找不同的办法，通过有针对性的宣传和有操作性的指导，妥善加以解决，才会收到好的效果。

二、关于农村集体资产量化范围问题

中国农村现有的集体经济组织是从人民公社时期的"三级所有、队为基础"演变而来的，与原生产队、生产大队、人民公社相对应的分别是组级、村级和乡镇级集体经济组织。各级农村集体经济组织按照集体土地所有权归属和集体资产产权归属，依法经营管理本组织集体所有的资产，任何公民、法人和其他组织不得侵犯。农村集体资产的量化，是对被认定为属于现有集体经济组织成员的共有资产，按照一定标准，采取股份的形式在本集体经济组织成员之间明晰产权的过程。因此，农村集体经济组织产权制度改革不能突破原有集体经济组织的范围，这是推进改革、制定政策的底线。目前，各地对于集体资产量化范围的认识还不尽相同：一种观点认为，应当对集体经营性净资产进行量化。这种资产量化方式易于操作，可以较好地规避土地等资源难以评估作价的问题，改革的困难会小一些。另一种观点认为，应该把经营性资产、非经营性资产和资源性资产均列入量化的范围，这样才能保证农村集体资产的完整性，才是彻底的改革，才可以盘活农村集体的全部资产，使其发挥更大的价值，更好地实现并保护农民的财产权益。

应该说，上述两种认识都有一定的理由。这是因为集体资产的范围有狭义与广义之分。狭义的集体资产仅指集体账面资产，也就是经营性资产和非经营性资产；广义的集体资产还包括土地等资源性资产，资源的使用、处置、经营收益分配也是集体资产管理的重要内容。因此，笔者认为，对于集体资产量化的范围，在中央制定统一的标准前，各地可以先量化非资源性经营性资产，暂不量化非经营性资产和资源性资产。待经济发展到一定程度，各方面条件允许，农村集体资产监管制度比较健全后，则可以对这三类资产实行同步量化。主张当前应将集体资产量化的重点放在非资源性的经营性资产方面的理由，主要有以下几点：一是农村"三块地"的权益，国家政策制度安排是：农民承包田确权登记颁证到户，长久不变；农村集体经营性建设用地实行与国有土地同权同价入市的改革；农民宅基地用益物权归农户持有，探索农民住房财产权抵押、担保、转让改革。二是非经营性资产主要是公共使用的农村集体资产，属纯公益性的，现阶段没有必要折股量化。三是农村集体土地（包括农村承包地）等资源性资产，只登记面积，一般不进行量化作价。目前土地等集体资产尚不能进入市场，价值一时难以显现，评估缺乏实际意义。四是在股权设置方面，上海无论是产权制度改革还是撤制村队集体资产处置，主要都以农龄分配为主要依据，长期以来已得到了基层的充分认可。上海在农龄统计时既涵盖了现有的集体经济组织成员，也包括已过世曾经的集体经济组织成员。以农龄为股份设置主要依据的做法较好地体现了人与户的有机结合，与农村土地承包中"增人不增地、减人不减地"，以户为单位的承包方式的总体精神相一致，体现了二次分配注重公平的原则。

三、关于农村集体经济组织成员资格认定问题

认定农村集体经济组织成员资格，是为了确定集体资产的归属。农村集体资产是一种特殊的财产，集体资产的问题总是与集体成员的身份联系在一起。目前农村集体经济组织成员身份的认定无法可依，多数处于乡村自我管理的状态，受当地乡规民约、传统观念和历史习惯等因素影响较大，"乡土"色彩较浓。在具体实践中，各地对农村集体经济组织成员身份的认定方法各不相同，但归纳起来，主要是以农民居住地和承担农村集体经济组织权利义务的情况作为认定标准。事实上，这种以户籍作为集体经济组织成员认定标准的做法在各个地方的执行情况也是不同的。

对农村集体经济组织成员身份的认定需要一个明确的标准，而这个标准不能由集体经济组织自行制定。由于在短期内制定一个全国统一的农村集体经济

组织成员认定标准也不现实，但城镇化进程中或者"村改居"过程中对集体资产进行量化分配，不可避免地会遇到农村集体经济组织成员身份认定的问题，笔者认为，对这一问题，各地可根据实际情况出台地方性法规或规范性文件，规定农村集体经济组织成员身份认定的标准，制定操作细则，待条件成熟后，由全国出台原则性的认定标准。总体考量是：农村集体经济组织成员资格应基于由该组织较为固定的成员所组成的具有延续性的共同体，其成员原则上应该在该组织所在地长期固定地生产、生活，形成事实上与该组织的权利义务关系及管理关系，并结合是否具有依法登记的该组织所在地常住户口来认定。在此大前提下，对一些特殊或者疑难问题，可充分尊重农村集体经济组织的自主权。

根据对发达地区不少农村集体经济组织改制实践的观察与总结，以"特定时间集体经济组织所在地农业户口和对集体资产贡献大小"作为依据，是目前能够找到的认定农村集体经济组织成员资格的有效方法，将其作为认定农村集体经济组织成员资格的依据，既比较合理，也具有可操作性。

笔者认为，农村集体经济组织成员资格的认定大致有两个范畴：一般农村集体经济组织成员资格的认定和特殊群体成员资格的认定。后者可分为两个类别：一是具有本村户籍并居住在本村集体经济组织所在地，但未能对本集体经济组织尽义务的人员，例如未成年人、老弱病残和其他丧失劳动能力的人；二是长期居住在本组织所在地，对本集体经济组织尽了义务而没有本村户籍或户籍已迁移出去的人，例如超生子女、服役军人等。

鉴于农村各类人员的情况不同，在符合相关政策精神的前提下，农村集体经济组织成员资格的认定应充分尊重农村集体经济组织的自主权，遵循"尊重历史、照顾现实、实事求是"的原则。在具体操作过程中，可把握以下几个关键：一是涵盖不同群体。农村集体资产是各个历史阶段农村集体经济组织成员劳动成果的累积，因此，成员资格的认定也应涵盖各个阶段的不同群体。二是权利义务对等。履行义务是享受权利的前提，成员享有的权利应与其对农村集体经济组织承担的义务和做出的贡献相当。三是防止政策"翻烧饼"。成员资格的认定涉及每位农村集体经济组织成员的切身利益，应当采取一致的标准，不能实行双重标准。四是坚持程序公开。由于广大群众对农村集体经济组织成员的变化情况最了解，也最有发言权，应坚持程序的合法性与公开性相结合，将成员资格认定的决定权交给农村集体经济组织成员，由他们充分协商、民主决定。五是杜绝侵犯权益。在成员资格认定工作中既要坚持少数服从多数，又要保护少数人的利益，防止多数人侵犯少数人的合法权益。

四、关于股权（份额）设置问题

在股权（份额）设置形式上，各地的做法不尽相同，主要区别在于是以"农龄"还是以"人头"为股份设置的依据，以及股份是否可以转让两个方面。笔者认为，无论是产权制度改革还是撤村建居集体资产的处置，在股权（份额）设置上都应以"农龄"为主要依据，这已得到了基层干部和群众的充分认可。以"农龄"为股份设置的主要依据，较好地体现了人与户的有机结合。这里需要提出的是，农龄是主要依据，但不是唯一依据，在实际操作过程中，各地完全可结合具体情况在维持以"农龄"为股份设置主要依据的基础上，适当考虑其他因素，同时进一步研究将人与户更有效地结合，以户为单位发放社员证，并相应明确户内每个成员的股权（份额）。

就全国各地农村集体经济组织产权制度改革的情况看，当前股权（份额）设置所面临的最大问题是是否设置集体股。一些地方在改制时设置了集体股，主要是出于两方面的考虑：一是担心没有集体股，集体经济组织就失去了公有制性质；二是集体经济组织目前承担了大量的公共服务职能，需要通过设置集体股筹集公共事业所需经费。而大部分地方则主张不设集体股，主要是因为如果改制时保留集体股，随着城镇化进程的急剧推进，集体积累逐渐增加，会再次出现集体股权属关系不清晰的问题，需要进行二次改制；此外，集体股在集体经济组织变更或重组时还将面临再分配、再确权的问题，极易产生新的矛盾。因此，上海、江苏、浙江等地在改制时原则上不提倡设置集体股。当然，如果基层干部和群众一致要求设置集体股，则应充分尊重群众的选择，由农村集体经济组织通过公开程序自主决定。对这一问题，笔者认为，对于城镇化进程较快、已实现"村改居"的地方，应明确不设置集体股，其日常公共事业支出，可以通过在集体收益分配中提取公积金、公益金的方式来解决，其具体比例或数额由改制后的新型农村集体经济组织成员（代表）会议在讨论年度预决算时决定。

五、关于改制后农村集体经济组织的产权制度安排和治理结构问题

中国《宪法》明确规定，社会主义经济制度的基础是生产资料的社会主义公有制，即全民所有制和劳动群众集体所有制；农村集体经济组织实行家庭承包经营为基础、统分结合的双层经营体制；农村中的生产、供销、信用、消费等各种形式的合作经济，是社会主义劳动群众集体所有制经济。这是《宪法》赋予农村集体经济组织的明确的法律地位。《民法通则》将民事主体区分为公民和法人，法人分为企业法人、机关法人、事业单位法人和社会团体法人四类。农村集体经济组织与企业等法人组织属于完全不同的组织类型，其法人地位并未明确。有法律地位而无法人地位，导致农村集体经济组织无法作为完整的市场主体参与经营竞争，这个问题始终困扰着中国农村集体经济组织产权制度改革。

对完成产权制度改革后的农村集体经济组织的产权制度安排和治理结构，各地主要采取了三种形式：一是有限责任公司，二是社区股份合作社，三是经济合作社。这三种形式中，有限责任公司是按照《公司法》进行工商登记的公司法人，但其股东只能在 50 人以下，与乡镇、村集体经济组织成员成千上万的特点不相适应，因此，改制的农村集体经济组织只能采取隐性股东的做法，大部分集体经济组织成员的权利难以得到法律的认可和保护。社区股份合作社在工商部门登记的，主要是参照《农民专业合作社法》登记的法人[①]，它有效解决了股东人数限制的问题，但由于社区股份合作社是较特殊的法人，对它没有专门的税收、财务制度，因此，在税收、财务方面所执行的是适用于公司法人的相关制度，在运营中社区股份合作社要缴纳营业税、城市维护建设税、房产税、土地使用税、企业所得税等各项税赋，税费负担较重。无论是有限责任公司还是社区股份合作社，它们都对股东（集体经济组织成员）进行收益分配，而股东都要缴纳 20% 的红利税（即个人所得税），这在很大程度上增加了新型农村集体经济组织的负担（一般情况下，为增加农民收入，红利

[①] 中国目前大多数社区股份合作社是参照《农民专业合作社法》在工商部门进行法人登记的。在税费方面，国家缺乏具体的农村集体资产交易、投资等免税法律规定，因此，社区股份合作社不享受按照农民专业合作社运行中的农产品销售优惠政策，而是需要像公司那样进行缴税。

税由公司、社区股份合作社代缴），影响了农村集体经济组织改制的积极性。经济合作社是一种组织创新，不需进行工商登记，由县级以上人民政府颁发证明书，并可凭此证明书申领组织机构代码证，分红时不需要缴纳红利税。但是，经济合作社不是法人主体，无法作为出资人对外投资，这在一定程度上影响了经济合作社的持续发展。新型农村集体经济组织的内部管理及外部环境如表2所示。

表2 新型农村集体经济组织内部管理及外部环境比较

类型内容		经济合作社	有限责任公司	社区股份合作社
内部管理	成员（股东人数）	没有限制	50人以下	发起人为2～200人
	出资方式	不明确	可货币估价并可依法转让的财产	可货币估价并可依法转让的财产
	承担责任	无限责任	以出资为限	以出资为限
	权利机构	成员大会	股东会	股东大会
	决策方式	一人一票	按投资额	一股一票
	日常权力机构	成员代表大会	执行董事；或董事会，人数3～13人	董事会，人数5～19人
	监督机构	监督委员会，3～5人	1～2名监事；或监事会，人数不少于3人	监事会，人数不少于3人
外部环境	法人地位	无	公司法人	参照农民专业合作社法人
	营业执照	无	有	有
	经营税费	无	有	有

六、关于集体资产股份流转问题

在市场经济体制下，只有集体资产股权自由流转，才能实现生产要素的优化组合，才能体现农民所持集体资产股份的价值，也才能显现它们作为生产要素的潜在市场价值。如果仅对集体资产确权，而不允许其股权流转，那么，量化的集体资产就只能是"僵化的资产"，不能与其他要素实现优化组合，也不能像其他产权一样产生增值的效能。因此，从长远看，为充分发挥集体资产股份自由流转的效应，应该赋予其流转的权能。

然而，考虑到当前中国农村社会的开放程度和农村集体经济组织产权制度改革的发展状况，笔者认为，目前农村集体资产股份可在本集体经济组织内部转让，全面对外流转的条件尚不具备。这是因为改制后的农村集体经济组织，其成员所获得的股权大多还是福利性质的，在很大程度上还承担着农村社会保障的职能，农村集体经济组织成员也没有将集体资产股权对外流转的意愿。加之目前大部分地方未将土地资源纳入改制的范围，农村集体资产的价值并未完全显化。为了切实保护农村集体经济组织成员的资产收益权，确保农村集体资产保值增值，笔者认为，现阶段农村集体资产股权不宜对外开放流转，以防止外来资金进入后控股农村集体经济。当然，将来随着农村集体资产价值的不断显化，股权流转制度的不断健全，可以在风险可控的前提下试行农村集体资产股权对外开放流转，逐步探索生产要素的流动方式。

七、关于新型农村集体经济组织治理结构完善问题

农村集体经济组织产权制度改革的目的是实现"政企分开"、"政资（财政资金与集体资金）分离"，建立较为完善的现代企业制度和法人治理结构。但是，目前已完成产权制度改革的农村集体经济组织，其董事长或理事长大多仍由乡镇书记或村书记兼任（书记多为外派的，往往不是本集体经济组织成员）。这种做法在改革起步时，体现了强有力的组织保障，也符合农村的实际情况，但与集体经济组织的本质特征并不相符，长远来说还需进一步规范。由于长期以来村级组织的运转经费主要依靠农村集体经济来保障，一些村改制后，并未真正实现村委会经费和集体经济组织经费分账管理、分账使用；同时，新型农村集体经济组织的董事会或理事会、监事会成员大多仍由乡镇党政主要领导和机关干部、村领导班子成员等兼任，管理上仍沿用原有管理乡镇、村级组织的方式，难以真正改变政府主导的固有模式，一定程度上也缺乏驾驭市场经济、适应市场竞争的能力。

对于这一问题，笔者认为，要进一步健全各级农村集体资产监督管理委员会的职能，加强对农村集体经济组织重大项目投资、大额度资金使用、资产变动、收益分配方案、财务审计和重要人事安排等重大事项的审核。全面建立健全乡镇农经站，由农经站具体承担乡镇和村集体资产监督管理的日常工作。改制为有限责任公司和社区股份合作社的农村集体经济组织的治理机构，则按照相关法律政策规定来操作。改制后成立的经济合作社依法代表全体成员行使农

村集体资产所有权，是农村集体资产管理的主体。经济合作社依照章程建立成员代表会议制度、成立理事会和监事会。成员代表会议是改制后农村集体经济组织的权力机构，凡涉及集体资产和成员切身利益的重大事项，必须提交成员代表会议讨论，经 2/3 以上代表同意方可实行，并及时上报给上级集体资产监督管理委员会。理事会作为成员代表会议的执行机构，负责经济合作社的日常事务管理工作。监事会作为监督机构，代表经济合作社全体成员对集体资产经营管理活动进行监督。经济合作社理事会理事和理事长候选人应当具有农村集体经济组织成员的资格，奉公守法，熟悉经营管理，善于组织协调，在成员中有一定的声望。理事会理事和理事长由成员代表会议一并选举产生。经济合作社理事会可以聘用职业经理人来经营管理经济合作社。经济合作社监事长由上级集体资产监督管理委员会委派，监事会监事由成员代表会议选举产生。

八、关于新型农村集体经济组织与村委会或社区管理关系问题

当前已改制地区普遍反映，改制后村党支部、农村集体经济组织与村民自治组织职能交叉，未能做到各司其职、各负其责。事实上，新型农村集体经济组织仍然承担了村委会或社区公共管理的职能和相应的费用，长此以往，既会影响甚至拖累新型农村集体经济组织发展，又易引发农村集体经济组织成员与村委会或社区居民之间的矛盾。

笔者认为，应积极创造条件，加快推进改制后农村基层组织政治职能、公共服务职能和经济职能的相互分离。村级党组织要发挥好领导核心的作用，领导和支持基层各种组织依法行使职权。村民自治组织要依法开展群众自治，搞好自治管理和公共服务。农村集体经济组织负责集体经济的运营和管理，发展壮大集体经济，提高集体经济组织成员的财产性收入。

推进农村集体经济组织产权制度改革后的一项重要制度安排就是实行"村经分离"。所谓"村经分离"，是指新型农村集体经济组织和村委会在职能、经费、人员等方面实行分离，其中主要是经费的分账使用和分账管理。这项改革在广东东莞、江苏苏州等地都已进行了有益的探索。笔者认为，在城镇化进程很快、已经撤村建居的地方，原村委会承担的社会管理职能可以转交相应的社区（居委会），相关费用纳入社区（居委会）财政支出予以保障。改制

后的农村集体经济组织主要负责集体资产的经营管理，并按股向其成员分红，不再承担社会管理的相关费用。在尚未撤村建居、但农村集体经济组织已经改制的地方，村委会主要承担社会管理的职能，相关费用由财政予以保障；新型农村集体经济组织承担经济职能，主要负责集体资产的经营管理，并按股（份额）向其成员分红。村委会和新型农村集体经济组织要分设账目，并按相应的会计制度加强账务管理。

九、关于改制后农村集体经济发展问题

推进农村集体经济组织产权制度改革不仅是要进一步明晰农村集体资产的产权关系，建立适应社会主义市场经济体制的新型经济主体，更重要的是，要促进农村集体经济持续发展，让农民共享集体经济发展的成果。总体来看，城镇化进程较快的地区，在一定程度上受到规划、土地等方面的制约，新项目难以引进，老项目难以发展，农村集体经济发展后劲不足。同时，由于缺少相关政策的扶持和专业经营人才的支撑，新型农村集体经济组织不宜盲目投资，而应视自身条件，因地制宜确定发展方式。笔者认为，在面上，目前村级集体经济组织自主经营的，一般以发展物业不动产经营为主，尽可能减少经营风险，确保农村集体资产保值增值，确保农民长期获得收益。当然，在人力、经济等条件允许的情况下，农村集体经济组织也可以利用各类资源，通过托管或者入股的形式参与经济开发，将农村集体拥有的各类资产和潜在优势转变为现实的增收能力，不断发展壮大农村集体经济。

十、关于乡镇集体经济组织改制问题

与村级相比，乡镇一级农村集体资产数量更大，涉及面更广，改制政策性更强，情况更复杂。笔者认为，在加快推进村级集体经济组织产权制度改革的同时，还应关注乡镇集体经济组织产权制度改革，积极开展试点。这项工作，目前全国鲜有先例。笔者认为，应借鉴村一级的改制经验和做法，通过以点带面，逐步予以推进。在推进过程中应牢牢把握两条底线：一是以"农龄"为确定股份的主要依据。改制时乡镇集体经济组织也要坚持以"农龄"为主要依据确定成员在集体资产中所占的份额（股份），并以此作为以后收益分配的

依据。二是公开、公平、公正。乡镇集体经济组织改制同样要充分尊重群众的意愿，坚持民主决策，确保集体经济组织成员对这项改革的知情权、参与权、表达权和监督权，将公开、公正、公平的精神贯穿于改革的全过程。

总结各地经验，当前和今后一个时期，中国农村集体经济组织产权制度改革要以保护农村集体经济组织及其成员的合法权益为核心，以创新农村集体经济组织产权制度改革形式为手段，以建立农村集体资产、资金和资源运营管理新机制为要求，建立"归属清晰、权责明确、保护严格、流转顺畅"的农村集体经济组织产权制度，确保农民收入持续增长。

在推进产权制度改革过程中，应建立四项工作机制：一是"一把手"负责机制。这是有效推进改革的重要关键。改革是老大难问题，涉及利益调整。开展改革的地方要建立由党委主要领导亲自挂帅的产权制度改革领导小组，统筹协调本地区的集体经济组织改革工作；配足强有力的工作班子，成立由各相关职能部门参与的工作机构，明确职能部门，明确时间节点；落实推进改革的工作经费。二是动力机制。这是有效推进改革的重要前提。开展改革的乡镇、村要按照确定的目标任务，采用倒排工作方法，分头制定改革工作计划和年度工作安排。同时实施分片指导和分组负责，实行责任到人，包干到镇。乡镇也抽调人员到村实行包干责任制。三是联动机制。这是有效推进改革的重要保障。发挥产权制度改革领导小组的作用，重点研究改革推进过程中的重大问题和重大决策；由分管领导牵头建立工作例会制度，帮助基层解决改革发展中遇到的困难和问题，确保改革发展稳步推进；建立联络员制度，及时掌握工作进度，汇总各类信息，协调推进改革。四是考核机制。这是有效推进改革的重要手段。要将推进农村集体经济组织改革、增加农民收入工作列入对开展改革镇、村领导政绩考核的重要内容，领导班子的考核成绩与年终奖金相挂钩。各镇（街道、园区）对开展改革的村干部也应建立绩效考核制度，以进一步调动基层干部推进改革工作的积极性。

为加快推进农村集体经济组织产权制度改革，笔者对改革进程中亟待解决的共性问题提出两点建议：第一，落实税费减免政策。对改制为有限责任公司、社区股份合作社的新型农村集体经济组织按照股份向成员进行收益分配的，暂缓征收个人所得税；或将分红所得计入农村集体经济组织成员的工资薪金，对超过月均3500元的部分，再按规定征收个人所得税。上述政策，可以在全国农村改革试验区内先行先试，取得经验后再逐步向全国推开。第二，加快启动农村集体经济组织立法。目前中国对农村集体经济组织还没有专门立法，农村集体经济组织一直无名无实，实践中村民委员会往往代行了农村集体经济组织的权利和职能。要抓紧开展农村集体经济组织立法调研，制定《农村集体经济组织法》或者相关条例，赋予农村集体经济组织法人地位，明确其组织形式、职能定位和管理办法。

◘ **作者简介**

中共上海市委农村工作办公室、上海市农业委员会政策法规处。

农业经营制度：
从土地规模经济 转向 分工经济

◉ 罗必良

　　本文基于中国农村基本经营制度的制度目标与制度底线，梳理了现行农业经营格局面临的挑战及其代表性主张，对农业经营制度的一些重大理论分歧进行了辨识，特别是围绕农业的规模经营、分工经济、家庭经营的性质进行了深入讨论。文章认为：①稳定和完善农村基本经营制度，必须坚持制度目标与制度底线；②农业经营方式转变的一个重要方向是实现农业的规模经营，但单纯地推进土地的流转集中与规模经营，存在重大的政策缺陷；③将家庭经营卷入分工活动，农业规模经济性的获得就可以从土地规模经济转向农业的服务规模经济；④家庭经营与经营规模无关，但是，在产权细分与农事活动可分离的前提下，家庭经营则具有广泛的适应性，其实现形式亦可以多种多样；⑤只要坚持农村土地的集体所有制和家庭承包的主体地位，家庭经营制度就具有不可替代性。

　　农村基本经营制度是我国根本性制度安排的重要组成部分。新中国60多年的变革历程，从土地改革到合作化运动和农业集体化，再到家庭承包经营制度，都深刻表达了农村基本经营制度对中国经济社会特别是对农村、农业与农民的根本性影响。党的十七届三中全会将农村基本经营制度上升到"党的农

　　本文的部分内容先后发表于《农业经济问题》2014年第1期、《改革》2014年第2期。

　　基金项目：教育部长江学者创新团队发展计划"中国农村基本经营制度"（批准号：IRT1062）；国家自然科学基金重点项目"农村土地与相关要素市场培育与改革研究"（71333004）；广东省宣传文化人才专项资金。

村政策的基石"的高度。十八届三中全会强调，坚持家庭经营在农业中的基础性地位，坚持农村土地集体所有制、稳定农村土地承包关系并保持长久不变，并在此基础上"加快构建新型农业经营体系"。因此，稳定和完善农村基本经营制度，创新农业经营制度及其经营体系，加快农业经营方式转型，具有重要的战略意义与历史意义。

一、农村基本经营制度：历史沿革与制度底线

1. 农村基本经营制度的历史演变

中国农村基本经营制度主要包括农村土地的农民集体所有制、农民对集体土地的永久承包权制度以及以家庭经营为基础的农业经营制度。其中，农村土地制度作为农村基本经营制度的内核，一直是农村制度变革的主线，并表现出农民土地私有私营（1949～1953年）、土地集体所有与集体（合作）经营（1953～1978年）、土地集体所有与家庭承包经营（1978年至今）三个显著的阶段性特征。1978年之前的制度演变主要表现为强制性制度变迁和集体化特征，1978年之后则体现出诱致性变迁和市场化特征。

纵观我国农村基本经营制度的变迁历程，能够理出三条清晰的演变路径（罗必良等，2013）：一是从人民公社的所有权与经营权的"两权合一"，到家庭经营制的所有权、承包经营权的分离，并进一步由以所有权为中心的赋权体系，向以产权为中心的赋权体系转变；二是从改革初期承包权与经营权的"两权合一"，到要素流动及人地关系松动后承包权与经营权的分离，并进一步由以保障农户的经营权为中心的经营体系，向以稳定农民的承包权为中心的制度体系转变；三是从小而全且分散的小农经济体系，到适度规模与推进农业专业化经营以改善规模经济和分工经济，并进一步在稳定家庭承包权、细分和盘活经营权的基础上，向多元化经营主体以及多样化、多形式的新型农业经营体系转变。

2. 制度目标与制度底线

制度目标对制度形成及其实施具有决定性意义。新中国成立以来，围绕农村基本经营制度的争论与试验从未停息，但制度底线却始终坚持。我国农村基

本经营制度的核心目标是：第一，必须有利于保障农产品有效供给，确保粮食安全和食品安全；第二，必须有利于农业生产效率的改善，确保农民增收和提高经营者收益。可见，多重制度目标所决定的制度实施，既涉及经营机制与要素匹配的问题，又蕴涵着提高劳动生产率、土地生产率、资本生产率等技术进步因素。

必须强调，为了保障制度目标，无论制度安排与制度环境如何变化、现实世界涌现出怎样的创新与试验，均不能削弱甚至突破中国农村基本经营制度的制度内核与制度底线：①必须始终坚持农村土地农民集体所有制；②必须始终稳定土地承包关系并保障农户的土地承包权；③必须始终坚持家庭经营的基础性地位；④必须始终严格保护耕地并强化农地用途管制。

制度目标与制度底线所决定的中国农村基本经营制度，其本质特征就可以表达为：坚持和落实集体所有权、稳定和强化农户承包权、放开和盘活土地经营权、加强和贯彻用途管制权（可简称为"集体所有、家庭承包、多元经营、管住用途"）。由此，农村基本经营制度完善与创新的空间就集中在农业经营方式转型等方面。正因为如此，中共十八届三中全会提出要加快构建新型农业经营体系，即在坚持家庭经营基础地位的同时培育多元经营主体、完善农业社会化服务体系，通过体制机制的完善以及产权配置的优化来推进我国农业现代化进程。

二、农业经营的现实格局：面临的挑战与努力的绩效

1. 制度遗产及其后遗症

（1）制度传统：土地的"均分"基因

人类历史其实就是一部为土地而战的战争史。中国历史上，每个朝代末期的大动荡，都源自农民失去土地成为流民；而每个朝代初起的旭日气象，都伴随着"均田地"的政治举措而民丰物阜（张迁，2006）。在此过程中，"均田"或"均分"等土地分配方式能够最大程度地聚集农民支持，成为统治阶层中的改革者或者农民起义者普遍接受的思想理念。例如，北魏孝文帝的"均田制"、唐朝的"均田制和租庸调制"、清末太平天国的"天朝田亩制度"等。中国朝代更迭、政权变化，无不是通过战争等暴力手段重新分配土地的过程。

虽然说"秦商鞅变法"为土地私有制奠定基础，秦始皇"使黔首自实田"确立了土地私有制，但由此获得国家承认的私有制是不彻底的私有制。因为，一方面它带有俱乐部产权特性（谢琳等，2010），另一方面正如前文提到，它缺乏产权强度，并不是通过市场途径获得的。由此，从大历史的视角看，我国一直处于频繁不断的土地争夺、分封和重新调整中，缺乏真正意义上的土地私有制（王磊荣，2004）。

中国几千年"重农抑商"的传统和严酷的人地关系所形成的生存压力，使得农地不仅是重要的国家资源，也是农民赖以生存的"命根子"，形成了特殊的农耕文化传统。农地特殊的自然属性和社会属性特征，决定着自古以来我国村落存在一定程度上的自治传统。村庄村落作为国家某种意义上的功能替代，是以血缘、亲缘、地缘为纽带的乡村社会自发组织，具有重要的产权含义：产权界定与排他性保护功能（谢琳等，2010）。村集体对农地的保护不仅体现在产权界定和排他性保护的经济功能上，同时某种程度上是一种社会保障制度安排。在人均农地资源禀赋极少的小农经济中，农民的理性选择是以生存安全为第一，而不是追求收入的最大化，土地均分成为农民克服生存压力的一个集体回应（Scott，1976）。

（2）赋权特征：土地调整引发的问题

农村改革初期家庭承包制获得了举世瞩目的政策效果。如果说均田承包在封闭和静态的小农经济背景下是相对有效率的，但随着形势的发展，以土地均分为特征的均包制却留下了严重的后遗症。基于家庭承包的制度特性，土地的集体所有制普遍表达为社区集体的每个成员都天然地平均享有对土地的权利。而为了保证产权分配（界定）的公平性，从初始的按人（劳）均分土地使用权，到一次又一次地因人口变化而重划土地经营权，追求产权界定公平的调整永无休止，使得不稳定性与分散性成为内生的制度缺陷（Nguyen，1996；姚洋，2000）。

第一，土地的经常性调整，使农户无法形成对土地投资的长期预期。

第二，既然每个成员对集体土地权利是均等的，这就意味着他们在土地数量、质量及土地负担的分摊上是均等的，因而，土地远近好坏的统一搭配，使农户承包的地块不仅分散而且零碎，造成了严重的规模不经济。

第三，为了做到地权的平均分配，每次调整都需要重新核查人口、土地面积与地块数量及其质量，产权的界定费用高昂。

第四，土地的每次分割要达成全体成员一致接受或认可的方案，无疑将支付较高的谈判费用。

尤其值得重视的是，土地的赋权调整还带来了两个体制性的后遗症。

一是村庄秩序的行政植入。农地的赋权调整在本质上是产权的重新分割与界定，是各种谈判力量的对比。土地"均分"基因与产权"变更"基因相融合，会不断诱导土地调整力量的形成。其中，国家力量直接介入农村生活，国家意志取代了从前传统村落的自发意识，村落组织成为国家政权的一部分（谢琳等，2010）。国家力量通过土地的无偿赋权对村庄的渗透带来双重效应：一是通过土地的调整来维护农村稳定；二是作为国家代理人的乡村干部在土地调整中的寻租。前者会培育藐视法律的力量（熊万胜，2009），后者则导致农民土地权益的受损。

二是农业经营效率的损失。土地的均包与调整，必然不断加剧农地经营的小规模、分散化及细碎化问题。1986 年农户户均耕地 9.2 亩，分散为 8.4 块；2008 年下降到 7.4 亩，分散为 5.7 块（何秀荣，2009）。2011 年全国承包经营的耕地面积为 12.77 亿亩，经营农户 2.288 亿户，户均经营耕地仅 5.58 亩（国务院发展研究中心农村部，2013）。可以认为，中国农业的家庭经营几乎没有规模经济性。

2. 农业经营格局：面临的重大变化与挑战

土地制度作为农村经济制度体系和农业发展的基础制度，伴随着 30 多年来的改革历程，一直是农村变革最原本的核心问题。但就全国总体而言，土地制度在微观方面无论经历了怎样的变迁，其集体所有、均田承包和家庭经营的大格局几乎没有发生根本性变动。

随着工业化与城镇化的深入推进和农村土地与劳动力的快速流动，基于小规模、分散化与细碎化的"均包制"的制度遗产，我国农业经营格局正面临着重大问题。

一是农户的兼业化。全国农业普查的数据表明，1996 年全国农业户中纯农户占 62.81%，1999 年下降到 40.00%；2008 年吉林、黑龙江、安徽、四川、浙江 5 省的比例只有 25.30%（国务院发展研究中心农村部，2013）。2011 年对全国 931 个村庄抽样问卷调查的结果表明，外出务工及从事非农兼业的劳动力已经占到农村劳动力的 48.62%[1]。表明农民已经不以农为主。

二是劳动力弱质化。一方面是农业劳动力的非农化。伴随着劳动力的外流，我国农业劳动力的就业份额从 1978 年的 70.50%，已经减少到 2011 年的 34.80%，几乎每年减少一个百分点；另一方面是留守劳动力的老龄化与妇女化。前述 931 个村庄的抽样调查表明，在留村劳动力中，51 岁以上劳动力占到 39.80%，妇女占比则高达 69.89%。表明农民开始不以农为业。

三是农业副业化。全国农村固定观察点数据显示，农户纯收入中来自农业的比重由 1985 年的 75.02% 下降到 2011 年的 26.30%。表明农民已经不以农为生。

四是种植非粮化。1978 年全国粮食种植占农作物播种面积的比重为 80.34%，2010 年下降到 68.38%[2]。随着农地的流转，粮食种植的比例有加剧下降的趋势。2011 年的问卷调查表明，未参与农地流转的农户，粮食的种植面积占比为 74.32%，而转入农地农户的比重则明显减少为 60.19%。表明农户生产种植的"去粮化"现象。

上述共同表达了农业不断"被边缘化"的问题。我们的前期研究表明（罗必良，2013），"弱者种地"、"差地种粮"的现象已经广泛存在，势必成为国家农业安全特别是粮食安全的重要隐患。

必须清醒地认识到，随着农村劳动力转移规模持续扩大，"农业边缘化"倾向会愈加严重。这就意味着，农业发展不仅要面对"谁来种田"的现实问题，而且还要破解"种怎样的田"和"怎样种田"的深层难题。

3. 走向规模经营：各种努力面临的约束

最近半个世纪以来，我国政府一直在追求"现代农业"，但目前遇到的最为棘手的难题是：如何在坚持家庭经营在农业中基础性地位的前提下，推进农业经营方式的创新，加快构建新型农业经营体系。事实上，这也是全球"小农"共同面临的难题。

必须高度重视的是，如果农业劳动力素质、农户生产能力以及农业经营规模都远在现代生产力水平所要求的底线之下，以其为基础的科技应用、产品质

---

[1] 资料来源：上海财经大学 2011 年组织的"千村万户"暑期社会调查数据。
[2] 资料来源：《中国农业统计年鉴》有关年度。

量、市场准入、维生收入、从农热情等都将日益变得难以为继，现代农业也就因此而成为一个可求不可得的奢望。在很大程度上可以说，分散化的经营格局是近30多年来我国现代农业建设的主要障碍（何秀荣，2009）。

总体来说，面对家庭经营背景下的分散化、小规模经营格局，现行政策一直在着力推进农业的规模化经营：一方面是通过农地的流转集中，以改善经营的规模性，着力降低农业生产成本，提高生产效率；另一方面是通过农业的组织化，以推进农业的规模经营，着力降低交易成本，提高组织效率。在我国各地的实践中，人们始终在寻找和创新农业转型发展的途径和形式，比如鼓励农地经营权流转并向生产大户集中、建立农民专业合作组织、龙头企业联接农户、订单农业，等等。核心在于推进农业的规模化与组织化进程。问题是，已经在试验的路子是否可行？

（1）现行农地经营权流转集中政策是否走得通

尽管农地经营权的流转已经成为一个基本趋势，但并未形成土地集中与规模经济的运行机制。一是农地流转方式以转包和出租为主[①]。2011年这两种类型所流转的土地占到流转总面积的78.20%。其中转包占到51.10%，有利于规模经营的股份合作的流转只有5.60%；二是转入主体以农户为主。2011年，在全部流转农地中，流入农户的比例占到67.20%，而有利于规模经营的企业主体只占8.40%（国务院发展研究中心农村部，2013）。事实上，农地因其资源特性在流转中定会内生较高的交易费用（Federico，2005）。因此，依赖于发育迟缓的农地流转市场来扩大农业的经营规模，既不具有实质性的效果，也不具有全局性和长期性的作用。

"鼓励农户间农地经营权流转集中"的现行政策实际上是在复制日本扩大农场规模的模式，即小农基础上的农地流转集中。国内和日本的实践经验都表明，纵向相比时，这一模式或多或少有点成效，但不足以改变农地经营规模过小的基本状态。日本从20世纪50年代末开始实施扩大农场规模政策，但50年的政策推进结果是仅仅使平均农场规模从起步的1公顷扩大到近2公顷。尽管农场规模扩大了一倍，但在今天的农业全球化环境中，依然不存在规模经济，更不要说与美国数百公顷规模的农场去竞争（何秀荣，2009）。

---

① 按照农业部的相关政策规定，耕地流转主要有转包、出租、互换、股份合作、转让五种形式。

（2）以小农为基础的农业合作社道路是否走得通

合作社历来被视为弱小群体寻求互助合作的一种组织形式，其主要作用在于资源共享并规避风险。合作社成功与否取决于效率，而具体的效率取决于合作社内部的组织管理状况和外部环境的适生程度。但是，小农合作的内在机理所决定的规模性却是十分有限的。

组成农业合作社的各个农户有着各自的利益诉求和行为选择，即使是富有合作意识的德国农民，也依然存在着将质次产品交给合作社、质优产品自行处理的现象。因此，合作社天然存在的"集体行动的困境"致使其组织成本极其高昂。

与传统合作社的外部环境相比，今天的外部环境已经变得更为工业化、城镇化、市场化和国际化，国际农业竞争和国内产业竞争迫使农业比以往任何时候都更应讲求规模经济和专业化。以小农为基础的农业合作社显然难以适应这种发展趋势。

发达国家的农业合作社主要是为了应对市场问题和政治层面的团体利益问题，而不是为了对付农场层面的生产问题。但我国的农业合作社既要应对市场问题，也要对付生产问题，而且我国小农面临的许多市场问题又恰恰主要根源于细小的农场规模。如果合作社不能解决生产领域的农场规模问题，也就难以从根本上解决市场问题。因此，传统农业合作社是缺乏前途的。

作为农业合作社楷模的日本农协和我国台湾省的农协长期依赖政府给予的特殊金融、保险业务和税赋优惠政策，而非依靠农业本身。否则，日本农协和中国台湾农协可能早已破产离析。

可以认为，如果将合作社视为一种替代农户经营的经营形式，而不是作为一种协调的组织形式，可以预期的绩效将是有限的。

（3）"公司（龙头企业）+农户"的组织化路径是否走得通

人们对龙头企业带动农户的组织化方式寄予厚望。这种模式对企业而言，相对稳定了产品生产规模，较好地缓解了企业面临的供货不确定性问题；对农户而言，相对稳定了市场价格，缓解了农户面临的市场风险问题。该模式一度被人们认为是一种双赢的选择。"公司+农户"作为重要的组织形式，其主要的合约关系包括两种形式：一是商品合约，二是要素合约。

商品合约最典型的形式被称之为"订单农业"，其基本的方式是龙头企业与农户签订合同，并按照保底价格或者市场收购农产品。问题是，我国订单农业的违约率高达80%（刘凤芹，2003）。根源在于，一方面，如果企业没有形成有关订单合约的专用性投资，那么一旦面对市场低迷，企业极易违背承诺，产生毁约退出的机会主义行为；另一方面，当龙头企业形成专用性投资后，企业与多个农户签约的谈判成本、对农户生产行为的监督成本，以及农产品异质性与产品质量安全所决定的高昂考核成本，极易导致农户履约的机会主义行为，并易于引发农产品合约交易的"柠檬市场"（罗必良，2008）。

要素合约最典型的形式是由企业实施的对农户土地经营权的租赁经营。问题就在于企业所获得的土地经营权依附于农户的承包权，其所形成的土地要素合约并不单独由企业理论中的"权威"决定，相反，一旦企业形成资产专用性，极易受到农户机会主义行为的要挟。因此，"公司＋农户"无论是"订单式"还是"承租式"合作，均包含着高昂的交易费用以及治理成本。

4. 现实的反差：对政策导向的反思

人们之所以关注我国农业的规模经营问题，一是因为土地的福利性质及其平均赋权所形成的过于小规模、分散化与细碎化，导致了土地利用效率低下与农业"边缘化"难境；二是随着工业化与城镇化推进，农村劳动力与人口流动已经成为基本趋势，人地矛盾的逐步松动为农地要素的流转提供了基础。由此，从土地福利性功能赋权转向土地的财产性功能赋权，推进土地承包经营权的流转与农地集中，既增加农民的财产性收益，又改善农业的规模经济性，既受到了各界的广泛重视，同时也成为政府的基本政策导向。

第一，从政策层面来讲，早在1984年，中央"一号文件"就开始鼓励农地向种田能手集中。2001年中央发布的18号文件，系统地提出了土地承包经营权流转政策。2002年出台《农村土地承包法》，以法律形式赋予了农民对承包土地的占有、使用、收益和征收征用享有补偿的权利，首次将土地承包经营权流转政策上升为法律。2008年党的十七届三中全会通过的《中共中央关于推进农村改革发展若干重大问题的决定》进一步强调，"加强土地承包经营权流转管理和服务，建立健全土地承包经营权流转市场，允许农民以转包、出租、互换、转让、股份合作等形式流转土地承包经营权，发展多种形式的适度规模经营"。2013年十八届三中全会更是鼓励承包经营权向专业大户、家庭农场、农民合作社、农业企业流转，发展多种形式的规模经营。可以说，政府的政策导向为农地流转和农户退出土地承包经营权提供了制度基础。

第二，从土地对农户所承担的保障功能来说，其重要性在不断弱化。我国家庭住户收入调查的数据和农民工调查的数据表明，随着农民非农收入水平的提高，农户实际承包的耕地面积有显著下降的趋势，农户对土地福利功能的依附性在明显减弱。土地是生产要素，又具有福利保障功能。这两者在传统的农耕社会并不矛盾。然而，在工业化与城镇化以及经济开放与要素流动的背景下，情形则发生了重大变化。其一，城镇化与非农产业的发展，使得农民的农外就业机会增加，土地对农民的就业保障功能逐步弱化；其二，城镇化与人口的自由流动，使农民的农外选择空间不断扩展，人地矛盾已经逐步松动；其三，农业的比较劣势不断凸显，使得土地的收入保障功能不断弱减，农民弃农机会成本不断降低。

不仅如此，与之相伴随的是广泛出现的耕地弃耕撂荒现象。尽管缺乏全国的数据统计，但大量的事实提供了多样化的证据。例如，2000 年，安徽省土地抛荒面积占该省承包土地总面积的 1.2%，河北省季节性抛荒面积占该省耕地总面积的 4% 左右；2001 年，浙江省 2505 万亩耕地中 0.2% ~ 5% 被常年撂荒；湖北省 2008 年对 5 个县（区）的调查表明，有 1.2% 的耕地被撂荒（虞莉萍，2008；冯艳芬等，2010）[①]。

第三，从利益激励的角度来讲，人地关系的松动与资源配置效率的改善，也为农地流转提供了契机。已有研究证明，农地流转具有显著的潜在收益。其一，农地流转可以降低耕地的零分碎割带来的效率损失（Wan and Cheng，2001；黄贤金等，2001；苏旭霞、王秀清，2002；Dijk，2003）。Fleisher & Liu（1992）通过生产函数估算发现，如果农户样本中的地块数由 4 块减少到 1 块，全要素生产率将提高 8%。其二，农地流转有助于实现规模经营，降低劳动成本，对农户不仅具有资源配置效应、边际产出拉平效应，还具有交易收益效应（姚洋，1998）。其三，通过农地流转提高农业的规模化经营程度，从而有利于农产品质量安全的控制（汪普庆等，2009）。其四，计量分析表明，农户土地流入面积每增加 10%，家庭年人均收入将增加 0.6%，年人均消费将增加 0.16%。同时，农地流转也能改善农户家庭就业结构，农户每流入 1 亩土地，非农就业率就降低 0.79 个百分点；农户每流出 1 亩土地，非农就业率则提高

①　笔者认为，弃耕撂荒或许是小规模分散化的农业经营格局所难以避免的内生现象。

5. 84 个百分点（胡初枝等，2008）。

因此，上述三个层面，都共同表达了农地流转的必要性与可能性。但现实的反差是，与农业劳动力的大量转移相比，中国农地流转的发生率严重滞后。1984～1992 年间，完全没有参与农地流转的农户高达 93. 80%，到 2006 年农地流转率只有 4. 57%，2008 年为 8. 6%。近几年农地流转的速度有所提升，但到 2011 年依然只有 17. 80%（国务院发展研究中心农村部，2013）。

进一步推进工业化与城镇化进程，促进农业人口向非农部门的转移，是现阶段我国依然面临的基本趋势。但突出的问题是，由于城乡体制与要素市场的二元分割，在农村劳动力非农化流动的同时，并未产生有效的人口迁徙与农户土地承包经营权退出。其主要特征是，普遍表象为"人动地不动"，即人口发生大量流动（进城），但迁徙严重滞后。农民"离农"，却没有"离地"；农民工"进城"，却没有"弃地"；土地"弃耕"，却没有发生有效的农地流转，导致了人地关系的扭曲与人地矛盾的固化。

因此，尽管经过差不多 30 年的政策努力，但我国土地分散化的经营格局不仅没有发生基本改观，反而有恶化的趋势。1996 年，经营土地规模在 10 亩以下的农户占家庭承包户总数的 76. 00%，2011 年的比重则高达 86. 00%；1996 年经营规模在 10～30 亩的农户占农户总数的 20. 20%，2011 年则只占 10. 70%（表 1）。

表 1　　　　　　　　　　　农户经营耕地规模的分布情况

经营规模	1996 年的农户比重（%）	2011 年的农户比重（%）
10 亩以下	76. 00	86. 00
10～30 亩	20. 20	10. 70
30～50 亩	2. 30	2. 30
50 亩以上	1. 50	1. 00

注：1996 年数据为全国农村固定观察点农户调查数据；2011 年数据来源于国务院发展研究中心农村部（2013）。

不能否定推进农地流转的积极意义，但必须特别强调，促进农业的规模经营有多种方式，土地规模经营只是其中的选择路径之一。从理论上来讲，农业的规模经营可以通过不同的要素采用不同的匹配来实现，而寄希望于农地的流转来解决规模问题或许是一个约束相对较多并且是缓慢的过程。Hayami 等（1993）曾经抱怨说，在农业经济学文献中，严重忽视了对土地市场的分析。

一项关于独立后印度的田地调查显示：每年仅有 0.2% ~ 1.7% 的土地被流转交易。假设每块地只被交易一次，那么全部土地流转一遍需 60 ~ 100 年（Rawal，2001）。

三、从规模经济转向分工经济：基于文献的梳理

1. 规模报酬与规模经济：概念界定

新古典经济学通常采用生产函数和成本函数来阐述规模经济问题，并将规模经济解释为一个正则拟凹的齐次生产函数。若各生产要素投入的产出弹性之和大于 1，则该生产函数具有规模收益递增的特性，即具有规模经济的潜能。用数学形式表达：设 x_1 和 x_2 为产出 q 的要素投入自变量，t 为常数，k 为大于 0 的任意实数，若有生产函数 $q = f(x_1, x_2)$ 满足 $f(tx_1, tx_2) = tkf(x_1, x_2)$，那么可以判断：若 $k = 1$，则上述生产函数的规模收益不变；若 $0 < k < 1$，则上述生产函数具有规模收益递减的性质；若 $k > 1$，则上述生产函数的规模收益递增，亦即具有规模经济性。

学者们给出了关于规模经济的种种定义。萨缪尔森（1998）认为规模经济是由于所有生产要素的同比例增加而引起的生产率的提高或平均生产成本的降低，这显然是对上述生产函数的转述；斯蒂格利茨（1997）放弃了“同比例”的条件限制，认为只要当平均成本随着生产规模的扩大而下降时，或产出增加的比例大于投入增加的比例时，就存在着规模经济；曼昆（1998）则直接将规模经济揭示为长期平均成本随产量增加而减少的特性。

可见，规模报酬与规模经济并不是等同的。第一，规模报酬反映的只是全部投入要素按比例增加时产出的变化。它显然要求各要素具有可分性，可实际上劳动力、土地、资本的可分程度是不同的，并不能保证“按比例变化”；规模经济则包含了投入要素的非比例变化特征。第二，规模报酬关注于要素按相同比例发生变动对产量的影响，属于实物层面的分析；规模经济则强调平均成本与产出的关系，属货币价值层面的分析。因此，规模收益递增仅仅是规模经济的表现方式之一，或者说是一个充分而非必要条件（许庆等，2011）。事实上，获取以规模报酬递增所表达的规模经济常常是困难的。

2. 在规模经济的背后：从斯密到杨格再到科斯

生产规模的扩大为什么能够表现出规模经济（k > 1）？斯密（1776）最早以扣针制造业为例，从分工的维度做出了解释。斯密给出了分工能够提高生产率的三点原因，一是劳动者的技能因业专而日进；二是能够节约工作转换中的劳动时间；三是有利于机器的发明与采用。三个原因使得生产专业化的会表现出大规模生产的特征。但这种大规模生产能否表现出规模经济性，则取决于市场范围的大小。因此，由"分工取决于市场范围大小"所表达的斯密定理，包含了三个方面的重要含义：①分工能够通过市场来协调，②分工程度取决于市场范围的大小，③市场范围的大小又取决于运输条件。

然而，斯密定理面临着一种两难的困境：如果劳动分工确实受到市场的限制，那么个别厂商所在产业典型的市场结构就应该是垄断市场结构；如果厂商的市场运行特征是竞争性的，那么该定理就存在缺陷，甚至是毫无意义的。马歇尔（1890）既不愿意放弃"收益递增"的思想，又不愿忽略竞争的存在，他采取的办法是将规模经济的概念引入新古典经济理论，并将其分为内部规模经济和外部规模经济。当一个企业的生产力随着企业规模的提高而提高时，就称存在内部规模经济，而外部规模经济则是指一个企业的生产力随着整个经济或一个部门规模的提高而提高。外部规模经济的实质是正的外部性或者说溢出效应。因此，外部经济的自然增长就成为报酬递增的唯一源泉。

由此，在新古典经济学中，规模经济被当作经济增长最主要的驱动力量，但是这种解释经济增长一般机制的方法并不符合古典学派的经济发展思想。正如杨小凯（Yang, 1991）所指出的，新古典经济学对递增报酬问题的处理并非是恰当的，要么假定这种报酬是"外在的"，以便说明厂商规模扩大不会导致收益增加，从而使价格均衡得以成立（即马歇尔曲线）；要么违背定价行为理论，而假定厂商运行在一个垄断竞争市场中。

杨格（1928）指出，企业的规模经济事实上只是在社会分工体系既定的条件下观察单个企业规模扩大而带来的经济节约，它的前提是社会分工体系或者说经济网络已经形成。内部经济扩大的只是单个企业的规模，但却不能改变既定分工网络模式的构成。规模经济可能伴随在经济增长和发展过程之中，却不是经济增长与发展的根源，分工水平的高低才是经济增长的决定力量。

回到古典传统，就必须克服斯密定理的缺陷。斯密主要关注的是企业内的分工，但对整个社会的产业分工及其相互关系和演进的特点却很少论及。杨格（1928）的重要贡献就是将企业内分工与产业分工的交互作用联系起来。在杨格看来，"分工"这一概念包含着三个方面的内容，一是个人的专业化水平；二是不同专业的种类数；三是生产的迂回度。因此，报酬递增一方面来源于每个人专业化程度加深而带来的生产率提高（专业化经济），另一方面必然要求不同个体或产业之间形成相互联系和交换关系，通过产业间的相互协调、合作以及迂回生产链条的不断加长，产生生产最终产品的效率不断提高的效果（分工经济与网络效应）。分工不仅取决于市场范围的大小，而且由分工引发的专业化生产环节的多少及其网络效应也会影响分工，由此，揭示报酬递增的自我实现机制的"分工一般地取决于分工"的杨格定理得以形成。

无论是斯密定理还是杨格定理，都涉及一个决定性的内生变量，即在斯密定理中表达为"运输条件"，在杨格定理中表达为经济网络中的相互联系与交换[①]。这些都可以视为科斯（1937）的"交易费用"雏形。

关于生产规模及其规模经济的决定，备受推崇的无疑是科斯的企业理论。科斯（Coase，1937）关于"企业的性质"的论文，被认为是研究企业性质的开创之作，同时也是揭示规模经济边界决定的经典文献。在科斯看来，企业和市场是协调劳动分工的两种不同方式，而这两种方式是可以互相替代的。企业之所以能取代市场价格机制来协调劳动分工，原因在于企业内部的管理成本可能低于市场交易成本。由此，企业边界的取得及其规模经济的产生是由于企业规模扩大而节约的交易费用大于增加的组织管理费用，或者说，企业的规模经济由企业外部（市场）的交易费用与企业内部的管理成本共同决定。

德姆塞茨（Demsetz，1988）注意到了科斯的企业理论的缺陷，认为避免交易成本过高固然是企业利益动机的一部分原因，但过分关注这一点，却使我们忽视了那些也许是更重要的、决定人们长期合作的原因。他甚至抱怨道："在所有运用这种理论的研究中，比较交易成本和管理成本的大小，已经成为众口一词的理论思维习惯。"因此，以交易费用理论解释企业的规模决定，尚存在一些困难（黄桂田、李正全，2002）。

第一，按照科斯理论，一方面，如果市场的交易费用过高，而企业的管理

---

① 遗憾的是，杨格注意到了经济网络中的交易关系及其制约因素，但却没有像斯密关注"运输条件"那样触及交易费用及其制度安排问题。

成本较低，逻辑上所有的分工活动都可以纳入到一个企业来组织协调（市场消失）；另一方面，如果交易成本为零而管理成本大于零，就必然预示着企业的消亡。这意味着所有的生产将是由一个个独立的个人来完成。由此引发的问题是，无论是个人来单干还是有许多人组成企业来合作生产，都要取决于管理上是否达到规模经济。如果说进行管理是为了达到规模经济，那么把许多人组织在一个企业内进行生产，就完全符合交易成本为零的要求。这两个方面显然是一个悖论。

第二，按照科斯的说法，如果企业通过市场的价格机制购买生产要素比自己生产更为便宜时，就会走向市场。问题是，即使存在这种选择性替代关系，该企业对于相对成本的比较也不仅仅限于交易成本与管理成本的相对差异上，必然是将市场购买的采购成本与交易成本和自己生产的生产成本与管理成本等多个成本因素考虑在内来进行权衡。可见，"企业在自己生产产品更便宜时就自己生产"与"当交易成本低于管理成本时，企业就会向别人购买产品"这两种说法之间并不是等价的[①]。

第三，既然科斯的替代逻辑只是简单地建立在特定的相对成本差异上，那么，该模型所导出的关于市场与企业相互替代的那个边际均衡点则是属于一种比较静态的均衡点，即使存在，这一均衡点也是属于特例[②]。然而，如果考虑到生产成本的变化及其由生产成本、分工协作等因素所决定的规模效果的变化等系列变量（例如，单位交易成本变动与单位生产成本的变动由于变动方向或者变动速率的不同，单位总成本的变化并不一定与单位交易成本的变化相一致），这一决定边际替代的均衡点是不存在的，即使存在这样的均衡点，那也是非连续的，非稳定的。如果这一边际替代的均衡点缺乏相对稳定性，那么，严格意义的市场与企业间的边际替代机制就很难实现。

面对"科斯困境"，张五常（Cheung，1983）对企业的性质提出了一个更明确的解释，弥补了科斯理论中的一些不足。张五常认为，企业并不是用非市场方式代替市场方式来组织劳动分工，而是用要素市场（劳动市场）代替中

---

① Demsetz（1988）进一步指出：第一，即使没有交易成本而只有管理成本，企业也可能有兴趣自己来组织生产，因为其他企业的生产成本也许很高，使得自家生产要比购买其他企业的产品更合算。第二，如果其他企业的生产成本低到一定程度，即使自家生产不花管理成本，企业也可能购买其他企业的产品。

② 因为这一均衡点的确定是严格建立在完全的自给自足方式与有市场交易的合作性企业组织的生产方式之间不存在差异的基础上的（黄桂田、李正全，2002）。

间产品市场。张五常的这一观点是有说服力的。按逻辑关系往下推演，企业雇佣劳动力的目的在于组织企业内分工，并进一步分析企业内分工的特点及与市场分工的关系。遗憾的是，张五常并未回归古典经济学的传统，仍是沿着科斯的理论范式往下走，将企业以劳动市场替代中间产品市场的原因仍归结为节约交易费用（曹正汉，1997）。

3. 规模经济来源于分工与专业化

早在科斯之前，奈特（Knight，1921）就根据不确定性和企业家精神对企业的功能进行过分析。在奈特看来，企业不是别的东西，而仅仅是一种装置，通过它，企业家自愿承担风险，并保证厌恶风险者得到确定的收入，以换取对后者的支配权力。奈特指出，在不确定性下，"实施某种具体的经济活动成了生活的次要部分；首要的问题或功能是决定干什么以及如何去干"。这"首要的功能"即指企业家功能。因不确定性是无法保险的，企业家不得不承受不确定性，这样，企业家向他人支付有保证的工资，并以此换取支配他人工作的权力。与科斯相比，奈特直接触及到企业的关键特征——权力的分配。此外，熊彼特（1934）视企业家为创新者，能够改革和革新生产的方式；卡森（Casson，1982）则认为"企业家是擅长于对稀缺资源的协调利用做出明智决断的人"。

基于科斯和张五常的基本思想，杨小凯和黄有光（Yang X.，Y－K. Ng，1994）建立了一个关于企业的一般均衡模型。假定在一个经济系统中，每个人都可以生产两种产品：面包和生产面包过程中的管理知识。再假定专业化的经济性，人们会选择分工组织生产。组织分工的方式有三种：第一种方式是管理专家将管理知识卖给生产面包的专家以换取他所需要的面包。这种组织分工方式意味着两个产品市场，一个是管理知识市场，另一个是面包市场，分工的双方以产品交换产品，权威和剩余权是对称分配的，所以不存在企业。第二种组织分工的方式是，生产面包的专家开家工厂，雇佣管理专家的劳动。第三种组织分工的方式是，生产管理知识的专家开设工厂，雇佣生产面包的工人。这后两种组织分工的方式都是剩余权与权威的不对称分配，而且都是以劳力的买卖代替中间产品（管理知识）的买卖，都需要建立企业。由于第一种方式必须交易管理知识，第二种方式必须交易用来生产管理知识的劳动，两者的交易费用均很高。第三种方式只须交易面包和生产面包的劳动，面包的数量和质量以及生产面包的劳动均较容易测定，交易费用相对较低。所以，一般情况下，劳动分工将以第三种组织方式出现。在第三种分工方式中，管理专家拥有企业的剩余收益权与剩余控制权，剩余收益权就是管理知识的间接定价（曹正汉，1997）。

如果我们将奈特的企业家能力、杨—黄的管理知识统称为经营决策能力（marketing），并将其定义为奈特所说的"决定做什么以及如何去做"的能力，而将所有涉及贯彻这一决策的其他活动定义为"生产活动"（producing，主要在物质上把投入变为产出），那么我们就可接受张维迎（1995）的下述判断：尽管每一个人都可能掌握某些经营决策能力，但观察表明，各个人的经营决策能力是不同的。这不仅仅是因为不同的人，面对不同的搜集与加工信息的费用，同时还由于经营决策能力很大程度上取决于各个人的"机灵"、"想象力"和"判断力"。所有这些个人特点，起码有部分是先天的、无法教育的。此外，尽管各个人在他们的生产活动能力上也有不同，但生产活动能力的分布并不需要与经营活动能力的分布相一致。为了简单起见，我们假设，个人之间在生产活动能力上是完全相同的，但是在经营决策能力上有差别，这种差别为人们创造了一个合作的机遇，这种合作导致"企业"的出现。在企业中，那些具有高经营决策能力的人负责经营决策，而那些并不擅长经营决策的人则负责生产活动，以此代替每个人都是既负责经营决策又负责生产活动的个体实业家。在这个意义上讲，企业是一个具有劳动分工特点的合作组织。

进一步的问题是，为什么经营决策能力要通过企业而不能通过市场实现专业化呢？威廉姆森（Williamson，1985）的交易费用分析范式能够提供一定的解释。因为企业家人力资产专用性的特点，第一，由于不确定性，企业家人力资本在市场交易中会面临很大的被"要挟"而遭受损失的风险，而高度专用性资产交易对持续性和调适性的很高要求，企业装置能够保障这类交易的稳定性与相互依赖性；第二，人力资产的专用性越强，且这种人力资产的拥有量越大，那么企业的规模倾向于扩大，以达到对专用性人力资产这种稀缺资源的规模利用，或者说以避免部分专用性人力资产在使用上的闲置。尽管威廉姆森范式能够解释企业的产生及其规模决定，但资产专用性所引发的交易费用决定论，依然属于科斯理论的"思维习惯"，从而面临前述的"科斯困境"。

杨—黄（1995）建立的一般均衡模型所包含的间接定价理论无疑具有更好的解释力。这一理论模型假定有很多天生相同的消费者—生产者，每个人都可以从事两种有专业化经济的活动，一种是生产最终产品的活动，一种是生产中间产品的活动。人们用资源生产没有直接效用的中间产品，一定是因为中间产品的使用可以提高最终产品的生产效率，这是一种迂回经济效果。关于最终产品和中间产品生产如何组织，这一理论模型包含自给自足、产品市场组织、中间产品生产者享有剩余权利的企业组织、最终产品生产者享有剩余权利的企业组织四种结构。其中，企业与非对称剩余权利可以将交易效率相对低的活动卷入分工，以避免对这类活动的投入产出直接定价所形成的高昂交易费用，这类活动价值的大小由剩余收益来反映。这就是间接定价理论（向国成等，2007）。因此，企业是一种巧妙的交易方式，它可以把一些交易费用极高的活动卷入分工，同时又可以避免对这类活动的直接定价和直接交易（曹正汉，1997）。

杨—黄的模型证明，企业及其规模经济的决定，并不是外生给定的，而是从分工中内生的。企业制度作为组织分工的一种特殊方式，是作为人们选择其专业化水平及其组织交易的模式的结果而出现的（杨小凯，1998）：①如果交易效率很低，则自给自足是一般均衡；如果交易效率很高，则分工是一个均衡；②如果劳动的交易效率高于中间产品的交易效率，则分工会通过企业制度和劳动市场来协调；否则，分工就通过中间产品和最终产品市场来组织；③企业制度会被选择来组织分工并生产规模经济，此时产品的交易和定价被相应的劳动力的交易和定价所取代（Cheung，1983），但是，仅仅劳动力交易取代产品的交易还不足以构成企业，中间产品在分工中的出现则是至关重要的必要条件；④当一般均衡中有企业时，如果生产中间产品的劳动的交易效率高于最终产品的劳动的交易效率，则生产最终产品的管理专家是企业的所有者，否则，生产中间产品的管理专家就是企业的所有者。

4. 农业分工：需要重视的问题

应该说，上述理论脉络有助于构建一个关于农业规模经营问题讨论和对话的基础，进而由农地规模经营问题转向农业分工经济的研究。

不同的产业，由于其需求与供给的不同特性，会表现出不同的可分工性或者大小不同的分工深化空间，进而表现出不同的生产迂回程度，并由此表现出不同的分工利益与效率特征。斯密（1776）已经指出，"劳动生产力更大的增进，以及运用劳动时所表现的最大的熟练、技巧和判断力似乎都是分工的结果"。他认为，"农业劳动生产力的增进，总也赶不上制造业的劳动生产力的增进的主要原因，也许就是农业不能采用完全的分工制度"。从而揭示了农业生产力滞后于制造业的原因。这就是著名的"斯密猜想"。但是，这并不表明农业是一个效率改善的被动产业。

第一，生产组织的改进，通过寻求改变或者部分改变农业的产业特性，可以改善农业的分工效率。比如，农业的设施化能够以类似工厂化的生产将农作物的生产时间进行改变，可以提高农业生产的时间紧续性；改变农业的产品特性（产品的结构调整、标准化、储存、冷链及加工），能够拓展农产品的市场交易半径；增加中间品的投入，既可以缓解农业劳动的监督协调问题，也可以改善迂回经济。

第二，交易组织的改进，通过不同的交易配置，同样可以挖掘分工潜力。①如果农地流转的效率很高，那么农场组织（或者农户）就会通过扩大土地规模来实现"土地规模经济性"。但进一步的前提条件是，必须存在良好的企业家经营的激励机制、改善迂回经济的投资机制以及具有能够有效协调农场内部劳动分工的组织机制和农产品市场进入的交易机制；②如果农地流转的效率很低，农场土地规模的扩大将受到约束，农业分工将转换为市场组织分工，中间产品的生产与劳动（服务）交易效率就具有重要作用。从农场的角度来说，意味着分工经济转换为通过农业生产性服务（如代耕、代种、代收，甚至是职业经理人的"代营"等中间性服务产品）的纵向分工与外包来实现"服务规模经济性"。

因此，在农业中总是存在发现分工深化的比较优势与潜在收益的可能性空间。

四、农业家庭经营卷入分工：一个超边际分析模型

按照斯密（1776）和杨格（1928）的观点，分工包括三个方面：个人的专业化水平、专业多样化程度以及生产的迂回程度。为了阐明农户家庭经营是如何卷入分工经济的，我们借用杨小凯（1998）和向国成等（2003）所构造的超边际分析模型进行阐释。

1. 农户专业化与分工经济

（1）假设

①农户的农业活动可以分为生产经营活动（进行生产经营及其决策）和生产性服务活动（提供种苗、代耕、代收或者销售等劳务）。

②设有两个农户，在决策前具有相同禀赋，既是生产者又是消费者，且有同样的生产函数和时间约束。分别用 X_i、Y_i 代表第 i 个农户的生产能力与服务能力，都是劳动投入水平 l_i（$0 \leqslant l_i \leqslant 1$）的局部单调递增函数：

$$X_1 = l_{1x}^a, \; Y_1 = l_{1y}^a, \; X_2 = l_{2x}^a, \; Y_2 = l_{2y}^a$$

其中，l_{ix} 和 l_{iy} 表示第 i 个农户投入 X 和 Y 的劳动份额（即农户的专业化水平）。设 $a > 1$，表示专业化经济程度参数。

③设每个农户总的劳动份额（或总劳动时间）为1，则

$$l_{ix} + l_{iy} = 1$$

（2）几何描述

根据上述，如果每个农户都自给自足，把生产函数代入时间约束，可得农户的生产转换函数：

$$Y_i = \left[1 - (X_i)^{\frac{1}{a}} \right]^a, \; X_i, Y_i \in (0,1)$$

用 Y_i 对 X_i 求一阶导数，则

$$\frac{dY_i}{dX_i} = \left[(X_i)^{-\frac{1}{a}} - 1 \right]^{a-1} < 0$$

上式是 Y_i 和 X_i 之间的边际转化率，是以 Y_i 表示的 X_i 的机会成本，也即 X_i 增加一单位时，Y_i 因有限资源必须减少的量。转换函数的一阶导数为零，表明它在 X—Y 平面上是一条斜率为负的曲线。

进一步用 Y_i 对 X_i 求二阶导数，则

$$\frac{d^2 Y_i}{d(X_i)^2} = \frac{a-1}{a} \left[(X_i)^{-\frac{1}{a}} - 1 \right]^{a-1} (X_i)^{-\frac{1}{a}-1} > 0$$

此式是边际转换率的导数，此导数大于零，表明转换函数在 X—Y 平面上是凸向原点的曲线，说明每多生产一单位 X，需要减少的 Y 越来越小，即边际转换率递增，从而表现出新古典生产函数的规模经济，而这正是专业化提高农户生产能力的结果（同样，如果用 X_i 对 Y_i 求二阶导数，也会发现专业化分工对农户提高服务能力带来的好处）。

根据上述，可以在 X—Y 平面上刻画出如图1所示的个人及加总的转换曲线（杨小凯，1998；向国成等，2003）。

图中，A 曲线是单个农户自给自足（既从事农业生产经营，又从事农业服务）的生产转换曲线。当农户的劳动全部用于农业生产（X）时，其最大生产能力为1；全部用于农业服务（Y）时，其最大服务能力为1。B 曲线是两个

农户都选择自给自足的总合转换曲线，从 O 点出发，作无数条类似于 OH 的射线，并取 IJ = OI，可得无数类似于 J 的点，并把它们连起来就构成 B 曲线。CDE 是有分工的总合转换曲线（不含 C、E 两点），D 点是完全分工状态，一户专于农业生产，另一户专于农业服务。在 CD 线上或者 DE 线上的任何一点都表明了部分分工状态（或者说兼业状态），既从事农业生产，又从事生产性服务。从图 1 中可以直观看出，有分工的总合转换曲线（CDE）明显高于自给自足的总合转换曲线（B），它们之间的差距（阴影部分）就构成分工经济。

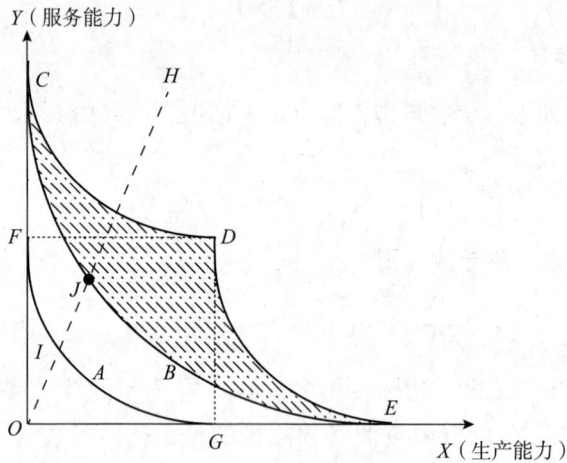

图 1　个人及加总转换曲线

2. 农户卷入分工的均衡分析

（1）假设

①在一个经济体中有 M 个农户，他们既是生产者，又是消费者。

②有两种产品，一种是初级农产品（如粮食、蔬菜或家禽等），另一种是在初级农产品基础上延伸的加工农产品。

③有一种针对初级品与加工品的交易服务（如信息、技术服务等），可以理解为迂回生产。

④设初级农产品和加工品的自给量分别为 x 和 y，其销售量分别为 x^s 和 y^s，购买量分别为 x^d 和 y^d。假定 k 为交易服务效率，则 $1 - k$ 即为交易费用系数。这类服务既可自给自足，亦可购买，所以有 $k = r + r^d$。其中 r 为自给自足的交易服务，r^d 为买来的交易服务。农户也可以选择向别人提供交易服务，其

售卖量为 r^s。因此，每个农户两种产品及一种服务的生产函数为：

$$x + x^s = l_x^a, y + y^s = l_y^b, r + r^s = l_r^t$$

式中，l_i 为生产 i 种产品和服务的专业化水平，a、b、t 为三种活动的专业化经济程度参数（为便于讨论，假定 a = b = t）。每个农户的时间约束是：

$$l_x + l_y + l_r = 1, l_i \in [0,1], i = x, y, r$$

⑤假定交易服务效率 k 只与交易量有关，而交易服务本身又受到诸如交通、通讯等有关便利程度的影响而产生的费用（用 $1 - K$ 表示，K 为便利交易效率系数）。所以，对于产品 x 而言，购买 x^d 时能够实际得到的是 Kkx^d，$(1 - K)kx^d$ 因不便利因素而在交易中消失掉了①。

⑥假定每个农户的生产经营地点是外生给定的，而每一对相邻农户的距离是一个常数。所以，当每个农户的专业化水平上升时，他购买商品的种类数会增加，因此他的交易对象（相邻农户）会向外扩展。假定以某个农户为圆心，那么该农户的交易密度（农户数）N 与交易区域的半径 R 成正比（按"园"面积计算公式，$N = \pi R^2$），该农户与其他农户的平均距离 A 却与 R 成正比，即他交易的平均距离与 $\sqrt{N}$ 成正比。如果所有交易伙伴向该农户供给不同商品，他所购买的品种数是 $N = n - 1$。于是，因距离不便利引发的交易费用 $1 - K$ 与农户的交易伙伴数量相关：

$$1 - K = s\sqrt{N}$$

s 是依赖于相邻农户的距离和 π 的一个参数。如果 $1 - K$ 独立于 N，均衡将或者是自给自足或者是极端分工，这表明一个局部分工之间的水平从不在均衡中发生。它可以理解为分工的逐渐演进不可能。因此，该式对于理解分工的逐渐演进是根本性的，它表明当交易品种数增加时，交易成本比分工的正网络效应增加得更快②。

此公式的经济学含义在于：①交易的品种数或者交易伙伴的增加，亦即专业多样化程度越高，农户的交易成本越低；②农户与交易伙伴的交易越便利

---

① 交易费用系数 $1 - k$ 可视为科斯理论中的交易费用；不便利费用系数 $1 - K$ 是因交通、通信等形成的"流通"费用。

② 这显然是一个两难冲突。如果没有该公式，交易和生产中的完全分工不但能充分利用分工经济，而且可以减少交易费用，所以均衡永远是完全分工状态。而正是两难冲突才能够阐释不同分工水平的生成及其分工演进的机理。进一步地，该式还有助于增进对"斯密定理"、"杨格定理"以及"科斯定理"的理解。

（可以理解为农户生产性服务的可获性），其专业化与分工水平越高。

根据上式，每个农户的效用函数可设为：

$$u = \left[x + K(r + r^d)x^d \right]^\alpha \left[y + K(r + r^d)y^d \right]^\beta, \alpha, \beta \in (0,1)$$

其中，α，β 代表农户对两种产品的偏好。这里假说偏好一致（$\alpha = \beta$，$\alpha + \beta = 1$）。此外，设 Px、Py、Pr 分别为 x、y、r 的市场价格。

（2）分工模式与均衡分析

根据上述假设，并遵循"文定理"[①]，可以进一步分析三种分工结构模式，并求角点均衡和全部均衡（向国成等，2003）。

①自给自足模式，记为 A。

在 A 模式中，$x^s = x^d = y^s = y^d = r^s = r^d = r = l_r = 0$，农户的最优决策问题是：

$$\max U = (xy)^{\frac{1}{2}}$$
$$s.\,t.\ x = l_x^a, y = l_y^b$$
$$l_x + l_y = 1$$

②买一种产品的生产专业化模式，记为 PT。此模式有两类组合：

一是生产 x、买 y 且服务自给自足的决策（x／y）。

在此决策中，$x^d = y = y^s = r^s = r^d = l_y = 0$，农户的最优决策问题是：

$$\max U = (Kxry^d)^{\frac{1}{2}}$$
$$s.\,t.\ x + x^s = l_x^a, r = l_r^a$$
$$l_x + l_r = 1$$
$$p_x x^s = p_y y^d \ \text{（预算约束，下同）}$$

二是生产 y、买 x 且服务自给自足的决策（y／x）

在此决策中，$y^d = x = x^s = r^s = r^d = r = l_x = 0$，农户的决策问题是：

$$\max U = (Kyrx^d)^{\frac{1}{2}}$$
$$s.\,t.\ y + y^s = l_y^b, r = l_r^b$$
$$l_y + l_r = 1$$
$$p_y y^s = p_x x^d$$

---

① 即：最优决策不会卖一种以上的产品，不会同时买和卖同种产品，不会买和生产同种产品。由于文枚（Wen，1996）对此做了严格的证明，被杨小凯命名为"文定理"（参见杨小凯，1988，第66页）。

③生产与服务的完全专业化模式，记为 CT。此模式有三类组合：

一是生产 x、买 y 和 r，即（x / y r）的决策。

在此决策中，$x^d = y = y^s = r = r^s = l_y = l_r = 0$，农户的最优决策问题是：

$$\max U = (Kxr^d y^d)^{\frac{1}{2}}$$
$$s.\,t.\ x + x^s = l_x^a$$
$$l_x = 1$$
$$p_x x^s = p_y y^d + p_r r^d$$

二是生产 y、买 x 和 r，即（y/x r）的决策。

在此决策中，$y^d = x = x^s = r = r^s = l_x = l_r = 0$，农户的决策问题是：

$$\max U = (Kyr^d x^d)^{\frac{1}{2}}$$
$$s.\,t.\ y + y^s = l_y^b$$
$$l_y = 1$$
$$p_y y^s = p_x x^d + p_r r^d$$

三是生产 r、买 x 和 y，即（r/x y）的决策。

在此决策中，$r^d = x = x^s = y = y^s = l_x = l_y = 0$，农户的决策问题是：

$$\max U = (Krx^d)^{\frac{1}{2}} (Kry^d)^{\frac{1}{2}}$$
$$s.\,t.\ r + r^s = l_r^b$$
$$l_r = 1$$
$$p_r r^s = p_x x^d + p_y y^d$$

一个一般均衡包括所有商品（包括前述的产品和服务）的一组相对价格、出售商品的一组人数、由所有人选择的模式构成的一个结构，以及人们生产、交易和消费商品的数量（杨小凯，2003）。求上述三类分工模式不同决策的最优解，可以得到相应的角点均衡（表2）。

表2　　　　　　　　　　三个角点均衡的信息

结构	A	PT	CT
相对价格	–	$\dfrac{p_x}{p_y} = 1$	$\dfrac{p_r}{p_y} = \dfrac{p_r}{p_x} = \dfrac{4}{3} K^{-\frac{1}{3}}$
相对人数	–	$\dfrac{M_x}{M_y} = 1$	$\dfrac{M_r}{M_x} = \dfrac{M_r}{M_y} = \sqrt[3]{K}$
真实收入	$\left[\dfrac{1}{1}\right]^a$	$\dfrac{\sqrt{1-s} \cdot 2^{a-1}}{3^{\frac{3}{2}a}}$	$\dfrac{(1-s)\sqrt{2^{\frac{2}{3}}}}{6}$

将表2中真实收入在三个角点均衡之间进行比较，可以得到全部均衡及新兴古典比较静态分析结构（表3）。

表3 全部均衡及比较静态特性

s	>0.7071	$0<S<0.7071$	
a		$a<a_0=\dfrac{\ln6-\dfrac{2}{3}\ln(1-s\sqrt{2})}{\ln2}$	$a>a_0=\dfrac{\ln6-\dfrac{2}{3}\ln(1-s\sqrt{2})}{\ln2}$
均衡结构	A	A	CT

全部均衡及比较静态特性显示（向国成等，2003）：

①当代表邻居间平均距离和交通条件的 $s>0.7071$ 时，均衡是自给自足。

②当 $0<s<0.7071$ 时，若专业化经济程度参数 $a>a_0$，均衡是完全专业化分工；若专业化经济程度参数 $a<a_0$，均衡是自给自足。

③如果PT结构的真实收入始终小于A结构，则PT不是全部均衡。说明没有一定的专业化的生产性服务，生产的专业化也难以实现，从而表达了农业生产性服务对农户生产的制约作用。

3. 农业家庭经营卷入分工：新兴古典经济学的含义

上述分析描述的是一个由 M 个农户所组成的经济体，从而表达了农业经济的分工格局。由超边际分析模型表明，参数 a、s 对分工模式及经济组织结构具有决定性意义。

第一，专业化经济程度（a）越高、参与分工相邻农户之间的距离越短，分工的均衡水平越高。对于一对相邻农户之间一个足够小的距离 s，专业化经济的报酬递增将造成均衡从自给自足（结构A）向产品生产及服务的完全分工（结构CT）演进。

第二，交易品的种类数由专业化的绝对程度和一对相邻农户之间的平均距离决定（杨小凯，2003）。假定专业化程度一定，那么分工主体越密集，专业多样化程度越高、市场范围亦越大，行为主体有效参与分工与交易的可能性越大。

第三，如果农业生产及其生产性服务的分工不断深化，使得专业化经济程度达到一定的程度，那么经济活动的聚集及其组织化程度的改善，能够有效降低 s，从而引起分工均衡水平和农业效率的一个"起飞"。

第四，随着分工演进、交易效率的提高，作为中间品投入的农业生产性服务（农业中可以广泛地表达为提供种子种苗、机耕、植保与防疫、机割、加工等多种服务，甚至可以延伸为提供技术咨询、管理决策、市场营销多各种专用性知识型服务），能够有效推进农业产业链条各环节的纵向分工（杨小凯、黄有光，1999），从而提升农业的生产迂回程度。

必须强调的是，尽管 s 标识的是一个地理上相邻农户的距离，但它可以表达众多含义：交易伙伴的密集度（降低交易主体的搜寻成本）、交易品种的多样性（降低交易产品的搜寻成本），以及交易的组织化与服务化程度。

综上所述可以认为，对于一个不断发育的专业化的农业经济，农户的分工将首先从自给自足转向生产与服务的局部分工（结构 PT）演进，接着通过降低 s 并转型到结构 CT。这显然表达了农业的专业化、专业的多样化、社会服务化与经营组织化随分工演进的特征。

五、重新认识家庭经营：回归常识与转型发展

中国农业处于重要的历史转型期，农业经营制度何去何从也处于关键的转折关口。与此同时，各种见解与争论又重新开始白热化。无论理论与观点如何仁智相见，但对一些基本问题所存在的认识上的误区必须引起重视：一是认为家庭经营无法实现规模经济；二是认为农民只有自己经营所承包的土地，才能有效保护自己的权益；三是认为农地流转可能会影响土地承包经营权的稳定；四是认为土地的确权就是为了推进农地的流转。我们认为，梳理各种认识与主张，纠正各种偏差并达成共识，有必要重新回归理论常识。

1. 人民公社体制转向家庭承包制的有效性

公社体制的核心特征是所有权与经营权的合一，表现出"集体经营"的特点（类似于古典企业理论中两权合一的"经营"概念）。然而，农业的集体经营面临着天然的困难。

由于农业生产是通过利用有构造的生命自然力进而利用其他自然力的活动（中国农村发展问题研究组，1984），这表明在农业活动中，任何其他自然力的利用方式（包括工业化农业）和利用程度，都要受到生命自然力构造的支配、限制和约束。由于农业活动是一种以生命适应生命的复杂过程，并且这一

不容间断的生命连续过程所发出的信息，不但流量极大，而且极不规则，从而导致对农业的人工调节活动无法程序化。与之不同，工业生产的可控程度极高，其生产过程中的信息相对比较规则，且信息的发生、传递、接收和处理通常是程序化的。因此，在工业活动中，等级组织的运营可以根据权威指令而进行。但农业活动的主体必须根据生物需要的指令来做出有效反应，而且由于生命的不可逆性所内含的极强时间性或生命节律，决定了农业组织要比工业组织必须更具有反应的灵敏性与行动的灵活性①。这种灵敏性与灵活性所带来的生产不确定性，需要有灵活的信息决策机制，由此决定了与之相对应的经济组织不可能是大规模的（罗必良，1999）。因此，人民公社的效率缺陷在于：一是信息处理成本极高，易于导致生产决策的失误；二是劳动监督成本过高，极易导致偷懒与生产性努力不足的机会主义行为。

家庭承包制是在保持所有权不变的前提下，经营主体由"农户"对"集体"的替代，其核心特征是承包权与经营权的合一，表现出"家庭经营"的特点。因此，公社体制下的集体经营与分权体制下的家庭经营，都是"两权合一"的经营形式。但是，不能认为这仅仅是一个简单的主体替代而否定其制度变革价值。恰恰相反，经营主体的变化具有重要的制度含义。

①一个关键的突破就在于赋予了农户以"承包经营权"。即使承包经营权依然具有古典企业理论意义上的"经营权"特征，但是：第一，它包含了由集体成员的身份权所获得的承包权——可以称之为"准所有权"——因为农村土地是农民集体所有，农户具有部分代表所有权身份的特性，从而使农民获得了真实的财产性权利；第二，它包含了以农户为单位所获得的独立经营权，从而大大改善了排他性及其生产性努力。

②尽管二者都具有"两权合一"的"经营"特性，但出现了制度安排的革命性变迁：第一，发生了所有权与承包经营权的分离，基于产权细分改善了产权的实施效率；第二，家庭承包经营更适宜于农业生命特性所决定的现场处理要求，从而降低了生产决策、劳动监督等组织管理成本。由此，家庭经营具有天然的合理性（中国农村发展问题研究组，1984）。

③更为关键的是，承包经营权的形成为进一步的承包权与经营权细分提供了基础，从而扩展了产权配置及其效率改进的潜在空间。因为上述逻辑是针对

---

① 所以舒尔茨（1964）指出，在农业中，决策必须在现场做出，否则信息不足。

农户承包权与经营权合一，或者说是没有分工的封闭状态下而言的。一旦农户的生产经营活动走向开放卷入分工，情形将发生根本性改观。

2. 家庭承包经营及其规模决定

农业生产绩效的高低可以从不同的角度进行评价，而不同的生产目标决定着不同的生产制度安排。比如，在小农经济状态下，由于农户的经营目标是安全最大化，农户的理性选择必然是避免风险（不冒险采用新技术、小而全避免自然风险、自给自足避免市场风险、尽量少的投资避免投资风险），并努力使产量最大化（机会成本几乎为零的无限劳动投入与精耕细作）。但是，一旦农户目标转化为经营目标（收入最大化），同时又要兼顾到产量目标（假定政府与农户在这个目标上的激励相容），那么经营方式将发生重大变化。

农业生产必须依赖于土地，但是土地生产率的高低并不单一地由土地本身决定，而是由土地质量、种子种苗、栽培技术、植保与田间管理，特别是灌溉条件等多种要素共同表达的生产函数。不同特性的资源的相互配置，无疑会决定经营组织形式。比如，干旱地区的土地产出率，可能首先不是由土地质量决定，而是更多地依赖于灌溉条件。第一，如果灌溉具有可分性（如每个农户在自己的承包地里打井），并不会产生特别的规模要求。但导致的问题是使相对土地资源更加稀缺的水资源的利用，既存在投资的不经济，也存在利用效率的低下。第二，如果灌溉设施不具有可分性，就会对农户的土地经营规模提出要求。从这个角度来说，干旱地区选择分散化的小规模经营并不一定是最适宜的经营方式。第三，如果存在良好的公共灌溉服务（中间性产品），并且存在用水量的考核技术以及相应的激励与约束机制，那么家庭经营规模就转换为灌溉的服务规模问题。

即使不考虑要素配置，仅仅就土地的性质而言，推进规模经营也将是困难重重：第一，农业土地及其经营的立地条件，决定了地理上的不可移动性，农地的流转及其相对的集中面临技术约束；第二，农地的流转只能是经营权的流转，而规模的形成依赖于多个不同的农户，面临着租赁成本、缔约及其监督执行等交易费用的限制；第三，规模经济是成本与收益的对比，而成本与收益高低对于不同的农户或者行为主体来说是不同的。因为行为能力的不同，使得适度规模并不具有一致性与同质性。显然，已有文献忽视了资源特性所包含的产权含义，同时也夸大了农地规模扩大所隐含的经济性。

3. 产权分割、农业分工与规模经济转型

（1）农地经营权的产权分割及其交易

现代产权经济学认为，财产权或者产权，一般表现为排他权、处置权与交易权。其中，排他权的关键在于排他性占有（控制权与支配权），这是有关产权的各种维度中最为重要的。占有可以是时段性的（一个时期），也可以是长期的（中央已经明确赋予农民以长久承包经营权）；在占有的基础上农户可以自主使用和处置（前提是符合用途管制），并由此获得收益；如果农户发现自己的处置能力有限，并且存在潜在市场获利机会，流转权或者交易权就尤为重要。

由于产权是一组权利的集合，因此产权交易所交换的权利，既可能是全部权利束，也可能是部分权利；既可能是永久性的，也可能是时段性的。

产权的交易程度取决于几个方面：①与物品性质有关。如果一项物品具有可分性，交易就具有灵活性，既可以交易整个物品，也可以交易部分物品。②与产权属性有关。一项物品可能有多个有价值的属性，如果价值属性可分，则可能交易部分产权；如果价值属性不可分，则要么全部交易，要么不交易。③与交易能力有关。如果一个人具有有限的支付能力，他可能只购买其中的某个部分或者某个时段的产权。

因此，产权的分割与产权的交易紧密相关。

第一，从产权分割的角度来说，农地的产权主体可以分为所有权主体（农民集体）、准所有权主体（农户）、经营主体以及生产操作主体（可以是农户，也可以是其他行为主体）。我国农地产权的流转，不包括所有权的流转，也不包括农户的土地承包权，能够交易的只有经营权和生产操作权，由此会形成农户以外新的经营主体与生产主体进入农业。因此，家庭经营可以与多主体经营并存。

第二，从产权效率的层面来讲，从所有权中分离出承包权，并将承包权界定给农户是恰当的，因为农户更有能力、更有积极性进行土地产权的排他、处置与行使；从发挥比较优势的角度来说，承包权、经营权乃至于生产权的分离同样是效率边界的扩展。进一步地，假定承包经营权赋予农户，如果农户的行为能力不足、资源配置空间有限，农户将某些经营权分离出来并流转给具有比较经营优势的行为主体，无疑既可以带给交易双方合作剩余，又可以改善资源

的配置效率。由此可以认为，允许生产经营权在农户自主自愿的前提下进行规范流转与交易，恰恰是维护和实现农民土地财产权益的一个重要方式。

第三，产权分割和产权交易可以多种多样。从农户分离出的土地经营权，还可做进一步的产权细分。为了便于表述，有必要从法律层面做进一步的厘清。

《农村土地承包法》规定，农村集体经济组织的农户作为承包方"依法享有承包地使用、收益和土地承包经营权流转的权利，有权自主组织生产经营和处置产品"，因此，农地经营权的法定表达即是"生产经营和处置产品"的权利。但是，该法并未对生产经营权与产品处置权做进一步的表达。根据《全民所有制工业企业法》和《全民所有制工业企业转换经营机制条例》的规定，经营权是经营者对其经营财产的一种占有、使用和收益的权利。具体分为14项：生产经营决策权、产品劳务定价权、产品销售权、物资采购权、进出口权、投资决策权、留用资金支配权、资产处置权、联营兼并权、劳动用工权、人事管理权、工资奖金分配权、内部机构设置权、拒绝摊派权。

因此，参照上述法律，可以将农户土地的经营权做多样化的细分。例如，从横向上来说，生产经营权可以分割为经营决策权（生产什么、生产多少）与生产决策权（如何生产）；从纵向上来讲，以物资采购权为例，可以分割为采购成本控制权与采购操作权。

值得注意的是，由于农业的生命特性，由产权分割而形成的分权主体能否有效行使其细分产权，则与产权客体有价值属性的技术可分性密切相关。例如前文提到的土地种植，从产权角度来说，一块农田可以分割为不同的种植区从而满足不同生产主体的种植要求，但灌溉属性的不可分性则有可能对产权细分构成障碍。

但是，随着农业技术进步与中间品市场的发育，相对于承包权与经营权合一的经营方式而言，农业生产经营权的细分与农业生产活动的可分性，能够大大丰富产权交易与分工活动的多样性。

（2）农事活动的可分性与规模经济转型

农地经营权的分割为不同主体进入农业提供了可能性，但农事活动的可分性则具有现实决定性。家庭经营从农业生产的层面来说可以包含多种农事活动。如果所有的农事活动均由一个农户独立处理，那么前述的现场处理以及农户能力的约束，必然导致农户经营规模的有限性。家庭生产规模的扩大必然地面临着劳动雇佣，而劳动规模的扩大又必然地引发劳动监督问题。采用机械替代劳动显然是恰当的选择。但对农户来说，农机投资却是一把双刃剑，一方面机械化作业无疑会要求土地经营规模的匹配，另一方面有限的使用频率必然导致投资效率的低下。

显然，由农户购买机械转换为由市场提供中间品服务，则可能将家庭经营卷入社会化分工并扩展其效率生存空间。比如，在农户的水稻种植生产中，多数农艺与生产环节是可以分离的（或者说可以作为中间性产品）。其中，育秧活动是可以独立分离的，能够由专业化的育秧服务组织提供；整地、栽插、病虫害防治、收割等生产环节可以向专业化的服务组织外包。

尽管农业生产存在信息的不规则性，但专业化组织具有信息搜集与处理的比较优势；尽管存在服务质量的考核困难，但专业服务形成的资产专用性与服务市场的竞争，能够有效减缓监督成本问题。关键是，农事活动的分工与服务外包的可能性及其效率，与服务市场的规模密切相关。假如众多的农户能够将某个生产环节外包，从而构成一定的总需求规模，提供相应中间性产品即专业化服务的承接主体就能够获得进入的规模经济性，由此而形成的分工经济即可带来合作剩余。在这种情形下，家庭经营就与农户土地规模无关或者关联性很低。

因此，一旦农事活动卷入分工，农业的土地规模经营就转化为服务规模经营，规模经济也就表达为分工经济。

4. 家庭经营的性质及其多样性

我们知道，在真实的世界里，无论经济如何发展，结构如何转型，无论是在新兴的发展中国家，还是在西方发达的资本主义世界，无论是传统技艺手工业、商业服务业，还是现代工业，家族企业的存在及其家庭经营都具有广泛性。同样，农业的家庭经营亦具有普遍性。

从产权理论的角度来说，家族企业的本质特征就在于企业的股权及其经营控制权的多少。包括：①所有权与经营权完全为一个家族所掌握；②掌握着不完全的所有权，却仍能掌握主要经营权；③掌握部分临界所有权而基本不掌握经营权，均可视为家族企业（潘必胜，1998）。因此，从家族拥有全部两权到拥有临界控制权，家族企业可以看成一个连续的分布状态。一旦突破了临界控制权，家族企业就蜕变为公众公司（叶银华，1999）。

　　基于上述标准，可以认为，在赋予农户长久而稳定的承包权的背景下，无论发生怎样的产权细分与经营主体的分离，土地的农户承包所决定的"资格垄断性"，意味着我国农业家庭经营的性质均不会发生根本性变化。中央提出"坚持家庭经营在农业中的基础性地位"，是旨在强调农户的经营主体地位。家庭经营既可像中国这样户均承包经营 5.58 亩的土地，也可以像美国那样达到数百公顷规模的家庭农场。因此，家庭经营与规模无关，关键在于凸显农业经营的主体地位。

　　如前所述，企业是一种巧妙的交易方式，它可以把一些交易费用极高的活动卷入分工，同时又可以避免对这类活动的直接定价和直接交易。以此类推，可以认为家庭经营的本质，就在于将不可交易（或理解为交易成本极高）的准所有权（即承包权）置于农户的产权主体地位，并通过经营权与生产权的细分及其交易来改善依附于承包权的经营权配置效率，从而避免了对承包经营活动的直接定价与直接交易。因此，家庭经营基础性地位的关键在于农户的承包经营权主体地位。例如，公社集体经营中以家庭为单位的"大包干"、承包权与经营权合一的农户经营，以及承包权与部分经营权分离后的家庭经营等，均可视为家庭经营。

　　因此，家庭经营的形式是多种多样的（表4）。

表4　　　　　　　　　产权细分条件下家庭经营的多样性

	承包权	全部经营权	部分经营权	没有经营权	全部生产权	部分生产权	没有生产权	农户经营特征	
情形 I	√	√			√			类似于古典型家庭农场	
情形 II	√	√					√	经营式农场：雇工劳动（选择性）	
情形 III	√			√			√	A. 农业退出＋承租农场	土地出租
	√			√		√		B. 参与劳动＋承租农场	
情形 IV	√		√			√		A. 股份合作社＋农户自愿参与劳动	合作经营
	√		√			√		B. 合作农场＋代营＋代耕	

　　注："承包权"可视为"准所有权"。其中，经营权可以做进一步的细分。如果将生产经营控制权作为判定标准，那么家庭农场就能够表现为一个"谱系"型的多样化构型。表中的情形只是初步的罗列。

其代表性情形是：

①在封闭状态或者交易成本很高的情形下，自给自足的家庭经营（类似于古典型家庭农场）是一种均衡。

②如果农户能够有效地租用土地以及雇佣劳动，家庭经营就转换为生产大户或者家庭农场（经营式农场），从而形成内部分工，并进一步形成相应劳动的交易与定价机制①。

③如果农户面临较高的劳动管理成本与产品市场的交易成本，农户有可能转出土地而转变为农业职业劳动者或者非农参与者②。不过，这将意味着农户对农业经营的退出。

④如果土地以股份的方式集中，就可能形成股份制或合作社农场。这类农场既可以集体经营（股份合作社），也可以是代营式的合作农场（前提条件是作为中间性市场的农业专业服务具有较高的交易效率）。要特别说明的是，农业的专业化服务不仅仅包括生产性服务③、技术性服务、营销服务，还可以包括管理决策服务等。其中，管理决策服务可以分为决策咨询的服务外包、职业经理人的委托代理等。

显然，将农地流转看作是对家庭经营的动摇，是对家庭经营在认识上的固化与偏执④。

应该说，在承包权与生产经营权分离及其细分的情景下，"家庭经营"就转化为在拥有承包权前提下对经营权和生产权的"终极控制权"（由于生产经营权依附于承包权，因此生产经营权的流转并不是割裂式的彻底交易，它迟早还会回到承包者手中）、"流转决策权"（生产经营权流转给谁、流转多少、流转多久、什么方式流转等）以及流转合作的"剩余索取权"。可以认为，在分工条件下，家庭经营的本质，就在于农户以土地承包权的主体地位，并在拥有终极控制权、流转决策权与剩余索取权的同时，作为生产经营权细分及交易的

①　按照现行政策规定，家庭农场是指以家庭成员为主要劳动力，从事农业规模化、集约化、商品化生产经营，并以农业收入为家庭主要收入来源的新型农业经营主体。其中关于劳动力的约束，意味着中国的家庭农场必然地是小规模的。

②　如果农户拥有大量土地，可能转换为土地出租农场，但这种情形在家庭均包制背景下不可能存在，只能出现土地承租的租赁农场或者生产大户。

③　早在20世纪80年代初，"中国农村发展问题研究组"（1984）就强调指出：任何发达国家的家庭农场总是同一个巨大而有效率的社会化服务网络密切联系在一起。

④　这些貌似维护家庭经营稳定的主张，从实践的角度来说，都可能导致家庭经营陷入封闭的小农经济状态。

中心决策者与缔约者。

六、结论与讨论

1. 主要的结论

①以均包制为主要特征的家庭承包经营制度，一方面使得农地小规模、分散化及细碎化的经营格局难以获得规模经济，另一方面也使得农业劳动力的外流及其弱质化难以产生家庭经营的劳动分工。因此，通过农地的流转来解决规模问题或许是一个约束相对较多并且是缓慢的过程。

②在新古典经济学中，规模经济被当作经济增长最主要的驱动力量，但是这种解释经济增长一般机制的方法并不符合古典学派的经济发展思想。规模经济可能伴随在经济增长和发展过程之中，却不是经济增长与发展的根源，分工水平的高低才是经济增长的决定力量。

③农业的生命特性所决定的组织运行机制，表达了家庭经营的天然合理性。家庭经营与规模经济、与现代生产组织方式能够并行不悖。家庭经营既可以通过扩大土地规模来改善农场组织的"土地规模经济性"，也可以通过农业生产性服务（如代耕、代种、代收，甚至是职业经理人的"代营"等中间性服务产品）的纵向分工与外包来实现"服务规模经济性"。

④制度目标与制度底线所决定的中国农村基本经营制度，其本质特征可以表达为：坚持和落实集体所有权，稳定和强化农户承包权，放开和盘活土地经营权，加强和贯彻用途管制权（可简称为"集体所有、家庭承包、多元经营、管住用途"）。由此，农村基本经营制度完善与创新的空间就集中表现为经营权的产权调整、经营主体的培育、分工深化机制以及经营体系的创新。以土地"集体所有、家庭承包、多元经营、管住用途"为主线的制度内核，将成为我国新型农业经营体系的基本架构。

2. 进一步的讨论

（1）关于农民合作社问题

无论是理论研究还是政策选择，农民合作组织问题都受到了广泛关注。实践中的中国农民合作社，形式多种多样，但却有着不同的制度特性。

一是以分享土地增值收益而形成的土地股份合作社。主要特征是分享土地非农利用的增值收益，同时强化农户对农村集体资产的财产权利。尽管这类形式的股份合作社普遍存在的股权设置的社区封闭性、社区分利机制与福利主义、集体产权的模糊性与内部人控制问题，使得这类制度安排经常招致制度效率与制度复制的质疑，但考虑到不属于农业经营制度的范围，我们不予讨论。

二是以改善规模经济而组建的土地股份合作社。其共同特征是以农户的土地经营权入股形成土地股份合作社，具体的运作方式主要包括：

①集体统一经营方式。即农户土地由社区集体统一经营（类似于表4情形IV中的A）。这种经营形式的成功与否依赖两个方面，一是是否存在领头人的"能人经济效应"，如果经营者能力有限或者经营失误，往往会导致合作社的解体；二是是否存在良好的治理机制，如果"内部人控制"问题得不到化解，亦会导致合作社的不稳定，应该说，统一经营方式所依附的"权威机制"既不具有可复制性，也难保证合作社的可持续性。

②集体租赁经营方式。即将农户的土地入股成立合作社，然后以合作的名义将土地转租给农业企业或者大户经营（类似于表4的情形III），农户作为股东只是分享土地租金。这类方式在本质上类同于本文前述的"公司+农户"形式。不同的是，此类合作社能够有效降低土地租用主体与农户分散谈判的交易费用，改善土地租金的价格生成效率。但是，合作社的内部人控制与合约的不稳定问题，往往成为其致命缺陷（罗必良，2011）。

上述两种方式都存在共同的问题：第一，农户不再是农业的经营主体；第二，没有体现农户土地的人格化财产特征，容易内生强烈的行政强制特征；第三，合作社作为一种装置，仅仅是土地收益的一种分利机制，而不是一种经营机制；第四，缺乏专业化的分工机制，尤其缺乏企业家能力的生成与职业经理人队伍的发育。

三是以农业服务为主线的农民专业合作组织。包括提供农业生产环节服务的专业技术合作社以及提供全程服务的"托管式"社会化服务组织。

值得注意的是，农业生产环节的服务并非独立的土地经营主体，因而没有取代农户经营的主体地位，但往往缺乏服务组织与农户经营组织的交易平台，使得专业化服务面对众多分散农户，既不具有规模经济，亦隐含高昂的交易成本；土地的"托管"在一定的程度上已经类似于"租赁经营"（表4的情形III），只是将租赁经营与社会化服务结合，但农户已经退出了农业经营，不再是农业的经营主体。

本文关注的问题在于，农业的家庭经营如何与不同的经营主体共同发展，既发挥家庭经营的比较优势，又吸纳其他主体的组织优势，既推进农业经营方式的创新，又不导致对家庭经营基础性地位的削弱。因此，崇州"农业共营制"①（类似于表4情形IV中的B）通过三大交易装置所形成的经营主体的"共建共营"、合作收益的"共营共享"、经营目标的"共营多赢"，能够有效解决土地与资本的结合、土地与企业家能力的结合、土地与社会化服务的有机结合。

（2）关于农业经营制度问题

产权经济学区分了两个重要的概念，一是产权赋权，二是产权实施。明晰的赋权是重要的，但产权主体是否具有行使其产权的行为能力同样是重要的。产权的实施包括两个方面：一方面是产权主体对产权的实际处置，另一方面是对产权的转让与交易。由于产权在实施中的强度问题，使得同一产权在不同的实践环境、对于不同的行为主体，都可能存在实施上的差异。由此，农业经营制度的有效创新依赖于两个关键因素。

一是明确而分立的产权。市场可以被认为是普遍化了的商品交换关系，而这种交换关系的维系必须要有相应的产权安排来保证交易的顺利进行。在市场交换的过程中，产权主体只有预期没有被抢劫而无处申诉的危险时，他才会积累财富并努力将财富最大化；当产权主体在把手中的货币或货物交给其他主体而不必担心对方不按合约办事时，或者在对方不履行合约而能够保证以一种低成本的方式挽回或减少损失的情况下，交易才会顺利进行。因此，只有在有明确的产权保护的情况下，交换才能顺利进行，价格（市场）机制才能发挥作用。由此，明晰的赋权意味着产权的保护、排他、尊重与契约精神。

正因为如此，农村经营制度的制度底线是必须维护农民的人格化财产，提升农民对土地的产权强度并保护农民的土地权益，在此前提下构建公开而有秩序的农地产权流转市场，并尊重农民自主参与流转的权利。

二是合乎要求的经济组织。"合乎要求"一方面是指改善产权的处置效率，另一方面是指降低产权的交易成本。本文对科斯定理的分析表明，对于已经确权颁证的农户承包经营权来说，重新调整产权来改善处置效率与交易效率

---

① 参见罗必良："农地流转的市场逻辑"，《南方经济》2014年第5期。

的空间并不存在，因此，从产权调整转向经济组织构造是必然的选择。科斯（Coase，1937）指出，市场运行是要花费成本的，而市场与企业是两种可以相互替代的资源配置的手段。因此，降低产权的实施成本，依赖于有效的关于生产组织和交易组织的选择与匹配。可见，农业的经营机制不仅包括要素价格机制、产权分立机制，还要有合乎要求的组织机制及其交易装置。

就农业经营体系来说，一方面，既要坚持家庭经营的基础性地位，又要化解农户经营的行为能力不足、分工不足与规模不经济问题，因而农业生产经营方式的创新尤为重要；另一方面，既要赋予农民更多财产权利，又要规避农户土地的禀赋效应，因而农地产权交易方式的创新同样关键。正是基于这样的角度，农地流转及其交易装置的匹配，就具有了更为重要的理论内涵与现实价值。

◼ **作者简介**

　　华南农业大学经济管理学院教授、博士生导师，教育部"长江学者"特聘教授、广东省"珠江学者"特聘教授。

【参考文献】

［1］Casoon M.：The Entrepreneur：An Economic Theory，Martin Robertson. Oxford，1982

［2］Cheung S.：The Contractual Nature of the Firm，Journal of Law and Economics，26（1）：1 – 21，1983

［3］Coase R.：The Nature of the Firm，Economica，4（4）：386 – 405，1937

［4］Demsetz H.：Ownership，Control and the Firm——The Organization of Eonomic Activity，Basil Blackwell，1988

［5］Knight F.：Risk，Uncertainty，and Profit，New York：A. W. Kelley，1921

［6］Rawal Vikas：Agrarian Reform and Land Markets：A Study of Land Transactions in Two Villages of West Bengal（1977 – 1995），Economic Development and Cultural Change，49（3）：611 – 29，2001

［7］Samuelson，P. A. and Nordhaus，W. D.：Economics，The McGraw – Hillcompanies，Inc. ，1998

［8］Schultz，T. W.：Transforming Traditional Agriculture，Yale University Press，1964

［9］Williamson O. E.：The Economic Institutions of Capitalism，New York，The Free Press，1985

［10］Yang，X. and Y – K. Ng：Theory of the firm and Structure of Residual Rights，Journal of Economic Behavior Organization，26（1）：107 – 128，1995

［11］曹正汉. 寻求对企业性质的完整解释：市场分工的不完备性与企业的功能. 经济研究，1997（7）

［12］国务院发展研究中心农村部课题组. 稳定和完善农村基本经营制度研究. 北京：中国发展出版

社，2013

[13] 何秀荣．公司农场：我国农业微观组织的未来选择？．中国农村经济，2009（11）

[14] 黄桂田，李正全．企业与市场：相关关系及其性质——一个基于回归古典的解析框架．经济研究，2002（1）

[15] 刘凤芹．不完全合约与履约障碍——以订单农业为例．经济研究，2003（4）

[16] 罗必良．合作机理、交易对象与制度绩效——温氏集团与长青水果场的比较研究．《中国制度变迁的案例研究》（第六集），北京：中国财政经济出版社，2008

[17] 罗必良．农业性质、制度含义及其经济组织形式．中国农村观察，1999（5）

[18] 罗必良等．产权强度、土地流转与农民权益保护．北京：经济科学出版社，2013

[19] 曼昆．经济学原理．北京：生活·读书·新知三联书店，北京大学出版社，1998

[20] 穆勒．政治经济学原理（上卷）．北京：商务印书馆，1997

[21] 斯蒂格里茨．经济学（上册）．北京：中国人民大学出版社，1997

[22] 斯密．国民财富的性质和原因的研究（上、下卷）．北京：商务印书馆，1994

[23] 泰勒尔．产业组织理论．北京：中国人民大学出版社，1999

[24] 向国成，韩绍凤．分工与农业组织化演进：基于间接定价理论模型的分析．经济学（季刊），2007（2）

[25] 熊彼特．经济周期循环理论：对利润、资本、信贷、利息以及经济周期的探究．北京：中国长安出版社，2009

[26] 许庆，尹荣梁，章辉．规模经济、规模报酬与农业适度规模经营——基于我国粮食生产的实证研究．经济研究，2011（3）

[27] 杨小凯．经济学原理．北京：中国社会科学出版社，1998

[28] 张维迎．企业的企业家：契约理论．上海：上海三联书店，上海人民出版社，1995

[29] 钟文晶，罗必良．禀赋效应、产权强度与农地流转抑制——基于广东省的实证分析．农业经济问题，2013（3）

中国村庄：自治还是民主？

⊙ 张鸣鸣　郭晓鸣

从制度层面看，当代中国村庄已经逐步从"自然治理"走上了"民主治理"道路。但在实践中，不受约束的传统权力和现代权力交结，使中国大多数村庄治理依赖于少数乡村精英的个人意愿，村庄要么演变成其牟取私利的工具，要么陷入无序状态。这种普遍存在的现象的根源在于，改革开放几十年，农村经济基础和资源交换方式发生深刻变化，村庄内核在不同程度上具备了城市特质，原有的建立在封闭的、同质化基础上的传统乡村治理模式在这种形势下显得无能为力，新的制度尚未建立，不完善的民主制度叠加在不完整的传统治理模式上，必然导致当前的村庄治理乱象。实践表明，合理的制度安排既能够充分利用传统治理方式降低交易成本的优势，又能够发挥民主这一现代政治内核在公平正义上的核心理念。制度设计的关键在于增强村庄凝聚力以形成长期合作博弈的土壤，以及引入外部权威以避免少数人的利益受损。

自治和民主自治

村民实行自治和实行民主自治是两个不同的概念。前者作为一个抽象的概念，长期以来被理解为"自然治理"或"自行管理"；后者则为自治加入了民主的限定，通常指按照少数服从多数的原则共同管理村庄事务。

因为与千万农民直接对话的交易成本过高，我国封建社会采取了"皇权不下县"的治理方式，除了为税赋徭役而设的机构外，封建官僚体系几乎没有覆盖农村，农村持续了千年的自给自足状态。土地改革以后，同样是因为高昂的监督和管理成本，人民公社体制最终建立在以自然村为单元的生产队基础之上①，传统宗族或地缘形成的治理习惯依旧在生产生活中发挥重要作用②，实质上是"统一领导"下的"自然治理"。人民公社体制解体后，村委会被法律明确为村民自治组织，延续了以自然村为单元的组建习惯，血缘和地缘关系网的运用依旧是传统乡村治理中的重要手段。

从制度层面看，我国农村从村民自治到民主自治走了近30年的时间。改革开放后，一些地方农民自发形成了村委会或村管会等组织，进行自我治理，农民自我治理的创举迅速被国家认可，1982年修订的《宪法》111条首次出现了村民自治的提法，村民通过选举产生的"村民委员会是基层群众性自治组织"；1987年又通过专门立法"保障农村村民实行自治，由村民群众依法办理群众自己的事情"，《村民委员会组织法（试行）》第2条明确规定："村民委员会是村民自我管理、自我教育、自我服务的基层群众性自治组织"，第12条提到"村民委员会进行工作，应当坚持群众路线，充分发扬民主"；1998年正式施行的《村民委员会组织法》第1条就明确立法目标是"发展农村基层民主"，并进一步规定村民委员会"实行民主选举、民主决策、民主管理、民主监督"；2010年修订的《村民委员会组织法》将村民对村务的知情权、管理权、监督权、选举权等基本民主权利细化。

我国村庄治理机制是叠加了民主的自治，在村委会选举、村务公开等方面具备了民主的框架和表象，但内核却是自我治理，这使村庄运转和实践中存在弊端和不足，一些村庄活动和行为超越宪法和法律范围却得不到有效制止，一些村庄发展所需的公共事业日渐萎缩却无人过问，究竟是制度不完善，还是转型期的阵痛？亦或是中国农村根本不适合民主制度？

吴理财（2008）认为我国农村治理体制的实际运作存在着"村治"流于形式、"乡政"合法性不足、农村治理陷入困局等突出问题，原因主要有"乡政村治"体制安排缺乏一定的政治社会基础、延续太多旧体制"惯习"、总体制度架构使其变形而不能发挥正常功能③。孙秀林（2009）从2003年调查数

---

① 有些自然村规模大的，被分割成数个生产队；有些自然村规模过小，就被并到其他生产队里。但总体来说，组建生产队并未从根本上打破自然村格局。

② 贺雪峰：《新乡土中国：转型期乡村社会调查笔记》，广西师范大学出版社2003年版，第26页。

③ 吴理财："中国农村治理体制：检讨与创新"，《调研世界》，2008年第7期。

据的模型分析得出结论，与过去的管理制度相比，村民自治制度使村庄社区享有一定的"自治"权力，这种以村民选举为开端的草根民主，使村民有能力对其利益的执行者进行选择、监督，从而使得村民可以维护自己所关心的事务。因此，村庄民主的实行，可以显著改变村庄治理结构，可以改变村干部在日常治理过程中的侧重点[①]。郭正林（2003）在广东的问卷调查显示，影响村庄民主参与的因素开始呈现出非经济的特征，调查地区农民的家族文化观念有所淡化，在中国乡村这个特殊的文化环境中，那种企图以西方民主的发展轨迹来圈画中国乡村民主前景的人，有可能变成"大门口的陌生人"[②]。党国英、胡冰川（2011）在2009年的一项调查表明传统乡村社会很难嵌入民主政治。一方面，传统宗法关系维系的治理方式比民主政治成本低，"少数服从多数"这种民主政治原则的应用在传统村庄显得奢侈。另一方面，传统村庄没有民主政治需求。因此，当我们要求典型的乡村社会实现民主自治时，其实它并不需要民主政治；当我们发现它需要民主政治时，它已经是一个市场化的城市社会[③]。

传统村治模式的基础——宗族地缘关系的衰减这一问题已经在学界达成共识，学术界研究和争议的焦点在于：传统村治模式下村庄治理面临的是结构性问题还是系统性问题？嵌入民主的自治对当代中国农村是否有实际意义？如果没有，究竟是制度本身的问题，还是土壤的问题？

当前的村庄治理表现为两种权力的扭曲

30年时间为农村带来了民主的外壳，但并未改变"自然治理"的内核，不完善的民主和不完整的自治使现代权力和传统权力交织在一起，村民自治在实践中成为高度依赖农村精英意愿和能力的怪胎。

中部某农业大省J县C村，为响应上级号召，2009年启动新型农村社区建设，计划用3年左右时间完成全村353户、1421人的"拆旧房、建新房"工作。C村并不具备显著的区位优势，村集体无任何收入，中低收入农民占了

---

① 孙秀林："村庄民主、村干部角色及其行为模式"，《社会》第29卷，2009年第1期。

② 郭正林："当前中国农民政治参与的程度、动机及社会效应"，《社会学研究》，2003年第3期。

③ 党国英、胡冰川："中国农村究竟需要何种民主政治？"，《南方都市报》（评论周刊），2011年3月27日。

全村的 2/3，村民整体收入水平和储蓄水平较低，对未来收入预期也较低，在房屋还能勉强居住、建新房无任何补助的情况下，村民缺乏建房意愿。同时，C 村新型社区建设采取旧村改造方式，必须先拆掉旧房才能在原址盖新房，3~6 个月的过渡期中，村民须自行解决住宿问题。在遭遇巨大阻力的情况下，C 村强势推动新型社区建设，其动力何在呢？一是村庄整治后能够节余出 100 亩建设用地指标，通过增减挂钩政策用于发展工业和城镇建设；二是以 C 村 X 书记为核心的村内利益团体在本村建商业房出售获取收益（性质为小产权房），同时 X 书记本身是 J 县工商局工作人员，通过"又快又好"地执行上级交办的任务能够获得某些政治回报。

在这场牵涉到每一个农户的运动中，政府通过村干部落实节约土地指标的政策，村干部借助政策契机获取经济收益和政治回报，二者各取所需，而本该是自治主体的村民对此却无能为力，生计遭受严重威胁，未来生活缺乏保障。据村民介绍，为建新型社区，过去 3 年间该村发生了数次强拆事件，甚至导致一位老人受刺激而病逝；一些农民刚刚解决温饱问题就又因拆旧建新背负巨额债务，有的家庭债务高达十多万元，这使得已经结束务工生涯而返乡的 40 多岁甚至 60 岁的农民不得不再次出去务工，那些"光棍就更娶不到媳妇了"。

看了 C 村案例的人往往会问："既然 C 村不具备建设新型社区的条件，为什么还要建而且还建成了呢？"这个问题的实质是权力运用。C 村之所以能够在重重阻力中完成新型社区建设这一几乎是不可能的任务，原因在于对现代权力和传统权力的充分运用。C 村是典型的强人治村，X 书记是政府下派干部，具有一定的从政府获得公共资源的能力，而且其本身也具有较强的经济实力，在新型社区建设过程中给村民的借款达到 20 余万元，掌握了现代经济资源的 X 书记具备联合村内精英阶层达成一致意见的能力。同时，X 书记是本村人，深谙传统文化资源在村庄治理中的重要性，2009 年一上任就成立了孝道协会，协会有 20 多人组成，骨干力量大都是退职后返回 C 村的老年人，他们辈分较高又具有一定权势，协助书记开展了大量的动员、协调工作。密集了包括经济、政治、传统文化等权力的 C 村干部能够在条件不成熟的情况下建成新型社区也就不是奇怪的事情了。

在我们的多项调查中发现，C 村的情况并不是个案，伴随着我国转型期多方利益矛盾冲突愈加尖锐而产生，在资源资本化面前，现代权力和传统权力为村庄中的强势群体提供了追求更多利益的契机，两种权力纠缠为一体，不论是民主监督还是熟人监督都无计可施，越来越多的村庄变成了乡村精英团体的村庄，他们的道德水准和资源控制能力成为村庄治理好坏的决定性因素，而制度几乎对村庄没有什么影响，使村庄治理和发展走向充满不确定因素，也成为不稳定因素滋生的土壤。

村庄自治和民主政治均缺乏适宜土壤

调查发现，在 C 村新型社区建设中受到巨大冲击的村民数量约占全村人口的一半左右，大多是低收入的困难家庭。为什么 C 村百姓生计受到严重威胁却不反抗呢？其实他们未采取上访或暴力抗争是一种理性选择。一方面，在这部分村民眼里，X 书记是"公家人"，代表了强势的政府，经验表明，与书记作对就是与政府作对，付出大量的财物和时间却难以获得预期回报。另一方面，经济基础决定了他们在村庄中的社会地位，他们也同样缺乏与孝道协会这类传统治理组织谈判的能力。可以说，村民不是缺乏反抗的意愿，而是缺乏反抗的制度和非制度环境。

从制度层面看，法律规定了村民所享有的民主权力，但这些权力缺乏健康生长的土壤，即便是全部村民都明确知晓他们所拥有的民主权力，在实际运用中也必须付出成本，而这成本大大高于其承受能力。

村庄运行机理的"城市化"是村民难以反抗的非制度因素。贺雪峰在2001 年就观察到，当前中国中西部大部分农村传统的血缘和地缘关系在解体，"一个村民无力调用与其他村民的关系，其他村民也失去了调用与这个村民关系的能力。……无力应对共同的经济协作，无力对付地痞骚扰，无力达成相互之间的道德和舆论监督，也无力与上级讨价还价。这样的村庄秩序也因此难以建立，村道破败，纠纷难调，治安不良，负担沉重且道德败坏。"[1] 事实上，伴随着经济基础的深刻变化，以传统血缘和地缘为基础的村庄运行机理正逐步被商品化和资本化的社会模式取代，农村内核逐步具备城市特征。

第一，从经营方式看，当代中国的"小农"与历史上的"小农"是"形似而神不似"，它已经发生和正在发生本质性的变革，当代中国的小农是市场化和正在市场化的小农。2006 年农产品总体商品化率已经达到 65.6%，农户

---

[1] 贺雪峰：《新乡土中国：转型期乡村社会调查笔记》，广西师范大学出版社 2003 年版，第 6 页。

家庭消费的市场化率达到 85.4%，种子、肥料、农药、技术等生产服务逐步形成了一个开放性的市场交换系统①。大规模的农村劳动力要素向城市流动，更加剧了农村经营基础的变革，当前的农村正在经历从自给自足向商品交换转变过程，具备了城市交易的本质。第二，从社会结构看，农村社会阶层分化和居民异质化已经成为现实。一方面，资源资本化使农村贫富差距持续扩大，根据国家统计年鉴，2010 年高收入组的农村家庭人均纯收入是低收入组的 7.5 倍，收入水平和经济状况的分层决定了农户阶层的多元化。另一方面，精英劳动力要素加速向城市和非农产业发达地区流动，中西部农村几乎找不到"80 后"，农村"空壳化"和"老龄化"特征显著。同时伴随着农业规模化作业，越来越多的大户跨区域从事农业经营活动，而非农产业发达的地区如长三角、珠三角等甚至出现了外来人口是本村人口数倍的现象。第三，从空间布局看，土地要素的流动改变了农村生产生活的空间结构。近年来强势推动的新农村建设，特别是以土地综合整治项目为主要载体的对农村田、水、路、林、村、居的整理和改造，一方面加速了土地规模经营的态势，另一方面大规模的"拆旧建新"也催生了大量的集中居住区。农民的大规模集中居住，其生活居住方式不可避免产生根本性变化。此外，信息、技术等加速流动，进一步催化了农村社会结构和经济发展格局的整体变化。

人际关系更多地架构在利益纽带上而非宗族网络上、阶层分化、居住空间压缩这三大趋势打破了"自然治理"所赖以生存的基础，皮之不存、毛将焉附？制度重建呼之欲出。农村基层民主制度建设正是在此时被广泛关注，但是少数服从多数的民主制度在我国农村有诸多不适应，在村民经济基础和社会关系分化的情况下，简单的少数服从多数可能会产生两种截然不同的结果：或者演变成多数人的暴政，直至成为公权滥用的借口，如 C 村；或者使决策无法执行，导致村庄公共事业无以为继，典型的如"一事一议"②。

---

① 曹阳、王春超："中国小农市场化：理论与计量研究"，《华中师范大学学报（人文社会科学版）》，2009 年第 6 期。

② 诸多研究表明，"一事一议"制度设计存在缺陷，实施过程中存在交易成本过高、无力制止"搭便车"行为等问题，实践表明，严格按照"一事一议"规程实施很难达到农村公益事业发展的目标。赵杰、黄维健、王惠平、吴孔凡、石义霞：《"一事一议"筹资筹劳的轻体情况、存在问题和完善政策的建议》，中华人民共和国财政部网站，2006 年。林万龙等著：《农村公共物品的私人供给：影响因素及政策选择》，中国发展出版社 2007 年版，第 140 页。张鸣鸣："析'一事一议'的规则设计"，《理论与改革》，2009 年第 4 期。

适用于自然治理方式的那个封闭的、同质化的、相对集中的村庄在市场经济和城市化的进程中正在无可挽回地一去不复返，但在非农产业吸纳劳动力、城市承载能力以及财政支付水平在一定时期无法取得质的突破的现阶段，在户籍、土地等制度约束下，村庄在短时间难以发展成为民主政治的适宜土壤，近7亿人的村庄治理该何去何从？

合理的制度设计能够使民主与自治各取所长

作为全国的统筹城乡综合试验区，成都开展了一系列探索和尝试，其中构建村庄民主治理机制的做法颇有值得深入研究之处。成都的实践重点在三个方面。

第一，提供公共资源，熟化民主土壤。2009年开始，成都市通过一般性财政转移支付，使每个村每年能够获得不少于20万元的专项资金，除生产经营活动、还债和分发以外，只要是村民同意的村内公共服务和社会管理项目均可以此开支，余额可结余到下一年。成都市2000余个村（含涉农社区）每年用专项资金供给的公共产品涉及基础设施、公共服务、社会管理等几十个类别，支出项目多达上千种，2009年共开展13586个项目。调查显示，每个村以其所拥有或者能被利用的资源为参照系，处于不同基础和资源禀赋的村社公共产品供给具有显著差异性。如大邑县华山村2010年共支出专项资金28.18万元，分别用于2条组道建设、治保员代办员工资、环境整治、订阅报刊、购买复印机、5组饮水工程。崇州市石桥村支出38万元全部用于整治3600米河渠。双流县羊坪村的专项资金主要用于公共环境卫生、绿化、沟渠管护、路灯维护等公共服务项目，畜牧防疫和植物保护等农技服务项目，警务室和计生卫生服务站改造维修的基础设施建设项目，劳动保障协管员、治安联防队员等人员工资。

第二，规范决策机制，培育民主主体。为防止公共服务专项资金成为个人牟利工具，以及最大程度地避免"认认真真走形式"，成都市采取了强制性的民主决策程序，即以文件形式明确规定了专项资金使用的决策程序，农民在村级公共产品供给中的自主性主要通过农户直接投票和代议组织（村议事会和组议事会①）实现。一是直接投票，主要是按照规定程序直接投票选出所在小组议事会成员②，在涉及村内重大事项时也须农户直接投票。二是通过议事会间接投票，作为村民民主选举产生的村组议事会成员，往往是村里的"精英能人"、"德高望重者"、"认真负责者"，基本能够代表村民行使决策权。通过这两种方式，村民对村级公共产品供给的决策、执行、监督、验收等四个关键环节发挥作用：一是村民对村级公共产品供给具有决策权，包括项目内容、实施时间、地点、方法等。二是村民是村级公共产品供给的实际执行人，能够最大限度地在施工过程中投工投劳，一方面做"自己的事都更上心"，工程质量高，另一方面也能获得一定的务工报酬。三是每个村民都有工程施工的监督权，能够通过多种渠道投诉和提建议。四是村民是项目的关键验收人，工程质量好不好、是否能够满足需要、有没有寻租腐败等问题，都是村民说了算。

第三，引入外部权威，建设外向型村庄。成都市各区县政府组建了专门的农村公共服务和社会管理队伍，如青白江区成立了"青白江区公共服务和公共管理村级融资建设项目审核小组"，一是提供技术支持，包括村内较大项目的科学性和合理性的评审、预算的可行性、提供整改建议、对关键人物（如村干部、质量监督小组）提供相关培训等。二是监督和管理服务，包括由报账制代管专项资金、监督民主程序实施情况、建立公众信息平台以供农民查询专项资金使用情况、投诉和建议平台等。三是直接提供公共产品，如村社警务室、公共卫生等。四是应村社要求，协调村社外部事务，如协调村社之间矛盾与纠纷、联系企业提供通讯、邮政等基础设施和公共服务、提供背书备案等。

成都市通过村级公共服务和社会管理体制改革，在村庄治理方面至少取得了四个显著成效：一是客观上加大了村级公共事业投入，彻底扭转了分田到户后村庄公共设施无人管理的局面，使村庄的基础设施恢复，村庄环境变好，加强了村民的预期，使村庄人口结构趋于稳定。二是提供了民主讨论的基础，即培育了少数服从多数的民主土壤。"一事一议"不再是"筹资筹劳会"，回归了"议事"主题，热衷于讨论的议事会成员不用担心开会时会"出卖"村民

---

① 村民议事会是指受村民会议委托，在其授权范围内行驶村级自治事务决策权、监督权、议事权，讨论决定村级日常事务、监督村民委员会工作的常设议事决策机构。《成都市村民议事会组织规则（试行）》成组通［2010］18号。

② 根据《成都市村民议事会组织规则（试行）》（成组通［2010］18号），"每个村的村民议事会成员不少于21人，其中村组干部不超过50％。每个村民小组应有两个以上村民议事会成员名额。村民小组议事会成员不少于5人。规模较小的，村民小组议事会成员不少于3人。"

利益，而是尽最大可能帮助自己所代表的农户争取利益，即便没有争取到，也可以期待下一次的利益分配，这使少数服从多数的原则可以贯彻决策并最终落实。三是加大了村集体在村民中的谈判能力，即公权力的提升，增加了村集体对村庄事务的控制力和执行力，村庄事务更多地依赖党支部、村委会和议事会，而非村干部的个人能力。2011 年的问卷调查显示，84.8% 的受访者（非议事会成员）表示他所选出的议事会成员在大多数时间能够如实反映个人的需求和意愿；98.4% 的受访议事会成员表示自己能够反映大多数人的利益和需求，这使权力和民主达到了新的平衡。四是村民自我管理、自我服务的能力明显提高，降低了公共事务投入的交易成本。专项资金制度使农村公共事务有了资金保障，村民不必为积极表达公共产品的真实需求而"埋单"，而且每个农户的受益机会均等，积极参与议事表达真实意愿的农户有更多的获得公共资源的机会，因此村民更容易表达真实意愿。同时，因项目是村民自己选择、自己执行、自己监督、自己验收，大部分村民愿意主动参与到工程建设中，公共产品投入产出效率较高，例如蒲江县彭河社区在道路施工过程中全村三分之二的小组每天有 2~3 人自愿无偿监督工程实施，大邑县马桥村村民则主动降低劳务费为项目建设务工。

事实上，成都的做法并不是创举，2003 年到 2009 年中欧天然林管理项目在四川、湖南和海南等省的 6 个县 58 个行政村实施过类似项目，这些项目无论是在开放的经济基础较好的大城市周边社区，还是在比较封闭的经济水平一般的村庄，以及仍然保留传统的封闭性村落（包括少数民族聚居区），均取得了良好效果。实践表明，合理的制度安排能够在民主和自治之间各取所长，既保留了传统权力交易成本较低的优势，又能发挥民主在监督和管理上的优点。

成都和中欧天然林项目在具体做法上有较大不同，其共通之处在于两点：一方面，通过项目的持续实施加强村庄内部的凝聚力，形成长期合作博弈的土壤，这对于稳定的村庄治理结构至关重要。另一方面，通过外来者（政府、专家等）的主动参与和技术支持，在民主主体还相当弱小的情况下，外来权威能够有效增强村庄的外向性，降低民主管理成本，提高少数弱势群体参与村务谈判能力，在多数村民获得权益的同时兼顾少数弱势群体的基本利益，符合自我治理、公平、协商、妥协和利益一致性等现代权力的核心理念。

结语和政策建议

权力和民主是利益的派生物，二者相伴相生，权力的本质是强制力，没有强制力意味着没有秩序；民主是对强制力的监督，没有监督就意味着权力要依赖执行者的道德良心，使权力的结果存在不确定性。中国村庄需要的是有监督的强制力，民主不应该是获取村民个人资源的手段，而应该是村民公平地、有效率地分享公共资源的手段；权力不能成为某些利益主体从其他主体提取资源的手段，而应该是保障公共资源的价值生产和公平分配的手段。就中国村庄所处的阶段来看，单纯的传统治理模式或是强行推动现代民主制度都是不合时宜的，应当通过合理的政策设计使二者有机结合。

第一，构建一般性财政转移支付制度，为村庄公共事务提供公共资源，一方面给予村民表达真实意愿的机会，推动村庄从传统宗族网络向"俱乐部关系"转变，增强村庄凝聚力。另一方面，切实增强村庄发展能力，提高村民对村庄发展的预期，使村庄社会结构在一定时期保持稳定，形成长期合作博弈格局。

第二，制定规范化民主程序，关键环节在于：①需求表达阶段，通过"一户一票"形式使符合条件的村民都有平等的机会表达真实意愿；②决策阶段，通过村民代表会议（或村民会议）投票，对公共事务相关重要事项（如实施次序、实施方式、后续管护等）进行表决；③完善管理监督组织和程序，采取监督小组为主、全民监督为辅的方式，进行管理监督；④采取"受益满意度＋第三方（政府或独立机构）评估"的方式对村委会等组织进行评估。

第三，引入外部权威，在重点提供各类专业性技术服务基础上，平等参与村庄内部自主性的制度设计过程，监督并敦促村庄修正治理过程中可能出现的偏差。

■ **作者简介**

中国社科院农村发展所；四川省社科院。

价值循环理论

—— 基于农业循环经济的实践探索

◉朱立志

如果经济系统内部的所有物质单元都尽可能地实现循环增值，才能为经济系统创造更大的价值。循环经济的核心是经济系统内的物质单元多次经过生产过程以实现循环增值，循环经济的目的是物质单元更多地附在产品上走出经济系统以增加产出量，循环经济的保障是用价值链条拉动经济系统内的物质单元以建立畅通的循环通道。

一、价值循环理论提出的背景

笔者长期从事农业循环经济研究，参与了大量的农业循环经济模式的实践。在实践过程中，为了让团队的每个成员都能准确地把握循环经济的精髓，归纳出了"价值循环理论"。同时，在和基层工作人员的合作、与专家学者的座谈和研讨中，笔者发现该"价值循环理论"有助于把握工作的要点和思维的方向。因此，笔者认为，"价值循环理论"可以作为循环经济和可持续发展的最直接理论之一。

基金项目：国家自然科学基金项目（编号：71173221）。

二、价值循环理论概述

每个经济系统不仅仅创造价值，还应该关注价值循环。经济系统中的物质单元（初始物为进入经济系统的资源，包括无机物和有机体）在各子系统间的多级循环增值是价值循环的基本表现。通过系统中物质单元的循环增值，经济系统可以用同样的资源数量创造更大的价值。如果经济系统内部的所有物质单元都尽可能地实现循环增值，才能为经济系统带来更高的价值量。这里的价值量是"正价值"量减去"负价值"量后的"净价值"量。所谓"正价值"，就是经济系统的产品所体现的价值；所谓"负价值"，就是经济系统对资源环境和经济社会造成的负面影响对应的价值损失，这种价值损失有时不是直接体现在当下，而是在未来的一段时间里逐渐显现。衡量某个经济系统的好坏不能只衡量"正价值"量，而应该将经济系统的"正价值"减去未来的一段时间里相应"负价值"的现值之和。

经济系统内部的物质单元如果附在产品上（成为产品的有效成分）走出经济系统，就会形成"正价值"，如果附在不再被循环利用的废弃物上（成为废弃物的组成成分）走出经济系统，就会形成"负价值"。只有物质单元在经济系统内充分循环，多次经过生产过程，才能更多地附在产品上而不是附在不再被循环利用的废弃物上走出经济系统，经济系统才会在同样资源投入的前提下形成更大的"正价值"量和更小的"负价值"量。

如何才能使物质单元在经济系统内多次地经过生产过程实现充分循环呢？只有用价值链条拉动物质单元，才能使他们畅通循环，因为经济系统内部的各子系统（各部分以及不同环节）是完全或不完全的经济理性单位，他们需要通过价值链进行交易，也就是说，他们计较的是价值。

三、价值循环理论对循环经济的诠释

20世纪70～80年代，在应对污染方面，世界各国关心的问题逐渐由污染物产生后如何治理以减少其危害，过渡到采用资源化的方式处理废弃物。人们的认识经历了从"净化废物"到"利用废物"的过程，但主要关注的是经济活动造成的生态后果，而经济运行机制本身始终落在研究视野之外。对于污染物的产生是否合理以及是否应该从生产源头和过程中防止污染产生这样根本性问题，大多数国家仍然缺少有效的举措。到了 20 世纪 90 年代，特别是可持续发展战略成为世界潮流后，源头预防和全过程治理才替代末端治理成为国家环境与发展政策的真正主流。人们在不断探索和总结的基础上，提出以提高资源利用率和减少污染排放为主线，逐渐将清洁生产、资源综合利用、生态设计和可持续消费等融为一体，形成循环经济发展战略。

从物质单元流动的方向看，常规经济是一种单向流动的线性经济，即"资源→产品→废弃物"。线性经济的增长，其特点是高强度地开采和消耗资源和高强度地破坏生态环境。循环经济是一种"促进人与自然的协调与和谐"的经济发展模式，它要求以"减量化（Reduce）、再利用（Reuse）、再循环（recycle）"（3R）为社会经济活动的准则，运用生态学规律把经济活动组织成一个"资源→产品＋废弃物→再生资源"的循环式流程，实现"低开采、高利用、减排放"，以最大限度利用进入系统的物质单元，提高资源利用率，最大限度地减少污染物排放，在增加经济效益的同时，也提升了生态环境和社会生活质量。

下面用价值循环理论对循环经济进行全面诠释。

1. 循环经济的核心是经济系统内的物质单元多次经过生产过程以实现循环增值

常规经济与循环经济的对比可用下图予以简单直观描述，图中的弱循环链和强循环链反应系统中的物质单元是否多次经过生产过程的状况。

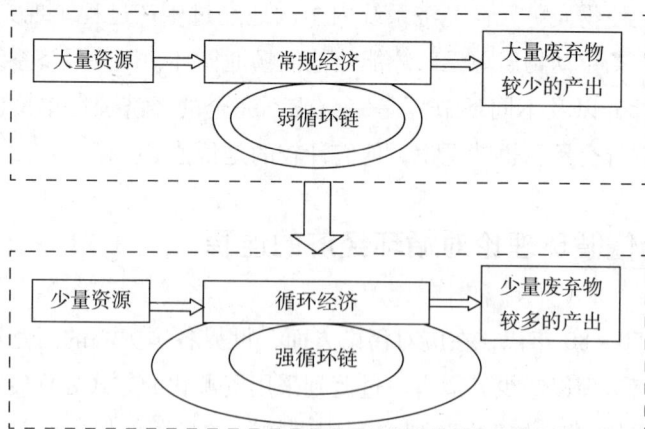

图 1　常规经济与循环经济对比示意图

例如，农业废弃物多为有机废弃物，收集并加以发酵处理，不仅可获得补充或代替能源，而且还可以增加农业生产资料，如种植业的有机肥、畜牧业的饲料、菌菇业的基料等，这是农业循环经济的一项重要内容。实际上，农业中的复合产业体系是实施循环经济的广阔天地，种植业、养殖业、畜牧业、菌菇业、农产品加工业以及新兴的旅游业、服务业等，完全可以利用循环经济链条连成一体，把以农产品生产为目的的动脉产业和废弃物处理为主的静脉产业穿插结合，谋求资源的高效利用和有害物质的"零排放"，充分体现循环经济的本质要求，以实现农业产出高增长、农业资源消耗低增长、农业环境污染负增长的发展格局。

从本质上来讲，废弃物也是资源经过生产过程后输出的产物之一，对应的也是一定量的资源消耗。例如，我国每年生产5亿多吨粮食，同时也生产了7亿多吨秸秆，其中有2亿多吨秸秆白白腐烂和焚烧，这就等于白白浪费和消耗了生产2亿多吨秸秆的耕地、淡水和其他农业投入品等资源。如果这2亿多吨秸秆通过农业系统内部的循环重新经过生产过程加以利用，就等于增加了大约$2/(5+7)$或$1/6$的农业资源。

一般来说，如果物质单元经过每一级生产后还能为下一级所利用的利用率为r，1个物质单元的原始资源经过n级循环利用后相当于资源量y，那么y的计算公式如下：

$$y = 1 + r + r2 + r3 + \cdots \quad rn = (1 - rn) / (1 - r)$$

由于r小于1，当n很大时，可以用$1/(1-r)$表示y的值。

因此，如果我国目前尚未得到利用的2亿吨秸秆能被充分循环利用，那么1个物质单元的原始农业资源通过2亿吨秸秆的多级循环利用后相当于$1/(1-1/6)=1.2$单元的资源量，即2亿吨秸秆充分循环利用后相当于增加了20%的耕地、淡水和其他农业投入品等资源。换句话说，相当于在同样农业资源投入的情况下，农业经济系统增值20%。当然，实际情况不一定就是20%，可能高于这个数，也可能低于这个数，例如简单地秸秆还田也许带来不了20%的增值效果，但如果秸秆用来做食用菌基料，带来的增值效果就会大于20%。这类典型案例已经出现在福建和江苏一带，这些地方用于做食用菌基料的秸秆价格已经上升到了每吨几百元。

可以看出，农业系统内的物质单元的循环利用可以带来价值增值，即产生了循环增值效应。物质单元的循环利用率越高，其循环增值就愈为明显。单个循环增加输出的效果未必十分明显，但一个系统中多个子系统的多级循环带来的整体效应就十分突出了。例如，通过"畜禽养殖＋沼气＋食用菌基料＋水产养殖＋肥料＋种植"复合循环，秸秆中的物资单元的循环增值就会更加显著。因此，循环经济作为一个复合资源利用系统，它所造就的综合循环增值是不可估量的。而且，不单是价值得以循环增值，原始资源的开采也会大量减少，同时，伴随着废弃物的资源化利用，系统资源的永续利用性就越大，必将有力地推动可持续发展。

2. 循环经济的目的是物质单元更多地附在产品上走出经济系统以增加产出量

这一部分是以上一部分为前提的，也就是说，如果经济系统内部的物质单元多次经过生产过程，才能更多地成为产品的有机成分，才能向经济系统外输出更多的产品。

任何一个生产过程，在产生产品的同时，总是要产生废弃物。如果废弃物得到资源化利用，废弃物中的物质单元就可以再次经过生产过程，就可以更多地附在产品上走出经济系统，而较少地附在最终的废弃物上走出经济系统。例如，种植业的秸秆原本是有机剩余物，大多数情况下被当作废弃物，但如果作为基料被食用菌产业所利用，废弃基料（菌渣）又可以作为有机肥返还田里，秸秆中的物质单元就不再是农业系统所排放的废弃物中的物质单元，就可以转化为农产品中的物质单元。

一般来说，物质单元在一个系统内循环，没有在多个系统内多级循环那样能较多地附在产品上。例如，秸秆直接还田的效果没有通过畜禽养殖业过腹还田的效果好。一个经济系统内的生产结构（子系统构成）越丰富，越能让物质单元更充分地循环，从而更多地附在产品上走出经济系统以增加产出量，而不是形成大量的废弃物排放出经济系统。

经济系统中的物质单元附在产品上走出生产过程就会形成"正价值"，附在废弃物上排出经济系统就会形成"负价值"。因此，衡量经济系统的好坏不能只衡量产品价值量，即"正价值"量，还应该减去相应的废弃物污染排放形成的"负价值"。由于这种"负价值"对社会经济和生态环境的损耗有时不是直接体现在当下，而是在未来的一段时间里逐渐显现，因此应减去未来的一段时间里"负价值"的现值之和。

3. 循环经济的保障是用价值链条拉动经济系统内的物质单元以建立畅通的循环通道

只有让经济系统内的物质单元多次经过生产过程，才能使物质单元更多地附在产品上走出经济系统，才能为经济系统创造更高的价值。但是，让物质单元在经济系统内多次地经过生产过程实现充分循环增值并不是一件简单的事，这就是为什么不少地方还存在秸秆焚烧现象，不少规模化养殖场的畜禽粪便还在严重地污染环境。

因此，要让物质单元在经济系统内多次地经过生产过程，实现充分的循环增值，带来更多的产品，必须有合理的运行机制来保障。我们知道，经济系统内部的各子系统（各部分和环节）是完全或不完全的经济理性单位，如种植业和养殖业之间，他们的主要动力来源于利益的刺激，而利益的背后是价值的分配，换句话说，他们关注的主要是价值。

所以，保障循环经济的发展需要建立这样的运行机制，它的精髓就是用价值链条拉动物质单元在经济系统内畅通循环，这是循环经济得以有效运行应遵循的根本原则。例如，种植业的秸秆通过养殖业作为饲料过腹再还田回到种植业，种植农户（部门）和养殖农户（部门）之间（在一些地方还有秸秆收集中介、秸秆专业合作组织）需要在秸秆的价值链条上合理地交易才能保证这种循环经济模式更好运行。也就是说，秸秆中的物质单元只有在价值链条的拉动下才能在种植业与养殖业之间畅通无阻地循环。

◘ **作者简介**

中国农业科学院农业经济与发展研究所。

【参考文献】

[1] Zhang Lijiang, Zhu Lizhi. Controlling Agricultural Tridimensional Pollution through Circular Economic Mechanism. Chinese Business Review, Jun. 2005: 3 – 6

[2] ZHU Lizhi, LIU Jing, XU Rang, XIANG Meng. Analysis of Changes in Energy Consumption and Demand Trend in China's Agricultural Production. Asian Agricultural Research, 2011, 3 (3): 1 – 5, 10

[3] 朱立志，邱君. 农业废弃物循环利用. 环境保护，2009 (4b)

[4] 章政，朱立志，宗成峰. 上海市农业循环经济体系的建立与发展模式. 农业经济问题，2006 (4)

[5] 朱立志，赵鱼. 沼气的减排效果和农户采纳行为影响因素分析. 中国人口·资源与环境，2012 (4)